木漏れ日の道

早稲田での半世紀

佐々木雅發

明誠書林

目次

早稲田での半世紀

私は幼い時から「作文」が苦手で、小学校ではいつも母に書いてもらって提出していた。しかし高校生になって日記を書きはじめ、ようやく毎日文章を書くようになった。そんな私だったが、なぜか文学部に入り、さらに大学院に進んで、レポートはもちろん、仲間との同人雑誌に小説などを発表したが、公の場所に文章を書いたことはなかった。しかし次第に学会誌や所々の小冊子に小文の依頼や注文があり、それが以後半世紀に及んだ。以下はそれを発表年月順に並べたものである。あるいは二、三インタビューに応じた形のものもある。

1　「自戒」（「わせだ国文ニュース」第15号、昭和40年6月）

大学院での学生生活を書けということである。突然のことなのでいささか戸惑っている。能のない話であるが、大学院生としての自戒などを書いてその責を塞ごう。

大学院生としてやはり一番抵抗を感じていることは、大学院の一種の居心地の悪さである。学部の頃の「おれ、おまえ」で通っていた友人達は周囲から消え、あらたに、見るから「××さん」と呼ばなければ失礼にあたるような諸兄諸姉が集まってくる。たしかに憂欝である。大学を我物顔に闊歩する学部の学生を見るたびに、なにかしらの郷愁を感ぜずにはいられないほどである。

だから、入院（？）当時は大変心細くて、一時は大学院の「学校」としてのあり方を疑ったほどである。今から思うと、大分甘い話である。

だが、大学院はすでにいわゆる「学校」ではない。同年輩のものはもう社会に出て働いているのだ。彼等の人間関係が仕事を通じてのものであるように、学問を選んだ以上、我々の人間関係もまた学問を通じてのものであってよい。それは一見非情であるが、そのくらいの非情さに耐えられなければ、社会に出て頑張っている昔の友人に笑われる。しかも学問を通じての人間関係が非情であるだろうか。なまじに肌と肌のじかの温めあいよりそれは清々しい信頼を分けあえる、と少なくとも私は確信している。

時々、大学院のあり方に懐疑を持つ人々の不平を聞くが、それらの中には、学問をしようとしながら、その学問にたいする真率な認識を欠いていると思われるものも少なくない。もっともこの文章を自戒として書いている以上、私も大きなことを言えた義理ではない。

ともかく、私は大学院を仕事場と考えている、学問という仕事を選べたことを感謝しながら。

2 「浅草」（『明治事物起源事典』至文堂、昭和43年4月）

芥川龍之介は「野人生計事」（大正13）の中でこう書いている。「浅草といふ言葉は複雑である。たとへば芝とか麻布といふ言葉は一つの観念を与へるに過ぎない。しかし浅草といふことばは少くとも僕には三通りの観念を与へる言葉である」「第一の浅草といひさへすれば僕の目の前に現はれるのは大きい丹塗りの伽藍である。或はあの伽藍を中心にした五重塔や仁王門である」「第二に僕の思ひ出すのは池のまはりの見せ物小屋である」「第三に見える浅草はつつましい下町の一部である。花川戸、山谷、駒形、蔵前――その外何処でも差支へない。唯雨上りの瓦屋根だの、火のともらない御神灯だの、花の凋んだ朝顔の鉢だの」。ここにいう「第三の浅草」とは樋口一葉の「たけくらべ」(明治28)、広津柳浪の「今戸心中」(明治29)、永井荷風の「すみだ川」(明治42)や久保田万太郎の作品の舞台である。それは東京の下町に生れたものの郷愁をそそる町であり、そこを背景にくりひろげられる文学は、失われつつある江戸の情緒をいまに惜しんでいる。しかし「第一の浅草」はしばらく問わず「第二の浅草」はそのようなものと関係ない。芥川も続けるように、その浅草とは「活動写真やメリイ・ゴウ・ランドの小屋の軒を並べてゐる浅草」である。正確にいえばそれは「浅草公園」のことであり、啄木の歌にもあるように、多くの人間がまぎれ入り、にぎわいを作り、そしてまぎれ出てゆく町である。六区の興行街に代表されるその地域は、郷里を後にして上京した学生や大衆が、孤独な都会生活の緊張をといて、一夜の歓楽を求めに集まる場所である。さらに彼等はその浅草を第二の故里におもいなしていったのだ。いま浅草というとき、そういう意味での浅草を想いおこす方が自然であろう。そして、実にそれは近代文学の町そのものというべく、ほとんどの作家が、一度は筆にした町といってもいいすぎではあるまい。中でも、室生犀星・川端康成・武田麟太郎・高見順の名が想いうかぶ。

浅草寺をめぐる民間信仰が同寺を中心とした門前市の繁栄をまねいていたことは、遠く鎌倉時代にまでさかのぼることができる。さらに江戸時代において、新吉原の設置や猿若三座の発生など、浅草は一大盛り場として大きな発展をとげた。江戸へ出てきた地方の人間も、土産話に浅草の観音様に参詣し、奥山の見せ物を見物した。幸田露伴の「いさなとり」の中にはそんな雰囲気をつたえる箇所がある。

浅草公園は明治4年、浅草寺境内及び同寺の所有地が官収され、同6年府令をもって公園に指定されたときにはじまる。現在の浅草六区のうち、一・二・四・五区がこれに当たる。さらに9年、現在の三・六区に当たる地帯が追加された。六区方面は旧浅草寺火除地の田圃であったという。同17年公園は六区に分割され整備された。一区は観音堂のある境内の中心部。仁王門・五重塔・経堂・薬師堂・淡島堂等が並んでいる。仁王門外から旧雷神門にいたる両側の商店街、いわゆる仲見世は二区に属す。明治16年に煉瓦造りの店舗に改造され、その後関東大震災などによって幾度か変貌している。この付近の光景は永井荷風の「歓楽」(明治42)に活写されている。三区は伝法院のある一帯。その広い境内と深い樹林とが公園の中でも一種独立した雰囲気を漂わす。観音堂から興行街に入る中間の林泉区が四区。大池・瓢箪池・播鉢山などがあった。なお私設水族館もこの場所にあって、のち木馬館とよばれた。軽演劇の新風をうちたてたカジノフォリーはさらにその後身である。「あはれなる蛇小屋の畸型児を、かつは知れりや/怪しげの二階より寥しらの顔いだす玉乗りの若き女を/あるはまた曲馬の場に息喘ぎ、うちならぶ馬のつかれを」と北原白秋が「浅草哀歌」

（明治42）で歌ったのはこの辺の光景であろう。五区はいわゆる奥山といわれる一帯。江戸時代には奥山の見世物小屋が浅草における盛り場の中心であったが、明治6年の公園整備にあたって、花屋敷をのぞき、そのことごとくが現在の六区に移されたという。『台東区史』によれば、花屋敷は浅草植木商森田六三郎が上野輪王寺宮に奉仕し、その寵愛をうけ、嘉永6年下賜された地を花園とし、花屋敷と呼んだのにはじまるという。園内はかなり広大であったが、明治17年の公園改正のとき狭められ、明治19年山本松之助がこれを買いとり、同21年、本所竪川の材木問屋所有の木造瓦葺五階屋一棟を園内北西の地に移築、奥山閣と名づけたという。南は大池に臨み、西北に凌雲閣を仰ぎ、鳥獣魚類を飼育、盆栽や園芸、また各種の娯楽用具を備え、閑寂な園内の環境は、雑沓の街浅草において特異な空間をつくりあげていたという。宇野浩二の「苦の世界」（大正8）のなかの、主人公たちが池の獺にむやみと鮨をあたえて園丁に叱られる場面がおもいおこされる。遠く楽隊のはやし、桃太郎の操り、園丁は失った一人っ子のことを想い出し、主人公は昔の女を思い出し、それぞれ次第に生きることの哀しみに迫られて、大の大人四人がベンチに並んで泣きだす光景は、この花屋敷のポッカリとした静けさのうちにあって一段と冴えている。六区はいうまでもなく浅草随一の歓楽境。奥山から移された見世物小屋が、蓆小屋にはじまりテント張りや板張りのみじめな姿から、やがて洋館の立派な劇場に変わっていく様は、まさに明治における浅草の歴史そのものといってよい。中で常盤座が古く明治19年。浅草随一の名物として親しまれた凌雲閣、通称十二階は明治3年の竣成。また明治35、6年ごろまでには玉乗りの大盛館・共盛館、娘花踊の清遊館・日本館、剣の舞の清明館、大神楽の明治館などがそろった。活動写真が伝来された当初、独占上映した電気館が出来たのは明治36年。40年代に入るとルナパークが花形となる。かくてジンタの哀切な調べと無数の幟のはためきと、大池に逆影する十二階。夜ともなれば瓦斯燈の青白い光の中に、酔漢がたたずみ三味線弾きがゆき、銘酒屋の提燈に灯がともり、牛肉屋の角燈が光をはなつという浅草独特の光景が現出した。パンの会の会員達、白秋や木下杢太郎、高村光太郎らの詩に見られる浅草である。

大正期中頃にオペラが登場する。新劇の伊庭孝とアメリカ帰りの高木徳子の一座が、大正6年2月に常盤座で、喜歌劇「女軍出征」を上演したのがその濫觴という。谷崎潤一郎の「鮫人」(大正9)などが想いおこされる。関東大震災によって、六区もまた大きく変容する。十二階を失い、その瓦礫の中から六区は近代的な意匠のもとに装いを新たにする。路面は舗装され、角煉瓦の建物が並んだ。大勝館・富士館・帝国館・松竹座・江川大盛館、さらにオペラ館・金竜館・カジノフオリー。当時名もなかった榎本健一のカジノを、一躍有名にしたのは、川端康成の「浅草紅団」(昭和4)であったという。そしてこの頃から六区はレビューの全盛期を迎える。文士連が毎日のように浅草に詣で、レビュー小屋の文芸部員にその名を連ねるといった具合だった。浅草の踊子を扱った作品は多いが、荷風の「踊子」(昭和19)に止めを刺す。大学を途中でやめ浅草のレビュー小屋のバンドに入った男の語る踊子姉妹の話は、歓楽の間に漂う浅草の饐えた体臭を見事につたえているといえよう。

——この『明治事物起源事典』には他に「玉突き」「彫塑」「大橋図書館」などを書いた。ちなみに「玉突き」は、『正宗白鳥考』の「何処へ」の付記に載せた。

3　「日記より」（「都留文科大学国語国文学会報」第15号、昭和45年7月」）

ああ寝足りたと感じた途端、シマッタと思った。こういう感じのする時は、いつも寝過ごしているのだ。隣を見ると、案の定妻もまだ眠っている。時計を見ると――九時半！　とっくに電車に乗っていなければならない時間だ。急いで妻をゆり起こす。彼女はガバッと起きあがった。すでにシマッタという表情をしている。

今日は都留へ行く日である。茅ケ崎から橋本で乗りかえ、さらに八王子で乗りかえて大月に行く。その本数の少ない電車を、ほとんど幸運ともいえる連絡でのりつぎ、三時間目に間に合うためには、どうしても九時には出発していなければならない。「鳴ったのかしら」などと言って時計を振っている妻を尻目に急遽善後策を考える。

自動車で行くしかない。しかし問題がある。というのは昨日、今日の講義の準備にとメモなどをしていたら、教えている高校の卒業生が大勢押し寄せて来て文学談などをして夜晩くまで遊んでいったのである。仕方がないので、電車の中で、話の道筋を纏めようと思っていたのだ。

やむをえず、妻に運転してもらうことにする。三十分ほどのち、戸締りを厳重にして、我々は出発した。助手席で、時々彼女の乱暴な運転に眼をつむり、昨日のメモをたよりに論理を組みたててゆく。はじめての道なので、何度か間違えながらも、ぎりぎりで間に合うことができた。

四苦八苦で授業をすませ、四時半玄関に出ると、雨が降っている。今度は僕が運転する。妻は大月の町で大変おいしいうどん屋を発見したといって喜んでいる。あまりおいしいので、そこでうどんの玉を譲ってもらった由。そういえば僕は昼飯を食べていなかった。

――私がはじめて大学の教壇に立ったのは、都留文科大学であった。昭和45年4月から二年間、江本裕氏や鷺只雄氏に大変お世話になった。

4 「夢のはなし」(「わせだ国文ニュース」第17号、昭和47年10月)

編集の石崎君から何か書けと言われてお引きうけしたものの、なにを書いてよいやら見当がつかない。昭和34年の春、人に連れられてお宅にお伺いして、初めて先生にお会いして以来十数年、まさしく公私にわたってご指導をいただき御迷惑をおかけした次第で、想い出は僕の青春の記憶に重なるのである。いわば万感胸に迫ると言った按配で、文字通り筆舌に尽くしがたいのだ。

さてそんなわけで、しかしさしあたりどうしたものかと思案顔でいると、石崎君があの夢のはなしはどうかと言う。今年の正月先生を囲む新年会で披露した話である。ここでそれをくり返すのも芸のない話ではないかと反論したものの、早急に他のはなしが出来るわけでもなく、反論の語調はすこぶる弱い。いやあの話はおもしろかったという石崎君のおだてに乗って、臆面もなく今年の初夢をくり返す次第なのである。

その人と対面しているとおのずから自分の至らなさがおもわれ、はずかしさがわき上がってくるような人がいる。僕にとって稲垣先生とはまさにそういった人である。はずかしいはずかしいと思いながら、十数年間先生に師事してこられた自分の図々しさを愛でる次第であるが、実はそのはずかしさがいっこう苦痛に感ぜられなかったからでもあるのだ。それこそ図々しいきわみとも言われようがしかし決してはずかしくなかったわけではない。ただ結局その先でなにか許されているという安息感があったのである。これが——失礼な言いかたであるが、僕の知る先生の感触であった。

この感触は——たとえばこんな具合である。

僕がいつものように教室で講義をしている。相手は四年生、やはりそうとう緊張している。するとあろうことか、中程の席に学生たちに混じって稲垣先生が坐っているではないか！ 例のごとく小首をすこしかしげて眼鏡越しにこちらを見ているではないか！ とたんに僕はカッと血が頭にのぼって、眼はかすむし耳はあつくなるし、なにをしゃべっているのか自分でもわからなくなってしまったのだ。不思議なことに、自分の言葉がしゃべればしゃべるほど支離滅裂になってゆくことだけはわかるのである。心臓が高鳴る。汗がトットと顔を流れる。

——ようやく時間が来た。収拾のつかないまま僕はノートを伏せる。学生たちも僕の様子にハラハラしていたらしく、ホッとした表情で席を立って行く。すると出口に向かう学生たちの間をぬって、先生が近付いてこられるではないか。僕は思わず体をかたくして待ちかまえる。先生は僕の前に立った。うつむいていらっしゃる。ややあって……「声が小さいな」！ ——もう一度頭にカッと血がのぼったとたんに、僕は目を覚ましたのである。

実に胸苦しい夢であった、いま想い出しても何ともいたたまれない感じがする。しかしにもかかわらず、時がたつにつれて段々と愉しく懐かしくなってゆく夢なのである。「声が小さいな」――なんと稲垣先生らしい叱りかたではないか。たとい夢とはいえ慙愧に耐えず深く反省している次第であるが、しかしこの夢を思いだすと、そのいかにも先生らしい言葉に僕は思わず微笑してしまうのである。

それにしても、僕にはなんだかこれと似たり寄ったりの経験が実際に何度かあったような気がするのである。この夢の場面のように厳しくはなかったろうが、これと同じような失敗を先生の前で重ねてきたにちがいない。そしてそのたびに、「声が小さいな」というようなお叱りを受けていたのであろう。それは相手に激励でもあり慰藉でもあることを決して忘れさせないようなお叱りであるので、僕などはかえってお叱りであることを忘れてしまったのだ。迂闊なことである。

先生は温和なお方ではあるが厳しいお方でもある。その厳しさはその人間の夢の中に出て注意を与えるほどの厳しさである。しかしこれはまたなんと先生らしい典雅な注意の与えかたであろうか。

最後になってしまったが、先生の御健康をお祈りして、筆を擱くことにする。

――私は昭和46年4月、早稲田大学文学部専任講師になった。稲垣先生が退職される一年前、だから一年間先生と御一緒出来た。

5 「ワセダ人―第三十回佐々木雅發助教授」(「早稲田大学新聞」昭和50年6月19日、インタビュー記事)

予備校時代、無惨な数学の成績が張り出されるたびごとに、もう一つは、武鑑のたぐいが好きで戸塚一帯の古本屋をめぐり歩くような自分の資質とを考え合わせて、「江戸文学でもやろうかな」と、漠然と想っていた。家系に一人だけ学者がいるから、ということもあった。「理工系に行けという親父らの意向を振り切って」本学日本文学科に入学したのが六〇年安保の前の年。

商家◆父の死◆白鳥　東京下町に生まれ、家は煎餅屋で名の通った老舗。だから江戸情緒に耽溺することはあっても、いわゆる文学青年ではなかった。それが大学一年の終わりに父が死に、そんなとき家に置いてあった正宗白鳥の全集と出会った。

「親父が死んだのが二月で、学校も休みなもんだから三月から四月にかけて、それこそ一日中読みふけった。暖簾を守って一生、平凡に生き平凡に死んだ親父の人生やなんか考えると何かしらジーンとくるものがあったなあ。」――自然主義文学との出会いであり〝あるがままの人生〟観を自分のうちに急速に取り込んでいった。「吉本（隆明）の言葉を使えば、オレにしたって庶民であり、大衆なんであって、そこに生活の基盤があるんだなという実感だネ。だから、大学なんて所へ行って知識人のはしくれになろうという志向があっても、一方では毎日、毎日が自分の首根っこ掴まれているような家の生活があるとすると、学校での知識の世界も、家に帰った途端しぼんでしまう」。

そういう自分も、安保闘争の昂揚の時にはクラス討論の議長までやって国会デモを呼びかけたという。しかしそれも「デモやって家に帰って、それまで自分がやってきたこととの落差を肌に感じてしまって……」。是は引いては〝日常生活の重さ〟の実感もしくは〝日常的些事への魅力〟ともなっていくのだが、それらに対する一種の反発みたいなものはなかったのだろうか。

「うん。だから、あまりそういうふうな生活にひきづり込まれると、やたら反発するんだね。たとえば小さな話だけど、親父が死んで、人手が足りないつうんで家の仕事を手伝わされんだけど、雑誌の同人会などがある日なぞ、オレはこんなことやりたくないと言う。だけどおまえはこれで食ってんじゃないかといわれると、最後には妥協せざるをえない。反発は反発として残っているわけだし、その辺かなり曖昧なんだけど……」。

破戒◆春◆家…　こうした生活体験は、たとえばこれまでの研究の中心である「島崎藤村」論のモチーフを形づくる契機ともなる。「破戒」、「春」、「家」と続く作品に基軸を合わせるならば「破戒」には〝可能性としての自分〟をつくり上げていく方法がとられており、「春」の前半にそれがひきつがれていくが、後半になると〝家〟の問題がどんどん出てきて、日常的些事にまきこまれていく藤村自身の姿が主人公に投影されていくという具合に前半とはちがう大きな方向転換があるという。

この問題を解き明かしていくさいに、先の三つの作品における「自然」観の推移が手懸りになってくる。

「図式的にいえば、『破戒』における建設的自然であり、それにつづく短編集『緑葉集』でも、素材はグロテスクだけど、明るい自然として描かれる。それが『春』、『家』とつづくうちに自然はむしろ人を抑圧するものとして描かれていく……」。

鑑賞◆生活◆観照　こうしたことを自分との関係でいえば「自然観の変貌ということにしても、

ひとつの手懸りにすぎないんであって、たとえば藤村なりが屈折せざるをえなかった契機を直感的に、ああオレにもそういうものがあったというんで、それを追求していくことが自己存在を明らかにしていくみたいなところに」に自分と自然主義文学とのつながりが「身につまされる」ものとしてあるわけである。

「でもね。こんなことを論じてることが、一体批評なり評価というものに行くのか、どうかってのは自分では自信ないね。ああだこうだと言うけれど、結局〝鑑賞〟にすぎないんじゃないかってね」。自分の〝鑑賞〟という批評ならざる批評から一歩脱けでたいが、抜けだせない苛立ちみたいなものが感じられる。しかし同時に自然主義文学の世界と、自分の生活の認識とはかなり分かちがたく結びついているのである。

「教室じゃ解ったふうなことを言うけどサ、狭い家に帰れば女房がいて子供がいる。女房が病気になりゃ、おさんどんもしなきゃなんない。とにかくオムツがえでもなんでもやんなきゃいけない具体的日々があるわけよ。それこそ滑稽な相のもとに、肩のあたりを撫でていく風みたいにつぎからつぎへとくるわけだな。たしかに、そうしたものを論理化していく強靭な知性には憧れるけどね。だけどオレが今、流されている日々の生活から、考えていこうとすると、自然主義作品が人生あるがままっていう方向で書かれ始めていく接点を見つけだしたいというところに一種ギリギリのアクチュアリティがあるような気がするわけだな」。ここでも、ある曖昧さは残るのだが……。

戦後の作家では庄野潤三や小島信夫、安岡章太郎の作品にひかれるものが多くあるという。

「日常性の荘厳さなんて恥ずかしくて、言えないよね。だけど実体としては重いわけだ。ぼくにとっては」。

そういうところから近代文学の自分なりの見取図を明らかにしたいという。まだ三十五歳の若さ。

――「自然主義文学に存在の証を―だがまといつく鑑賞のニヒリズム」という編集部のつけた見出しがある。この記事が出た時、教員室前の廊下で、鹿野政直氏に「とても面白かった」と言っていただいたことをいまに覚えている。

6　「情宣部　福島秋穂氏（文）」（「ミニ・ニュース」早稲田大学教員組合ニュース、206号、昭和51年6月）

福島秋穂氏は山路平四郎先生の門下で、日本神話を研究しておられる。ナヨナヨした感じを与えるが、それはもっぱら肉のない所為で、まさしく骨っぽいのである。古武士のごとき師に、「貴様、血を吐くほど学問をしたことがあるのかッ！」と大喝され、奮起して今日に及んだとのこと（！）であるから、確かに筋金入りといえよう。山積する難題に動ずることなく取り組まれることであろう。ただこの人にお酒を飲ませるときは気をつけないといけない。根が神話専門であるだけに、酔うほどに、あらぬ神話をネツ造しては人をからかい悦に入る。

この意味で、情宣部は格好の人材を得たというべきか、いなか。

――福島氏は学部の同級生でほぼ同じころ専任となった。私の後に組合の情宣部になり、紹介文を書く仕儀となった。

7 「短信」（「わせだ国文ニュース」第29号、昭和53年11月）

九月十五日で二年間続いた教務担当教務副主任というお役も御免、久しぶりに自由の感を味わっている（つもりだが、まだ実感は湧かない）。十月十三日から全国大学国語国文学会に出席するため、上野理、福島秋穂両氏と下関に赴く予定。山路平四郎先生や宮野光男氏等にお会いし、愉しい時を過ごせることと思う。勉強はその後で、ボツボツ。

8 『新生』の旅―藤村のリモージュを訪ねて―」（「朝日新聞」夕刊、昭和55年11月14日）

一九一三年（大正二年）、島崎藤村は姪《めい》との関係を逃れてパリに赴く。しかし迫りくる孤独と不安のなかで、藤村に安らぎの日はなかった。折しもその翌年七月、第一次世界大戦が勃発《ぼっぱつ》する。八月、すでにドイツ軍はパリ郊外八十キロにまで迫った。二十七日、藤村は下宿の女主人シモネーの勧めで、彼女の郷里であり、姉マテランの住む中仏リモージュに、正宗得三郎らと避難する。

だが、このリモージュ行は、藤村に思いがけない恵みをもたらすこととなった。「仏蘭西の旅に来てからの初めての休息らしい休息をそのヸェンヌの河畔に見つけたやうに思つた」と藤村は書く。もちろん単なる骨休めではなかった。中世このかた牧歌の中に眠っているようなフランスの田舎独特の悠々《ゆうゆう》たる生活のリズムに、藤村はようやく、見失っていた「自分を見つけ」出すことができたのである。

藤村はその後二カ月半ほどでパリに帰る。むろん事態は一向に変わってはいないのだが、しかしおそらくこのとき自らの内に感じた「柔い心」の感触なしに、彼の帰国の決心はなかったろうし、この「柔い心」に帰ることを念ずることなしに、「新生」一編の成立はなかったように思われるのである。

◆滞在した家はそのまま　私が今回フランスに来た目的のひとつは、藤村の足跡を尋ねることにあった。夏の一日、私は妻とともにリモージュを訪れた。当時パリから七時間かかったというリモージュもいまでは急行で三時間半、中部の丘陵地帯を越えると、いままで曇っていた空も晴れ、強い日射しが車窓を打った。

リモージュは考えていたよりもはるかに大きい町に変貌していた。高層の近代建築が並び自動車の数も多い。さすがフランスの代表的な陶器の生産地。私はいささか当てがはずれたかと思いながら、まずは古くからの町の中心地サン・テチエンヌ寺院を目ざして歩いた。

だが私はすぐ、この町が少しも変わっていないことに気づいた。ひとたび裏町に入ると、狭い道路を挟《はさ》んで、古い、もはや崩れかけたような建物が並び、藤村の昔のように、道端に立って、私達を珍しげに見送る人も多かった。サン・テチエンヌ寺院への坂道の角には、藤村の文章そのままに、聖母マリアを祠《まつ》った石の辻堂がひっそりと立ち、いまでも香華が絶えずに供えられていた。

翌朝、私達は朝霧の立ちこめる中ヴィエンヌ川を渡り、藤村達の逗留《とうりゅう》していたバビロン通りを尋ねた。「仏蘭西国道に添うた町はずれにマテランの家があつた」という記述をたよりに、私達はそれらしき家を探して歩いた。そして一軒、玄関の前に藤村達がいつもその下を通ったという鉄骨の葡萄棚《ぶどうだな》があり、裏の畠に藤村達が飽きるほど食べたという青梨の木がある家を見つけた。「きっとこれだよ」と語り合いながらしばし門の前に佇《たたず》んでいると、二階の窓から老婆が顔を出し、ほどなく玄関が開いて、中年の上品な婦人とその娘さんらしい人が出て来た。「マテランという人を知っているか」と聞くと首を傾けたまま、でもともかく中に入れと言う。そして彼女達は近所の人まで呼んで私の話を興味深げに聞いていたが、結局気の毒そうに、首を横に振るばかりであった。

◆老人にシマザキの記憶　だがこの家の女主人ムリナールさん（先程の中年の婦人）が電話帳を繰っていて、何気なく「マッテラン」と呟《つぶや》くと、老婆が眼を輝かせて「マッテランなら、私はその人からこの家を買った！」と叫んだ。一同思わず「オーッ」と言って手を叩いた。老婆は懐かしげに語ってくれた。彼女がこの家を買ったのは一九二〇年（大正九年）、当時前の丘には牛や羊が草を食んでいたが、いまでは建物が立ち、昔の面影はない。しかし、外は変わっても、家の周りや家の中は少しも変わっていない、等々と。

さらに親切に、彼女達は電話帳を便りに何軒かのマッテラン家に電話をかけ、エドワール・マッテラン氏がいまだ健在でこのリモージュに住んでいることを突きとめてくれた。私達は老婆達と別れ、娘さんの運転する車に乗って、再びヴィエンヌ川を渡った。

マッテラン氏はわざわざ門に出て私達を待っていてくれた。作中十六歳の少年はすでに八十を越える老人となっていた。しかし「シマザキ、マサムネ」と語る老人の頬《ほお》は少年のように艶やかだった。「シマザキは煙草ばかり吸っていて、いつもゴホンゴホンと咳《せき》をしていた」という老人の思い出が、当時の藤村の鬱屈《うっくつ》を伝えて印象的であった。

電車の時間まで、私達はサン・テチエンヌ寺院の裏手に出て、城址とも見紛うほど大きな礎の残る遊園に登った。新しい家々が森や畑を隠し、対岸の眺めはいささか様変わったようだが、眼下にはポプラの葉叢《はむら》を通しヴィエンヌ川が午後の日を受けてゆっくりと流れていた。その眠りを誘うような静かな光景――それはまさに藤村の昔其のままのように思えた。私は一瞬、時が止まっているかのように感じた。そして「仮令《たとえ》僅かの間なりとも『永遠』といふものに対ひ合つて居るやうな旅人らしい心持に帰つて行つた」という「新生」の一節を思い浮べていた。

――私は一九八〇年三月よりほぼ一年、早大在外研究員として家族とパリに一年赴いた。これはその時の記録である。拙著『パリ紀行』に収めた。

9 「『新生』の旅―リモージュ再訪―」（「わせだ国文ニュース」第35号、昭和56年11月）

私は昨年フランスにいた間、かつてパリに滞在していた藤村が、第一次世界大戦の戦火を避けて下宿の女主人シモネーと移り住んでいた彼女の郷里中仏のリモージュに二度ほど訪れる機会をもった。一度は八月中旬、たまたま藤村が逗留していた家を見出し、また現在その家に住むムリナールさん御一家の親切で、市内に住むシモネーの孫エドワール・マッテラン氏に会うことが出来た。小説「新生」中に十六才の少年として登場して来る氏は、すでに八十一才の老人であった。

――このときのことはすでに他所に書いたので省くが、その後十月末にふたたび同地に赴き、先には得られなかった種々の見聞を得ることができた。以下いささかそのときのことを記しておきたい。

二度目に出掛けたのは、詳しくいうと十月三十一日から翌日にかけて。十一月一日はツッサン（死者の祭）の日といって、丁度日本のお盆にあたる。前にも書いたように、リモージュ行は藤村に思いがけない安息をもたらした。藤村は姪との不幸な事件を逃れ、ここまで来て、ようやく「ほんとうに溜息らしい溜息を吐《つ》けた」という。フランスの田舎独特の遙々たる自然のたたずまいとおおらかな人の心――。中でもツッサンの日、サン・テチエンヌ寺院のミサに参列し、次第に暮れなずむ堂内で一心に祈り唱う人々にまじり一人瞑目しつつ「永遠」なるものにむかいあったという感慨は、やはり人知れぬ転機を藤村の心に与えたにちがいない。私はその同じ日に同じ場所で、藤村の感慨をしのびたいという誘惑を禁じえなかったのである。

前もってパリから電話でムリナールさんに連絡をとり、私はふたたびその家を訪れた。丁度近県の中学に勤めているお嬢さんが帰省中で、彼女の計らいにより、マッテラン氏御夫妻と近所のビゾン氏御夫妻が招かれていた。私のフランス語は辛うじて旅が出来るといった程度のものなので、奥さんが高校で英語の先生をしているビゾン氏御夫妻を、わざわざ呼んでいてくれたのである。しかしこのビゾン氏が、やがて旅行記「エトランゼエ」中に「白い驢馬」を連れて登場してくるエドワール少年の友人シャンパニョールの甥であることが判り、私達の会話は一段と花咲いたのである。

マッテラン氏も私との再会を喜んでくれて、遠い日の藤村の記憶を想い出すかぎり話してくれた。

「一九一四年、戦争が始まるとすぐ四人《ママ》の日本人が大叔母シモネーに伴なわれてリモージュにやって来た。すべて芸術家で、その中にシマザキがいた。シマザキは四十才から四十五才ぐらい、多分やもめではなかったか。彼は非常に礼儀正しく慇懃だった。彼は洋服を上手に着こなしていた。彼は部屋に籠りがちで、またのべつ煙草を吸っていた。彼はあまりしゃべらなかった。おそらくフランス語をよく知らなかったのだろう。五時に大叔母がお茶を出した。食事はみんなで居間でとった」――。

だがこうして話が弾むと、私は次第に強まる彼等の好奇心に対し、では藤村はなんでフランスにやって来たのか、そもそも「新生」という作品はどんな内容なのか、ということを説明せずにはいられない仕儀となった。

私はことの顚末を話して聞かせた。そして最後に、「これは忌まわしい事件だが、どうかこのことで、あなたがたと縁《ゆかり》の深いこの日本の作家を憎まないでほしい」と結んだ。しかし私の危惧に反し、私のたどたどしい英語を聞きながら、すでにビゾン夫人は涙ぐんでいた。「いや、憎むなんてとんでもない。フランスにもヴェルレーヌやランボーがいる。彼等は我々普通の人達とは違う。彼等はそうした不幸を代償に、人間性の真実を探り当てることが出来たのだ」と彼女は静かに答えた。私は「その解釈はすこし違うな」とは思ったが、ビゾン夫人のやさしさを感じて黙っていた（もっとも「新生」の中にもヴェルレーヌのことが言及されてはいる）。一同はビゾン夫人の通訳によって、はじめて日本の作家がはるばるこの地を訪れたわけを知らされ、「オー！」とか「ボーン！」とか言って感嘆することしきりであった。マッテラン氏が「自分はシマザキを見て、生まれてはじめて内に閉じこもる人間というものを見た」と語ったのが印象的であった。

翌朝も空はよく晴れて、私はホテルから歩いてサン・テチエンヌ寺院に向かった。しばらく裏の遊園を散歩し、十一時、鐘楼の鐘があたりに鳴り響く中を堂内に入った。すでに百人ほどの人々が祭壇の近くに腰を掛けていたが、思ったほどの数ではなく、むしろ堂内はガランとしていた。私は一人離れて入口の方の席に座った。足元から十一月の冷気が伝わってくる。ほどなくミサが始まり、パイプオルガンの音と合唱の声が堂内に満ちた。司祭による黙示録およびマタイ伝五章の朗読。しかし細かい部分が聞きとれるわけもなく、私はただ司祭の説教の独特な抑揚に耳澄まし、また熱心に耳傾けている人々の後姿を眺めていた。

遅い朝の日射しがステンドグラスを通して、石柱や床石、椅子などを美しく染めている。ことに青色が鮮やかで、まるでそこに海底が現出したように、あるいはいま神がそこに座《いま》すように目に映った。私はあらためて、自分がいま日本から遠くパリをも離れて、藤村のいう「全く知らない人達の中」に来ていることを強く感じた。そして、まさに寄る辺なく、しかしまたなんの執らわれもなく、私は地上の巡礼を終えてこの堂内の薄明の中に自らの姿が消えてゆくような、そんな錯覚にとらわれていた。――

午後から私は、昨日の人達とともにムリナール家の昼食に呼ばれていた。ツッサンの日フランス人は、食事に人を招くのを習わしにするという。食事は十二時半に始まり蜒々と五時頃まで続いた。

私はフランス人の食事というものを、はじめて経験することができた。

電車の時間も迫り、私達はマッテラン氏の案内でシモネーの墓に詣でることとなった。ビゾン氏の運転する車に乗り、起伏する丘陵をこえて国道を十分ほど行くと、道路沿いに小さな墓地があった。大気は一段と冷たく清んで、野面のかなたから差す弱い夕日に楓の並木が褐色にきらめき、立ち並ぶ墓標が赤く染まっていた。墓参の人々が何組か、大輪の菊の鉢植えを持って通路を行く。彼等の長い影が、墓地全体に揺らめいていた。

シモネーの墓は大きな墓であった。彼女は藤村も記しているごとく、最後は故郷に還ることを願っていたようだが、その願いが叶えられたわけである。生涯を独身で過ごした彼女の遺言により、血筋のもので身寄りのないものが一緒に葬られているとのこと。長い下宿屋の生活の中で人を世話することに慣れた孤独な女の一生が、その墓にもあらわれていた。ここにかけがえのない一人の人間が眠るという感銘があった。マッテラン氏の話では、帰国後一通の便りもなかったという藤村にかわり、私は彼女の墓にむかい、しばしの間合掌した。

——これも『パリ紀行』に収めた。

10 **「合宿の成果」(「日文合宿報告」、昭和57年12月)**

「日文合宿」とやらには、昨年はじめて参加した。広々とした場所で、思いっ切りスポーツが出来て愉快だったので、今年も参加した。今年の会場には残念ながら、小さいグラウンドが一つしかなかったが、それでも同好の士とソフトボールを堪能できた。なにせ私は、そのグラウンドで二日間にわたって行われた五試合に全出場（もちろん交替なし——念のため）、しかも私が加わったチームは四勝一敗と、まさに輝かしい戦績をおさめたのである。

また試合終了後には、プロさながらの激しい外野ノックを受け、ボールとの距離感など、往年（？）の感触が鮮やかに蘇ってくるのも嬉しかった。

ところで、この久し振りの鍛錬は、私に思いがけない成果をもたらしてくれた。

下の子が近所の少年野球団に所属していて、先日その親子対抗試合があり、せがまれて出場したのである。父親チームのコーチから、ポジションはどこがいいかと聞かれ、即座にライトと答えると、それがそのまま打順となって、「九番ライト」は雲の上を行くような心地であった。

思惑通り、ライトにはボールは一本も飛んで来ず、だから守備の方はまずは無難にこなした（？）わけだが、問題は打撃である。

打席は二回に早くも回ってきた。最初の一、二球は全然駄目。しかしさすがに昔の感覚を想い出していたことはおそろしく、その少年野球団の六年生のエースの剛速球を、発止ととらえてセンターオーバーのエンタイトル・スリーベース（本来はホームラン——念のため）。サードベース上に立った時は、我が姿ながらに晴れがましく、子供の前で父親の面目を見事はたした次第である。

だが、次の打席、「本気で振り回してラ」という心ない野次にひるんで、思わず力を抜いたら、さすがにポイントが少しずつ遅れて、凡打を繰り返したのは残念だった。

今後は塁間をライナーで抜く好打者たるべく、来年のキャンプ・インを今からたのしみにしている。

（勉強の方は他にまとめる人がいるようだから触れずにおく。というより、そちらの方には全然興味がない。）

――なおこれを契機に、毎夏軽井沢の早大追分セミナーで、幾棟かのバンガローを借り、一家に加え卒業生、知人とその家族を集め、親睦の合宿を催し、それが昭和五十九～六十三、平成八～十二年と十回続いた。野球、テニス、卓球、腕相撲大会、マラソン大会等々、スポーツ三昧だった。

11 「ポール・ロワイアル界隈」（「早稲田文学」、昭和59年9月）

十一月二十九日。

一時過ぎ、部屋を出る。大分寒い。そういえば朝のうち雪が降っていた。メトロをオデオンで降り、ソルボンヌの裏道を歩いてリュクサンブル公園に入る。すでに枯れ尽くしたマロニエの並木の向こうから、日差しがゆっくり近づいてくる。空を見上げると、灰色の雲が、その切れ目に金色の隈取りを作って過ぎてゆく。

立木の間を当てもなく歩いていると、ロイド眼鏡の五十前後の男が紙袋をさげてやってくる。日本人だ。どちらともなく声をかける。来て五、六ヶ月だそうだ。「お仕事ですか」と聞くと、「ええ、絵をやってます」という。一人暮らしで、「たまにはうまいものを食わなくっちゃ」と、いま日本食品店に行って米と醤油を買って来たとか。

「ラスパイユにいるので、ここはよく歩くんですよ」――。そして、「ちょっと僕は小便をしていきます」と言って、植え込みの中に入ってゆく。こういう人生もあるのだろうという感慨。やがて飄々とした後姿が、ババンの方に消えていった。

小リュクサンブルの方に出る。人影もない。門の前の街路の溝に、水が落葉を浮かべてひっそりと流れている。マロニエの枯れ枝の間から、ネイ将軍の銅像がみえる。

二時四十五分、ポール・ロワイアル通り八十六番地。藤村の旧居。またここに来た。階下のカフェでしばらく休む。ふと、今日こそ部屋の中を見せてもらおうと思い立つ。玄関を入り、コンシェルジュの部屋の前を通って螺旋状の階段を上る。木の階段は摩りへって、やや傾いている。藤村も毎日、この階段を上り下りしたのだ。

藤村が借りていた三階の角の部屋のベルを押す。物音ひとつしない。留守らしい。しかしやがて戸が細くあき、白髪の小さな老婆が顔を出す。「日本の島崎藤村という作家が七十年前ここで暮していた。出来れば中を見せてほしい……」。

しかし老婆は、私の差し出す名刺に眼を落としながら、ひとこと「私には興味がない……」と呟くと、ガチャンと戸を閉める。

憮然として門口を出る。しかしなんとなく納得できるような気もする。「仕方ない、これがパリだ――」。私は口に出してそう言ってみた。おずおずとした、疑い深そうな先程の老婆の顔が浮かんで来た。

風が強く枯葉を巻きあげて路上を吹く。空を見上げるといつの間にか青空が広がり、大小の雲が日をうけて流れている。プラタナスの並木もあらかた葉を落し、枝々に実が鈴を掛けたようにぶらさがっている。散り残った枯葉が、梢で鳥のように踊っている。

夏には並木の葉に覆われてて見えなかった向かい側の産科病院の建物も、いまではすっかりその古色蒼然たる姿をあらわしている。そしてその彼方の空に、眩しく輝く白い雲。

モンパルナス通り。中華ソバ屋に入る。女が出てきて、「いま休憩時間なんです」と日本語で言うのでびっくりする。中国人みたいだったが……。

再び路上に出る。建物の角で若い男女が抱擁している。

ババンよりメトロ。モンパルナスで乗り換えてトロカデロへ。セーヌ川を渡る。川下の空に、やはり眩しく輝く白い雲が浮かんでいた。

——これも『パリ紀行』に収める。

12　「思い出、二、三」（「わせだ国文ニュース」第46号、昭和62年5月）

先生は甘いものがお好きであった。お宅に伺うとよく藤村の羊羹が出た。先生は奥様が運ぶのを待ちかねたように、その厚切りのものをポイと口に放りこみ、そして文字通りムシャクシャと食べた。

私は菓子屋の倅だからよく判るのだが、本当に甘いものが好きな人間は、老舗の凝った菓子よりも、通りすがりの駄菓子屋の菓子に心ひかれるものだ。私の親父は外に出ると、必ずどこの店とも判らない粗末な紙袋を懐にして帰って来た。開けてみると、石衣とか簾とかいう駄菓子が少しずつ入っていた。

先生もどうやらそういう菓子好きのようであった。いつかご御一緒に花袋の跡を訪ねて歩いた時、あれは羽生かどこかの町はずれの小さな店で、私は大福を買った。経木に包まれたその大福を差し上げたら、先生は嬉しそうに、ひとつつまんで頬張られた。

これもいつであったか、団子坂の一炉庵という小さな店に、水無月という葛と小豆で出来た素朴な菓子が出ていた。六月の一時期しか作っていないというので、早速買ってお届けした、後で伺うと先生は「懐しかった」とおっしゃった。思えば学生の頃、本郷の本屋を回ったついでに寄られた菓子屋だったのかもしれない。

――稲垣先生は昭和六十一年八月十三日逝去された。享年八十四歳。これはその追悼号に書いた。

13 **「私の予備校時代」（「盛岡中央ゼミナール大学受験科広報誌」63年2号、昭和63年8月）**

今日はこうして皆さんにお話しするわけですが、実はぼくも浪人生活を体験しております。そこで、こういう時期の心の持ち方について、先輩として何かサゼスチョンができたら、という気持ちでやってまいりました。

ぼくが現役のときに受けたのは農学部なんですね。北海道にでも渡って、牧場の先生か何かになって、傍ら近くの女学校に教えに行って…なんて石坂洋次郎の小説みたいなことを考えてました。

結果は見事失敗でして、予備校通いとなったわけです。

そこで毎週のように模試があったんですけれど、数学なんか惨憺たるものでした。それまで井の中の蛙だったぼくは、すっかり自信をなくしてしまったんです。救いは国語でした。かなりいいところにいるんです。ああ、ぼくは国語が得意だったんだと、初めて気がつきました。まあ、落ち込んでいた自分を国語の成績で救おうとしていたんですね。

また、その予備校の国語の先生が、堀内先生と言いましてね。実は、ぼくが早稲田に入ってから気づいたのですが、早稲田の先輩でした。魅力的な授業でね、ぼくらはほんとうに惹き込まれたものです。今その先生、国士舘大学の先生に成られております。先生の前へでても、「実はあのとき、先生に教わったんですよ」って、未だに言ってないんです。言いたいなあ、と思いながら、別の話なんかして。

そしていつの間にか、数学の授業のときは、神田の古本屋街を歩くようになりました。江戸の古地図とか、浮世絵とか、武鑑なんか、当時まだ安かったから、そんなものを買い耽ってたんですね。まあ、自分が日本橋の生まれですから、そういう江戸情緒を慕っていたこともありますけど、そうやって段々、自分がこれから進んで行くだろう、あるいは、行けるんだな、というコースを自分なりに決めていったような気がします。それまでと言えば、高校で与えられた勉強はやってきたけれど、結局自分は何をやるかということはわからなかった。で、初めて挫折とむかい合ったとき、自分で自分をつくっていかなきゃならなくなったんですね。

その意味じゃ、皆さんにとって、今は人生全体からみれば、貴重なときですよ。そうやって自分の道を切り拓いていってもらいたいと思います。（後略）

――盛岡中央ゼミナールには大学時代からの畏友工藤忠彦氏が教頭として勤めていて、ときどき招かれては講演したものの一部。

14 「想い出すこと―橋本先生を送る―」（「わせだ国文ニュース」第52号、平成2年5月）

橋本不美男先生が学園を去られるに当たって、主任として一言送る言葉をというが、そんないわば他所行きの文言は一向に浮かんで来ない。先生とは世代も違い分野も違っていたので、お名前は存じていたが直接お会いしたことはなかった。それがあれはいつの頃だったたか、早稲田や立教、日大などの日本文学科の教員や大学院生で毎年野球大会が行われていた時の事、たしか立教の志木グラウンドでの早大と日大との試合、上品な中年の紳士が白いユニホーム姿も凛々しく日大のベンチに控えておられた。私が橋本先生の姿をはじめて拝見したのはその時である。

その後早稲田に来られた年の春、丁度私がフランスに出掛ける時で、日文の先生方が完之荘で二人の歓送迎会を開いて下さった。その時私は初めて先生と直接お話しが出来た。翌春帰って来た時、藤平先生と雲英氏を交えて馬場の酒場で帰国祝いをしていただいた。そのときであったか、先生から「酔後酔中を語らず」という言葉を教えていただいた。

たしか昭和五十九年の初夏、大学院の先生方の懇親会が築地の宮川であった。先生と並んで席に着いたが、先生はニコニコしながら「佐々木君はフランスから帰って来てから着るもののセンスがよくなったね」と言われた。その後新宿の初もみじで懇親会があった時にも並んで席に着いたが、鯛の活作りが出されると、「これは駄目だ」と箸をつけられなかったのが印象的だった。どうも酒席の話ばかりでまさに「酔中を語」ってしまったわけだが、しかし想い出はつねにそうした中でも崩れない先生の人間としての嗜みの深さ、温和なお人柄に重なるのだ。

近年お身体を悪くされたようだが、教授会はもとより学生のコンパ、合宿などいつでもお顔を見せられた。名残の気持は尽きないが、どうぞお元気になって、また学園にお出かけ下さるよう願ってやまない。

——今もそうだろうが、日文では退職される先生への送る言葉を、その時の主任が書く習わしとなっていた。私は一九八六年に主任となりその後数年間、同様の文章を書いた。

15「The impressionists」（「Please」、NTT広報誌、平成3年6月）

五月初め、知人の案内でパリ北西八十キロ、ジベルニーにあるクロード・モネの旧居を訪れた。車がマロニエの満開なイエナの街並を抜け、ルーアンに通じる高速13号線に入ると、しばらくは深緑の雑木林が道路の両側に続き、やがて広々とした丘陵地帯が開ける。青い空、白い雲、そして一面の菜の花の花畑で、それがさながら絨毯《じゅうたん》を敷きつめたごとく起伏する丘に沿って見はるかされた。さらに右側に蛇行するセーヌを見下すころ、旧道に入って橋を渡り、岸辺の柳を映して流れる灰緑の河面を間近に見ながら、午後の陽光の中を眠ったように佇《たたず》む狭い街並をいくつか抜けると、そこはもうモネの旧居であった。

ここはこの印象派の巨匠が一八八三年から一九二六年の死まで住んだ所という。十年ほど前から美術館となっていて、最近では訪れる人も多い。家屋の内部は住んでいた当時のままのようだが、驚いたことは、その部屋々々の壁に、モネが自身で飾ったごとく夥《おびただ》しい日本の版画――北斎や広重、ことに歌麿の美人画が掛かっていたことであった。なんのことはない、モネの家に浮世絵を見に来たようなもので、人々は憮然たる表情で足早にその前を過ぎてゆくが、この巨匠がこれらの絵にこれほどまでに没入していたかと思うと、日本人として少々面映ゆく、また誇らしい気持ちが湧いてこないでもなかった。

以前正宗白鳥が、西洋絵画に比べ歌麿の美人画なぞはほとんど表面的な美を描くに止まっていると書いているのを読んで同感し、以来本当にそう思い込んでいたのだが、しかし西欧絵画の巨匠が歌麿の美人画にこれほど傾倒しているのを目の当たりにすると、白鳥のいわゆる美人画達の顔や姿が美の精髄をたたえているかのごとく、貴いものに見えてくるのは我ながら可笑《おか》しかった。

しかしモネはおそらく、それらを単なる気まぐれからではなく、真に美しいものと思って傾倒していたにちがいない。しかもそれはモネばかりでなく、モネを生んだフランス人の良さや確かさを語っているような気がしてならなかった。真に美しいものを美しいと素直に感じ、それを素直に表にあらわす。私の狭い経験ながらそんなことを思い合わせ、なんとなく愉快になって、思わず周囲のフランス人達を祝福せずにはいられなかった。

アトリエの前の花壇はまさに春たけなわで、林檎《りんご》の木の花盛りの下に、チューリップを始め色とりどりの花が咲き揃い、また路ひとつ隔たった庭園には、木々の茂みの下、エプト川から引いた池が暗緑の水をたたえ、睡蓮《すいれん》は季節がちがうものの、例の日本の橋や岸辺の藤、ツツジの花が色鮮やかに水に映じて、モネの描いた絵そのままの光景が至る所に見いだされた。

モネはおそらくこの自然と色彩をなによりも美しいものと愛《め》で、泰然とその美しさに溶け込みながら、半ば無意識のごとく筆を動かしていたにちがいない。最晩年の睡蓮の絵は、ほとんど光と色彩の流れだけとなっている。その美しいと信じるものに囲まれて動かぬ自若たる態度。私達はそんな境地の豊かさに魅せられながら、ようやく傾いてきた日の中、ジベルニーを後にしたのであった。

——一九九一年四月から一年、二度目の在外研究でパリに赴いた。今回は妻と二人だけで。

これはその時の記録である。

16 **「パリ便り」（「わせだ国文ニュース」第57号、平成4年11月）**

（四月某日）拝啓、無事に着き、いまバスティーユ広場の裏通りの屋根裏部屋に住んでいます。天窓からは青い空と白い雲、周りの家のトタン屋根と素焼の煙突、そしてその上からなぜか、革命記念塔の「自由の精」の金色に輝く姿が見えています。

二度目のせいか、そんなに異和感はありません。しかし色々な点でやはり不便な生活です。すべては書生流儀にしなければと考えていますが、そう思いながら、「五十を越えた男が本気になってやることではないな」と我ながら苦笑しております。子供達、本当に御世話になっております。勝手ばかりで恐縮です。――

（五月某日）四、五日ブルターニュの海岸に行って、灰色の大西洋を眺め暮していました。帰って来た翌日の夜、近くの新オペラ座で「マノン・レスコー」を見ました。前から四番目のすごい席で、以後耐乏生活を強いられております。しかしマルシェ（市場）に行けば、日本では滅多に口に出来ないようなトロが五〇〇g五〇F（七五〇円）といった具合で、食べるものだけには不自由をしておりませんので他所事ながら御安心ください。

「マノン・レスコー」の方ですが、学生の時岩波文庫で読んだ記憶が鮮かに蘇りました。プッチーニのオペラは記憶にある「マノン」とは違い、社会的差別への抗議といったものに力点を置いているようでしたが、これもまた大そう感銘的でした。

ブルターニュの田舎の小さな映画館で「ドン・ジュアン」を見ました。近いうちに「ボヴァリー夫人」を見るつもりです。毎日「世界文学全集」を地で行っています。命の洗濯と思っております。

――時間的にはずれるが、15と同じ二度目のパリ生活の冒頭の記事。

17　「小説家稲上説雄の誕生」（稲上説雄『鼻毛を伸ばした赤ん坊』しおり、平成5年2月、審美社刊）

稲上説雄を私が最初に知ったのは、早稲田の文芸科に通っていた彼が、卒論に小説を書いて来た時であった。早稲田では文芸科は卒論に小説を書くことが許されているが、私は個人的にはそのことをあまり歓迎していない。若い人間の欲望の放射みたいな文章を読んでいると、なんだかこちらの気持まで荒んでくるような感じがしてならないからである。

しかし稲上説雄の小説は違っていた。大学に通っているらしい若い男女の、恋愛とも呼べない交流を綴ったその小説には、すでに人生のペーソスというか、そんなものが漂っていて、私は面白く読んだ。小説の舞台が丁度私の家内の育った沼袋や新井薬師、つまり妙正寺川の周辺で、そんななつかしさも大いに手伝っていたのは否定できない。

私自身は東京の人間で、親元から大学に通っていて、例の「神田川」にあるような「三畳一間の小さな下宿」、外から見ると手拭が二枚窓に干されているといったような光景に憧れていたので、稲上説雄のその小説が余計心にかかったのかもしれない。ついでにいえば彼の小説は「神田川」とも違っていた。あれより微苦笑というか、たくまぬユーモアが加味されていた。

私は稲上説雄の前でその小説を激賞した。思えば人生なんて、どう転ぶか判らない。そんな私の勝手な感傷が、稲上説雄の道を決定させてしまったと、今から顧みてそう思う。

当時、いや現在でも稲上説雄は淋しがりやである。彼を見ていると、次々おこる毎日の些事の意味がよく判らない、いろいろ考えて判ったと思うところには次の些事がおこっている、といった按配で、そんな戸惑いが彼の淋しさを作っているのだろう。その時もおそらくそんな折で、その折、最初に書いて最初に読んでもらった小説を「指導教授（?）」から激賞されたのだから、なにか目の前にパッと道が開けたような感じがして、若い彼が舞い上がってしまったのも無理はない。

彼はそれから「小説家」を目指した。彼のそれからは「小説家」になる毎日であったといえる。もちろん売れない。だからあまり読まれない「小説家」。やむなく食うための仕事を転々とし、やがて技術を手にして定職を得たが、それからも彼の毎日のすべては「小説家」となることに注がれた。そして私はその数少ない、しかし一番古い愛読者として、いささか悔恨の思いにかられながら今日に至った。

一昨年、私は家内とパリに一年行っていた。その間、稲上説雄は一編の小説を携えてパリまで訪ねて来てくれた。その小説「いないいじまのひとびと」（本書では「いないいじまの家」と改題）を読んで、私は感無量となった。あの稲上説雄がこれほどの文章を書く人間になったのかと思うと、私はその間の彼の、たゆまぬ努力と研鑽に感動したのである。ここにはゆうに人生の真実が描かれている。例のごとく読んで微苦笑を禁じえないが、そのたくまぬユーモアの中に、思わず、厳粛の気すら漂っているのに心付く。以て瞑すべし。私はこの時、彼が本当に「小説家」となったのだなと思った。この度、稲上説雄の本が出るという。本当の「小説家」になったのだから、当然といえば当然である。

18 「第二研究棟完成にあたり」（「りてら」第23号、文学部報、平成5年11月）

今からおよそ三十年前、私達が学部四年生になった時、現在の文学部校舎が出来上がり、私達は四号館（当時）から移って来た。四号館の古い建物も趣のあるものだったが、白い壁と黒い鉄骨のコントラストもモダンな新校舎は、若い私達を魅了するに十分だった。私達は校内のあちこちを探検し、面白いアングルを見つけては写真をとりあったりした。

もちろん文学部の精神といったものがそう簡単に変わるはずもあるまいが、しかし今から振り返ると、やはりあの時以来、文学部の雰囲気といったものは大分変わったように思われる。早い話、五木寛之氏の『青春の門』に描かれたような四号館（当時）の、あの教室の厚い壁や研究室の暗い通路、そこに漂っていたなんとはない哀感はもう昔の話になって、その代わり、今の文学部はその建物のように、よくもわるくも明るくてドライである。

翌年私は大学院に進み、研究棟にも出入りするようになった。私の指導教授は稲垣達郎先生で、研究室は五階、階段の昇り場であった。出来たばかりだというのに、こよなく本を愛された先生にふさわしく壁の書架はすでに古書で一杯で、私達学生は部屋の中央に置かれた机との間のわずかな隙に、身を挟むようにして坐ったものであった。それでなくとも息詰まるような古書独特の臭い。しかし私達は新しく学問の玄妙に接する満足感で心躍らせていたものである。

その時から私はこの部屋を見守って来た。本もふえつづけ、また相部屋の先生も入って来て、もう部屋の奥に進み入ることもままならぬといった状態になった。

その後、私は先生の退職とともにその部屋の住人となった。先生の残して行かれた本、相部屋の先生の本、そして私の本、しかもこれに加えてその頃から大学にも事務上の変革期がやって来て、大量の書類が洪水のごとく部屋に溢れ、私のようなものはもうパニック状態で、訪ねて来る学生達も中の紙の山を見て、ただ〳〵呆れ顔といった具合であった。

しかしこれには他の原因もなくはなかった。丁度その頃から、新しい研究棟が建設されるという噂があって、「その時までの辛抱だ」と、そんな状態をそのまま放置していたのである。

それから二十年、人々の努力と協力のお陰で、昨秋ようやく文学部には新研究棟（第二）が完成した。旧研究棟（第二）も今夏に改修されて、これで文学部は長年の悲願であった一人一室が実現し、研究と教育の態勢が一段と整った次第となった。まことに喜びにたえないといわなければならない。ただ、この部屋々々も、やがて本で埋まってしまうかもしれない。それがなにより本を大事にする文学部の宿命といえばいえる。しかしそうだとしても、この部屋々々をいつまでも居心地のよいものに保つことが、次代の人々のためにも大事なことではないか。どうすればよいか難しいことだが、そんな責任の重さを感じる今日此頃なのである。

——私は平成四年九月から二年、第二文学部教務主任となった。丁度その間第二研究棟が出来た。これは役目上書いたものである。

19 **「わが映画史」**（**「古本共和国」第9号、早稲田古書店街連合会、平成6年9月**）

私は昭和十五年、日本橋馬喰町に生まれた。二十年三月十日の空襲では母や姉と火の中を逃げまどった。家は焼かれ伝《つて》を頼って一年ほど信州の山奥に疎開したが、翌年の春にはそこを出て、一時浦和の知人宅に寄寓した。私が映画というものを最初に見たのはこの浦和にいた時で、どこの映画館でなんという映画を見たかは一切覚えていないが、なんでも、スリラーもので恐かったことだけは覚えている。

（と、のっけから自分の履歴を話すようで恐縮だが、映画というとこんなことから書き始めるしかないように、私の人生と映画とは重なりあい、溶けあっているのだと御容赦いただきたい。）

そこで数ヶ月を過ごし、秋には再び東京に戻ったが、もとの馬喰町の焼跡にはすでに他人が家を建ててしまっていたのでやむなく父は蛎殻町の甘酒横丁に家を建てた。周囲は見晴るかすかぎりの焼野原で。その間所々に焼け残った家が文字通り煙に燻べられ、黒く炭のようになって立っていた。その焼跡の瓦礫の上に座って四方を見渡しながらラジオから流れる「素人のど自慢」を聞くのが私達の唯一の娯楽であった。序にラジオといえば「尋ね人」が想いおこされる。幸いわが家は父をはじめみな無事であったが、あの「尋ね人」のアナウンサーの声は、なぜか幼な心にも、戦争による一家離散の悲しみを伝えていて感銘的であった。

ラジオもそうであったが、当時娯楽の最高といえば映画であった。戦後すぐ慶応に入った長兄が三田との通学途中、よく銀座や築地で映画を見て来ては私達に吹聴した。有楽座，日劇、テアトル銀座、東劇等々。長兄はみて来た映画のあらすじや批評を大学ノートに細かい字でビッシリ書き込んでいた。A、a、B、C……等のランクがあり、たしか「情婦マノン」はaであった。

もちろんそうした遠くの映画館での話は、ただ大人から聞くだけであったが、それでも近くの焼け残った人形町松竹が再開されてからは、その都度大人に連れて行ってはもらったものの、直接自分の目で見ることが出来るようになった。その中で一番早い時期のものに、美空ひばりの「悲しき口笛」があった。「丘のホテルの赤い灯も……」という唄は、今でも私の愛唱するものである。

小学生の間、この人形町松竹にはほとんど毎週のごとく出掛けた。最初は大人達に連れていってもらっていたが、そのうち一人でも行くようになった。加えて人形町にはこれも焼け残った人形町末広があった。ここにも一月に二、三度ぐらい出掛けていった。一人でもよく行った。学校から帰りお金をもらってすぐ飛んで行く。最初の客だと「いの一番」という下足札をもらい、入ってゆくとすでに高座では無人の客席を相手に前座が噺をはじめている。「やれ客が来たか」と嬉しそうにこちらを見ると、なんと小学生の私なので、ガッカリしたように肩を落とす。伸治などはよくそうしていたものであった。

左楽や文治はすでに老いていたものの、文楽、志ん生、円生、それに可楽や三木助などの名人上手が油の乗り切っている時期とあり、それも毎週のように行っては聞くのだから、すでに小学生ながら落語というものの精髄をわきまえたつもりでいた。実際私には彼等のいなくなった後の落語など、もう聞くに耐えなかったのである。

それに時々は近所の浪花節の定席、喜仙亭にも連れていってもらった。夏には講談もかかり、ある時貞山の「真景累ヶ淵」で最後、「ても恐ろしき怨念かな」と木が入り、場内の灯が一斉に消えて貞山扮する累の霊が、無惨に崩れた顔を自ら懐中電灯で照らしつつ、高座の端から二階席の柱へと渡された綱を滑車に吊るされて飛ぶという趣向――。父と私はその柱の所でみていたのだが、貞山の足が父の肩にぶつかり、父が思わず「痛えな」と言ったら貞山が「すみません」と誤ったので周囲が大笑いになったことがあった。「お化けが足を出して『すみません』とあやまったよ」と、父は後々までそのことを言っては笑っていた。

昭和二十年代の末、ようやく戦後の復興もめざましいものがあり各所で大きなビルが立ち並び、映画館が沢山出来た。人形町でも何軒か大きな映画館が開館した。人形町大映、東映、新東宝、さらに日活（しかしこれは封切りの洋画であった）等々。それに松竹の入っているビルの上階（ユニオン座といってこれも再上映の洋画であった）、と地下に小さな映画館も出来て、まさに映画全盛を想わせた。私もようやく中学生から高校生になろうとしていた時期で、土曜から日曜にかけてはその間を何軒も掛け持ちで見て回った。しかしさすがに東映の「笛吹き童子」よりは日活やユニオン座の洋画が面白くなっていた。「キリマンジェロの雪」とか「裸足の伯爵夫人」とか。しかしよく考えるとなんのことはない。年頃で、スーザン・ヘイワードとかキム・ノバックに魅せられていたのである。

さらにその頃になると一人で銀座や日比谷にまで出掛けていった。東劇の「黒い絨毯」には二回出掛けた。実はこれもエリナ・パーカーに魅せられた次第なのだったが。

と、こんな風に書いて来ると、本当によく次から次へと見ていたものだと思う。第一お金はどうしていたのだろうか。家も貧乏で、わずかな小遣いしか与えられていなかったのだから、考えてみると結局料金が安かったと言うしかない。よき時代だったのである。

テレビも普及して来たし、それに大学受験も近づいたので、さすがに前ほどは映画を見なくなったが、しかし中毒はなかなか治らなかった。通っている高校から浅草までバス一本で行かれたので、三年の時午後の授業が自由時間になったのを幸いに、よく早退しては出掛けていったものであった。「誰がために鐘は鳴る」を一週間ぶっつづけで見に行った。これもバーグマンがよかったからである。

昭和三十四年、私は早稲田に入った。すでにその頃は文学の方に関心も移り、次兄がそろえていた筑摩『世界文学全集』を片端から読んでゆく程の力の入れようだったが、やがてサルトルとかカミユなどを読みはじめるころ、映画界にフランスからヌーヴェル・ヴァーグが押し寄せて来て、私もたちまち波にさらわれた。「危険な曲り角」にはじまり、「大人は判ってくれない」、「いとこ同志」、「勝手にしやがれ」、「太陽がいっぱい」等々。中には銀座の方にロードショウを見に行ったものもあるが、多くは大学の近所の小さな映画館に見に行ったものであった。

当時の早稲田近辺には高田馬場のパール座、早稲田松竹に戸塚映画、馬場下に全線座があった。早稲田松竹と戸塚映画は邦画専門と記憶しているが、パール座や全線座にはヌーヴェル・ヴァーグのリバイバルがよくかかり、友人等と入り浸ったものであった。入口を入ると左右の通路の床が変に傾斜していて、暗闇の中をおそるおそる進みながら空いた席につく。やがて回が終わって休憩時間になると、灯りがついたとはいえ薄暗い場内を「オセンにキャラメル」と小母さんが回ったものであった。中でも全線座で見た「太陽がいっぱい」のいくつかのシーンは今でも忘れられない。アラン・ドロン扮するトムが友人のアメリカ青年フィリップを殺し、死体を海に捨て、その後フィリップになりすますためにその署名を練習する場面、最後そのフィリップの死体が偶然海から引き上げられてしまう場面——。

おそらくカミユの「異邦人」などを読んで「実存主義」にかぶれ、ヌーヴェル・ヴァーグのスクリーンに展開される突然の無意味な殺人などに「現代人の苦悩」を見出していたのであろうか。

所で話は変わるが、私は日本文学科の人間でありながら大学から二度もフランスに行かせてもらった。無論フランスへの私の切なる憧れによるのだが、しかしその憧れの源は、どうやらこのヌーヴェル・ヴァーグのスクリーンであったようだ。ただ実際にパリに行って見ると、それは確かだとしても、その理由はそれ程「思想的」でなかったらしいことに気がついた。突然の無意味な殺人に「現代人の苦悩」を見出して感激していたなどというのは上っ面のことで、実は私は同じスクリーンに映し出されていた「パリ」に憧れていたらしいのである。リタ・ヘイワースやエリナ・パーカーやバーグマンに憧れる程度に「パリ」のたたずまい、なんとはなしの憂愁に感激していたらしいのだ。

実際パリの陋巷を歩きながら、私の目にそうしたパリの街のたたずまいやそこに生きる老人達の姿こそが、遠い記憶に蘇るように、鮮やかに見えていたのである。ヌーヴェル・ヴァーグのスクリーンの前面に繰り広げられた若者達の現代風の生態の背後に続く、それこそ相も変わらぬつつましい庶民の生活、それは決して「何々主義」などに関係ない、まさに日本人である私の日常を見るごとき人間の日常の相が——。

あるいは私はヌーヴェル・ヴァーグのスクリーンの中に、そうしたものを見出していたのかもしれない。そして映画の鑑賞ばかりでなく、もしかすると私達は、異文化というものにもそうした形で接しているのかもしれないと思ったのである。

最後に——、私は一昨々年フランスに行った時、久し振りに映画を見て歩いた。「ボヴァリー夫人」、「ラ・マン」等々。しかし今でも思い出すのは、四月の末、ノルマンディーの田舎町の小さな映画館で「ドン・ジュアン」を見た時のことである。田舎町の映画館らしく音声も悪く画面も時々飛んだりするのを見ながら、私はしきりに、あのトイレのにおいが漂う全線座の座席に、自分がいま座っているような気がしてならなかったのである。

20 「人物風土——『熟年夫婦パリに住む』の著者、佐々木雅発さん、緑が浜在住——」（「タウンニュース」平成6年11月25日、インタビュー記事）

○……佐々木雅発さんは、二度目のパリへの長期滞在をもとに綴った『熟年夫婦パリに住む―マルシエの見える部屋から―』の著者である。

佐々木さんは早稲田大学の文学部教授で、日本近代文学を専攻している。パリに赴いたのも前著にも詳しいが、研究とはいえ異郷の空の下の島崎藤村や永井荷風の面影を追って……。と、このように紹介をすると〝カタクルシイ〟印象を持たれるかもしれないが、決してそんなことはなく読みやすいものとなっている。冒頭から住宅事情の悪さでさしあたり落ち着いた所がなんと屋根裏部屋。また、一度目の滞在の時に偶然にも発見した島崎藤村の暮らした家。この家はその事実が公に知るところとなると日本人観光客が押し寄せ、家人がノイローゼになってしまったことなど。（第四章・幻の藤村記念館）

その他にも、ファッションの最先端とも言われるように華やかなイメージのあるパリだが、実は老人の街となっている現実。また個人主義が強いフランス人気質。そして露骨には記さないものの肌で感じる人種差別など。一年間という期間で得た生活者にしかわからない本当のパリ……内容はつい笑ったり、熟考してしまったりと実にバラエティーに富んでいる。

○東京生まれの五十四歳。週三日は大学で講義、家では読書、原稿書き、散歩と忙しい日々。少し前までは犬を連れてよく海へ、しかしよく見かける顔ゆえ、「失業者ですか？」と言われたことも。現在は奥さんと息子さん二人の四人住まい。

――「独自の視点で記した好著」という見出しがあり。

21「やりたいこと」（「早稲田学生新聞」、閑話休題欄、平成6年12月15日）

先日書庫を整理していたら、紙袋に入った三冊の写本が出て来た。かつて古本市で手に入れたものだが、いつのことかは忘れている。それほどに昔のことである。

『寛政年中御国領よりヲロシヤ国漂流船道々所々次第記』『秋田騒動記』『松平外記刃傷一件』。ざっと目を通してみて、それぞれに面白い読み物になっている。

すでに著名な書として流布しているのか、さらに資料集などに翻刻されているのか、忙しさにかまけてなにも調べていない。鷗外のひそみにならって、『軼事篇』とでもして、いつか小説にでも仕立ててみたい。

私の先祖は落語の「佐々木政談」の佐々木信濃守源顕發という男だが、御多分にもれず維新で没落、その曾孫にあたる私の父は九歳で天涯の孤児となり、所々を流浪した。だから残されたものとてないが、唯一の形見備前長光の短刀、それに先祖書と系図を、父は大事なものとして肌身離さず持ち歩いていたという。

それと、これは後年家来筋の人が書き残してくれた『蘭陰余香』という本がある。顕發は蘭斎、その子循輔は支陰と号したのでこの書名がある。因みに循輔は家茂の小姓としてその上洛に従い、家茂の死の直前名古屋へ密使に発っている等々、これまた読んでみると面白く、小説に仕立ててみたい誘惑にかられる。

私の父は死ぬ前に、少年の頃の事を私に口述筆記させた。過日私はその最初の所を、「――が生まれたのは明治三十六年癸卯六月二十六日、東京本所中ノ郷、吾妻橋袂の佐竹侯邸内であった。元二十万五千八百石余、出羽国久保田の城主佐竹右京太夫の下屋敷だった所である云々」などとしてある小冊子に連載しようとしたが、その小冊子が一号でつぶれてしまって、その後の責を果たしていない。――とやりたいことは色々あるが、いつになったら出来ることやら、覚束ないといったらない。

――因みに『寛政年中』の全文を「感性文化研究所紀要」6号に翻刻した。また父の口述筆記は『東京下町噺』として完成させた。

22 「島崎藤村とパリ」（「Les Peupliers」「ポプラ会だより」第40号、在仏北海道人会会報、平成13年12月）

パリというと、永井荷風とか与謝野晶子とか横光利一とかを思い起こしますが、島崎藤村という と「？」と思われる方も多いでしょう。

しかし藤村は千九百十三（大正二）年五月から十六（同五）年四月まで、実に丸三年をパリに過ごし（後でいいますように、途中数ヶ月をリモージュで過ごしますが）、ばかりか『新生』という小説や『エトランゼエ』という紀行で、日本人としてパリをもっともビビットに描いた作家なのです。

ただ、では藤村はなんでパリに来たのかというと、あまりに暗い事情がありました。藤村は日本近代文学のほとんど最高峰の作品といってよい『家』を書いた千九百十年（明治四十三）年八月、妻冬子を失いました。小さな子供を抱えて途方に暮れた藤村でしたが、兄の娘達が次々に手伝いに来てくれました。（それには生活の上で、叔父にいろいろ面倒をみてもらっていた姪たちの恩返しという意味もあったと思います。木曾馬籠で本陣と庄屋をかねていた旧家の島崎家でしたが、維新で没落し、兄達はそれを挽回すべく懸命に努力したにもかかわらずことごとく失敗し、島崎家全体の生活はほとんど藤村一人の肩に掛かっていたという事情も見逃せません）。

しかし藤村はその姪のうちの一人、次兄の広助の次女こま子と関係し、こま子から子供が出来たと打ち明けられるのです（ここいら辺のことはすべて自伝的作品『新生』からお話しますが、名前は実名にします)。

藤村は狼狽します。これが世間に知られれば、営々として築き上げてきた「文壇の重鎮」の座を追われる、ばかりか社会的に排斥されるのは必定です。

藤村は死を考えます。しかし先ほどもいったように、島崎家の人々、幼い子供達のことを考えると死ぬことはできません。窮余の一策、当時日本人が三百人ぐらいしかいなかったというフランス、パリに一人逃げて行くことを考え着いたのです。そこで細々と執筆活動を続けながら、自分と留守宅を守ろう――。

しかし藤村のフランス行を知り、世間は藤村を誉めそやします、その時藤村数え四十二才。その歳で新たに洋行へ出かける勇気を、です。出発の日、新橋駅頭には大勢の人が送りに出ます。それに対しながら藤村は自らに「生きた屍の葬式《とむらい》」と呟いています。おそらく藤村は生きて二度と日本に帰らないつもりだったのではないでしょうか。

留守宅のことは、それまで木曾に妻子を残し一家離散状態にあった次兄に東京で家を借りてやり、こま子と我が子を次兄夫婦に託すことにしました。

結局藤村は次兄に何もかも打ち明けなければならないと考えたのです。島崎家の名誉を重んじる兄ならば秘密を守ってくれるだろう。その代わり向後なすなき兄一家の一切の面倒をみる。いわば大人の智慧、そして取引といえましょう。しかしそれに翻弄されるこま子が憐れです。

しかし藤村はその兄にどうしても秘密を打ち明けられません。皮肉にも所用で関西に来ていた次兄が、藤村の乗るエルネスト・シモン号の停泊している神戸の港まで訪ねて来ますが、打ち明けられません。やがて船は日本を離れ、仕方なく手紙をと思うのですが、それもなかなか書けず、上海から香港に着いて（そこが日本に手紙を出せる最後の港です）ようやく兄へ手紙を送ることができたのです。

藤村はパリには五月二十三日早朝リヨン駅に着き、馬車でポウル、ロワイアル八十六番地の下宿に入ります。そしてシベリア経由の兄からの手紙を受け取ります。そこには「吉田某といふものがあつたことにして置く」「出来たことは仕方がない。お前はもうこの事を忘れてしまへ」とありました。それに対し「東京から神戸までも、上海までも、香港までも――どうかすると遠くパリまでも追つて来た名状しがたい恐怖は其時になつていくらか彼の胸から離れた」と藤村は書いています。たしかに世間的な破滅の危機は遠のきました。ですから藤村は今や日本に帰ろうと思えば帰れない訳のものではなかったのです。しかし藤村は「所詮国には帰れない」ことを知らねばなりません。「そのかはり、兄に手伝つて貰つて人知れず自分の罪を埋めるといふ空恐ろしさは、自分一人きりで心配した時にも勝つて、何とも言つて見やうの無い心持をおこさせた」と藤村は続けています。『新生』前篇において、この一行の持つ意味はきわめて重要です。もはや藤村の「恐怖」は対世間的なものから、飽くまで彼自身の心の問題に変わったといえましょう。

さてこうして自らが刑期を決める囚人のように、彼は自らの心に納得できる日までパリに留まらなければならない。まさに当てもなく、ただ「『時』といふものゝ力待とう」と藤村は自らに言い聞かせています。

しかし「『時』といふもの、力」とは、帰る日まで、ひたすら「時」の過ぎ行きを待つ、いや耐えること。が、それはまたなんと人間の生きる姿そのものではないではないでしょうか。人間は誰しも、やがて「生まれて来たところ」へ帰るまで「時」の過ぎ行きを待つ、いや耐えなければならない――。こうして藤村はフランス、パリに旅人となり、いわば人間の生きる純粋な姿に還元されて、三年の月日を送ったのです。『新生』前篇はその日々のありのままの記録に他なりません。

とはいえ言葉も違えば、それこそ立ち居振る舞い、生活のすべてにわたって異質なフランス、パリ――藤村の艱難が偲ばれます（明治五年生まれの藤村にとって、パリは現在の我々が感じるより何十倍も異質なものに感じられたでしょう）。しかし藤村はそれには次第に慣れて行きます。『新生』に「所詮慣れずには居られなかつた」とあります。しかし丁度なれたと思ったころ、慣れるに慣れえぬものが残ったのです。

それは一口で言うと、フランスの「時」の流れの単調さ、遅さということです。「明けさうで開けない短い夜」とか、（これは『エトランゼエ』にですが）「暮れさうで暮れない夕方をこらへた」とか、パリに住んだことのある人なら多分思い当たることでしょう。そしてそれは先程いった、ひたすら「時」の過ぎ行きを待つ藤村にとって、まさに「旅の無聊」、「耐へがた」く「信じ難いほどの無聊」を感じさせたのです。

「時」の流れの単調さ、遅さということは、また季節の巡りの単調さ、遅さということです。つねに春を待つ詩人であった藤村は、パリでも春を待ち暮らします。長い長い冬そしてパーク（復活祭）過ぎてようやく待望の春が来る。しかし藤村はパリには「濃厚な春」がないと歎いています。要するにあの日本の春のごとき、自然のむせ返るような息吹がない。夏もそうです。秋もそうです。日本の四季が激しく、熟成というか横溢というか、しながら移りゆく、そういう気配がフランスにはないというのです。

これも『エトランゼエ』から引きますが、「眼前にある石の町には、何一つ国の方の盂蘭盆会を思出させるものは無かつた」。「こゝでは町を呼んで来る金魚売もなく、軒に掛かる釣忍もなく、蝉一つなかなかない」。「秋が深くなつても私の旅窓へは蜻蛉一つ飛んで来なかつた」。「暮れから餅つきの音でも聞えてきて、御供や海老や、橙なぞが飾られ、屠蘇を祝へ、雑煮を祝へと言はなければ正月が来たやうな気のしないものには、こゝの新年は妙に物足りなかつた」と藤村は歎いています。何か「無いものねだり」みたいですが、しかしここから藤村がフランス、パリにあって、かえって日本の季節の豊かさ、しかもそれによって培われた日本人の季節感、風物や習慣（そしてそれこそ「文化」と呼んでよいと思いますが）にもっぱら向かい合い、「時」を刻んでいる姿が彷彿として来ます。

それにひきかえ『新生』や『エトランゼエ』には、マロニエやプラタナスについて実に多くの記述が繰り返されています。もとより春の芽吹きや花が愛でられていますが、そればかりでなく夏の深い緑、秋の黄葉や紅葉、そして冬の黒い枝、単色の石の街に唯一そうした自然の見せる四季折々の景観や風趣。よく日本の作家や詩人がパリに来ても政治や社会についてはなにも見ないで、マロニエやプラタナスのことばかり見て帰ると批判されますが、おそらくそこには日本人が長い歴史の中で培ってきた独自の「文化」が作用しているのでしょう。つまり自然の激しく豊かな変化に即応しつつ、われわれは春になれば春を満喫し、夏になれば夏に飽満しながら、そうして季節に区切りを付け、しかも次の季節を待ち焦がれる——。

先ほども言いましたが、人間はひたすら「時」の過ぎ行きを待つ、いや耐える。しかし本来「時」と言うものは、初めも終わりもない。ただの空しい流れなのかもしれません。しかもその茫漠たる流れを四季のめぐりに託しながら、自分の中で「待ち焦がれるもの」に変え「区切りあるもの」に変えてゆく。そこに日本人の生き方、「時」の過ぎ行きを待つ、いや耐える姿があるのではないか。藤村のフランス、パリでの三年間を見て行きますと、そんな感慨がしきりと思い浮かぶのです。

それはさて千九百十四年七月、第一次時世界大戦が勃発します。八月、すでにドイツ軍はパリ郊外八十キロにまで迫ります。二十七日、藤村は下宿の女主人シモネーの勧めで、彼女の郷里であり、姉のマテランの住む中仏リモージュに避難します。

しかしこのリモージュ行は、藤村に思いがけない心の転機を齎しました。「仏蘭西の旅に出てからの初めての休息らしい休息をそのヴィエンヌの河畔に見つけたやうに思つた」と藤村はいいます。パリと言う石の都会を逃れ、中世このかた牧歌の中に眠っているようなフランスの田舎、その自然に抱かれて、藤村は見失っていた「自分を見つけ」出すことができたと言えましょう。

が、それに加えて十一月一日ツッサン（死者の祭）の日、サン・テチエンヌ寺院のミサに参列した藤村の心に、一瞬よぎったものの意味を忘れることはできません。

――「岸本（藤村のことです）は高い石の柱の側を選んで、知らない土地の人達と一緒に腰掛けた。古めかしく物錆びた堂の内へ響き渡る少年と大人の合唱の肉声は巨大な風琴の楽音と一緒に成つて厳粛《おごそか》に聞えて来て居た。丁度暗い森の樹間《このま》を通して泄れる光のやうに、聖者の像を描いた高い彩硝子の窓が紺青、紫、紅、緑の色にその石の柱のところから明るく透けて見えて居た」。

やがて合唱の声が止み、オルガンの音も絶え、人々はしずかに僧侶の説教に耳傾ける。しかし、長い儀式の内に日は次第に暮れて、窓々に映る夕日も、あたかも深い林の中に消えて行くように消えて行く。

「そこには眼ばたきするように輝いて来た堂内の燈火《ともしび》と、時々響き渡る重い入口の扉の音と、厳粛に沈んで行く黄昏の暗さとが残つた」。

そしてこの時、石の柱の傍らに見知らぬ土地の人々と腰掛けつつ、彼は「仮令僅かの間なりとも『永遠』といふものに対ひ合つて居るやうな旅人らしい心持に帰つて行」くのです。戦時の直中のミサ。おそらく人々はその時、来世における「神の国」を夢見、この生の、この地上の巡礼の終わる日に思いを巡らしていたのではないか。そしてそうだとすれば、ここにもそうして終わりを待ち、自らを区切らんと願う人々がいたと言えましょう。茫々たる「時」の流れを、四季のめぐりにことよせて耐えるよりも、いわばはるかに気長く根気強い人々が――。

もとよりだからと言って、彼等が、あの自分をこえて初めも終わりもなく、だから「永遠」に流れる「時」の流れに至りつけるわけのものではない。いや至りつかんとしてしかも至りえぬ「永遠」の「時」。だがどのような形を取るにしろ、そのとき藤村は我人ともに、なおその「永遠」の「時」に至りつかんと祈る人間の、ひたすらなる姿を見取っていたのではないでしょうか。

そしてたしかにこのとき、藤村に心の転機が訪れていました。

「オートヴィエンヌの秋は何となく柔かな新しい心を岸本に起させた。彼は長い間ほとほと失ひかけて居た生活の興味をすら回復した。仮令罪過は依然として彼の内部《なか》に生きて居るやうなものであつても、彼はいくらか柔かな心でもつて、それに対ふことが出来るやうになつた」。

たとえ一切は幻影であり、一切は永劫に回帰するように変わらずとも、まだ人に明日を願い、明日を望むことだけは残されている。それがどのような形を取るにしろ、人はそれぞれに身に着いた明日を待つ姿勢に虚心に身を委ねればよいではないか。

「旅人よ。何故お前は小鳥のやうに震へて居るのだ。仮令お前の命が長い長い恐怖の連続であらうとも、何故もつと無邪気な心を持たないのだ」。

藤村はほとんど歌って居ます。そしてここまで来たときおそらく藤村に、その「柔かい心」、「無邪気な心」をもって日本に帰ろういや帰れるという勇気が湧いてきたのではないでしょうか。

「温暖《あたたか》い雨がポツポツやつて来るやうに成つた。来るか来るかと思つて斯の雨を待侘びて居た心地はなかつた。五箇月も前から――岸本は唯それればかりを待つて居たやうなものであつた」――たとえ先になにが待っているわけでもなく、したがってこの日々が徒労であり虚妄であるとしても、まだ人にこれほどの希望が残っているとすれば、たしかに前途はないわけではない。むろんまだ戦争は続いていましたし、藤村はもう一年パリに留まらなければなりませんでしたが。……

さて話は変わりますが、私は初めてパリに来た千九百八十（昭和五十五）年の夏、藤村の足跡を訪ねて妻とリモージュに行き、『新生』等の記述を便りに藤村の滞在した家を探し出し、その家にお住まいのムリナール家の人々、お祖母さんと奥さん、お嬢さんに歓迎されました。この時のことは「朝日新聞」十一月十四日の夕刊に掲載されましたが、その後いろいろな方々がこの家を訪れたようで、河盛好蔵氏もそのお一人です。

しかし、おそらくその周囲の方々から出た話だったのでしょう。この家を「藤村記念館」にしようという計画が持ち上がり、リモージュの商工会議所も加わって、静かな町の大きな話題となったようです。ばかりか「異国に蘇る藤村の素顔——フランスの記念館除幕式に出席、歓待を受ける——」という記事が出て、多くの人が読んだとみえて私のところにもいろいろと問い合わせがありました。しかし私はなにも分からず、ただこの家の持主で、現在お住まいのムリナール家の人々はどうなったのだろうかと、それればかりを心配していました。

幸い私はその翌年の千九百九十一年春から、ふたたび一年をパリで暮らすことになりました。そしてその夏、藤女子大の藪貞子氏（氏もこの家を探し当てられ、その後何回か訪ねられたようです）が大学の会報に書かれた文章を読む機会がありました。それを読んで私は、私の心配が当たっていたことを知りました。

藪氏の文章によれば、氏は「ブラッケの除幕式」（なんと「除幕式」と言うのは、よくフランス等で著名人の住んでいた家の外壁などに貼る、あの「ブラッケの除幕式」だったようです）が行われた前年の十月十九日、ちょうどムリナール家を訪れて居たというのです。しかもムリナール家に対しリモージュ市側からはなんの連絡もなく、ムリナール家の人々も地元の新聞でそれを知ったといいます。結局藪氏も市庁舎には出かけなかった由。「当事者であるはずの家の人々が知らない、そんな集まりにヌケヌケと出る気になれなかった」と藪氏も憤慨して書いていました。

さらに今回のことで、お嬢さんが「自分の家が日本人に取られるという怯え」から重いノイローゼに罹っているとも記されていました。そして藪氏は、「当事者の事情や手続きなど一切無視して一部の人たちの間で一方的に進められている話」として、「華やかな報道、浮かれた文の陰で、傷つき泣いている人がいる。文学の名において人々の生存の根拠を脅かすなど許されてよいことではない。（中略）それにしても、有力者たち、あえて言えば男たちの、何という強引、傲慢さだろう。私は今せめて彼女らの日々の安からんことを祈るばかりである」とその文章を結んでいました。

まさに心痛むことばかりでした。ことに私の場合ムリナール家を最初に探し出し、藤村との関係を最初に文章にして公にしたものとして、ムリナール家の人々を苦境に陥れた加害者の最たるものであるかもしれません。私は藪氏の文章を読んで、そんな後ろめたさを抱かないわけにはいきませんでした。十月三十一日、遅ればせながら私は妻とリモージュを訪れました。私達は前回（千九百八十年）、夏の後、ツッサンの日にもリモージュを訪ねたことがありましたので、行くならその前後と計画していたのです。

私達はまず市庁舎に出向き、ことの次第を問い合わせました。姉妹都市課という部署の課長でプメルニー氏という方が対応に出て、「日本の作家の滞在を記念して、道路課がその家の許可を得て、壁にプラッケをつけただけで、それ以上のことはなにもありません」ということで、私達はひとまず安心をしたのでした。

なんのことはない、それが日本で「藤村記念館の開館」と吹聴されたわけだったのです。

ついで私達はムリナール家を訪れました。一家は丁重に迎えてくれましたが、どこかぎこちない所がありましたので、私は単刀直入に、「今度のことに関し、私はなにも知らされていないのです」といいますと、奥さんの表情は見る見る晴れやかになって「佐々木さんがなにも知らない！」と、ほとんど叫ぶようにいいました。そして奥に行き、この件についての新聞の切り抜きやメモなどこまめにファイルしたものを持ってきて、まさに胸襟開いたごとく苦しかったこれまでの一部始終を語ってくれました。お嬢さんはもう大分快復されたようでしたが、「母も私もこの家で生まれ、この家から離れたことはありません。この家は私達のすべてなのです」といった言葉が心に残りました。

そのあと奥さんの心尽くしの食事となり、一同「いやな藤村記念館の話」を忘れ、楽しい一時を過ごしましたが、パリに帰る時間も迫り、お嬢さんの車で駅まで送ってもらいました。

駅に着き、別れの挨拶をすると、お嬢さんは妻の手を取り、涙を浮かべながら、「また来てください、待っています」といいました。「ええ、来ますよ」と、またいつ会えるかも知れないながら、妻も必死に答えていました。駅舎の中に入りホームへ降りる階段に私達の姿が消えるまで、お嬢さんはその場に立ち尽くしていました。——

その後、「藤村記念館」の話がどうなったか、私はなにも聞いていません。おそらくバブルと同じように、はじけて消えたのでしょうか。

付記

「日本人の季節感」ということをお話しましたが、藤村の昔に比べ、私達現在の日本人の季節感は大分鈍ってしまったようです。まして世界的な異常気象（?）。しかしそうこうしている内に、独自な日本の「文化」そのものが衰微してゆくとみるのは、わたしだけでしょうか。

今回は『新生』前篇のみをお話しましたが、後編で藤村は日本に帰ります。しかしそこで見たものは、周囲の冷眼に晒されながら、ひたすら叔父の救いを待つ姪の憐れな姿でした。それへの憐憫からか、藤村はふたたび姪と関係を結んでしまいます。またなにをか言わんやとはこのことです。ただそのとき藤村は、人間が孤独な思いの中でひとり生きているばかりでなく、人間の間で、他者との関わりの中で生きてゆかなければならないことに気付く。地上に生きてゆくということはそういうことではないか。当たり前のことといえば当たり前のことでしょうが、善きにつけ悪しきにつけそれを人間の「さだめ」として、藤村は『新生』後編であらたに見つめ直しています。しかしそのことを語るのは別の機会に譲りましょう。

その後のリモージュですが、私達は今回もツッサンの日前後に行きたいと思っているのですが……。

なお以上は旧著『パリ紀行』『熟年夫婦パリに住む』によっていることをお断りしておきます。

――この前、在仏北海道県人会（ポプラ会）で話したもの。なおラポルト・匠子氏の仏訳が添えられている。「編集手帳」に「『島崎藤村とパリ』で御紹介した藤村の下宿の写真その他は、佐々木先生のご本『パリ紀行』から転載させていただいたもの。パリでの下宿先・ポウルロワイヤル通りの建物は現在も全く同じ佇まいで残っています。ウォーキングを日課としている編集子は、この通りをよく歩くのですが、以来、86番地の3階の窓を眺めて歩くのがクセになりました」という松本氏の文、また「藤村とフランスについて知らなかった私は不勉強を恥じ入るばかりですが『藤村とパリ』を翻訳していて、私も含めて数人の会員の恩師・藪（旧姓片桐）先生の名前が出てらしたのには驚きました」というラポルト氏の文がある。パリには北海道出の人が多い。気候が合うのだろうか。

23「國木田独歩『武蔵野』をめぐって」（「比較文学」講義要項、平成14年4月22日、5月13日）

たとえば小森陽一氏は『〈ゆらぎ〉の日本文学』「第一章〈ゆらぎ〉としての近代散文」（NHKブックス、平成10年9月）において、『武蔵野』（原題『今の武蔵野』――「国民之友」明治31年1月～2月）の文体を、〈微細にかつ克明に自分の知覚や感覚がとらえた外界の印象を言葉に置き直していく〉文体として、そこにフローベル『ボヴァリー夫人』、ツルゲーネフ『猟人日記』、そしてその翻訳である『あひゞき』（「国民之友」明治21年7月～8月）から続く近代実証主義・写実主義の大きな影響を指摘している。しかし〈知覚や感覚がとらえた外界の印象〉はそのまま〈言葉に置き直していく〉ことは出来ない。言葉はそれ自体の一般性・抽象性をこそ表現するものだからである。本講は『武蔵野』の自然観照の文体を分析しながら、そこに表現されたものが〈知覚や感覚がとらえた外界の印象〉というより、むしろ言葉がとらえた日本人の自然観照における一般的・抽象的概念――たとえば新谷敬三郎氏はそれを〈東洋の詩境〉、あるいは〈汎神論的な気分〉と言っている（「二葉亭訳『あひゞき』の問題―「比較文学年誌」第４号、昭和42年7月）。そしてここに「日本の近代文学と外国文学」―そしてそれは翻訳を通して関係しあうわけだが―の微妙な問題を考察してみたい。

24 「中野、杉野二先生を送る」（「わせだ国文ニュース」第78号、平成15年5月）

本年三月、早稲田大学の定年制によって、中野幸一、杉野要吉の二先生が退職される。すぐ下の後輩として、長年その謦咳に接して来た私共には、ひとしお名残惜しいものがあるが、やむをえない。

恒例に従い、以下両先生の年譜、著作目録等を紹介する次第だが、紙幅の関係もあり、ごく一部を記すにとどめる。中野幸一先生は昭和三一年、早稲田大学第一文学部を卒業、同三六年博士課程を終え、教育学部助手を経て、同四一年、専任講師、同四五年、助教授、同五〇年、教授、またその間、文学研究科を長らく兼担し、実に半世紀を早稲田一筋に尽くして来られた。

著書には『物語文学論攷』（昭46）、学位論文の『うつほ物語の研究』（昭56）、編著には『奈良絵本絵巻集（一～十二、別巻一～三）』（昭62～平元）、『源氏物語資料影印集成（一～十二）』（平元～2）、さらに『源氏物語みちしるべ』（平9）、『源氏物語の享受資料　調査と発掘』（平9）等の著書がある。まさに中古文学研究の泰斗といえよう。

なお、しばらく教育学部長としての大役を果たされ、学部長会におけるその公正、厳粛な態度、発言等は、役目柄同席していた私等も思わず襟を正すことがしばしばであった。（そう言えば、教員組合の委員長として御活躍されていた頃のお姿も、懐かしく想い起される。）

とまれ、研究者としてばかりか、指導者としての風格を備えた大人といえよう。

杉野先生は昭和三二年教育学部を卒業、一時、郷里北海道において教員生活を過ごされたが、同四二年、関東学院女子短期大学の専任講師に就任、助教授、教授とすすまれ、同五四年、早稲田大学教育学部に移り、同五六年教授、その後、教育学部研究科を兼担された。

著書には『中野重治の研究―戦前・戦中篇―』（昭54）、『ある批評家の肖像　平野謙の〈戦中・戦後〉』（平15）等、大きく優れた業績がある。また編著には『交争する中国文学と日本文学―淪陥下北京1937-45―』（平12）、『増訂版・交争する中国文学と日本文学―淪陥下北京1937-45―』（平12）があり、旧「満州国」時代の日中文学、文化、社会の諸問題をめぐる共同研究の成果が収められている。

専門を同じくする私には、こうした先生の編著書からの学恩、計り知れないものがあるが、それと同じく、先生とは文学研究科における修論面接に同席する機会が多く、その折の先生の吶々としたものいいながら、重厚にして沈着な査問を展開されるお姿が、まさに教員の鑑として景仰された次第である。（そう言えば、昔「国文学研究」の編集委員会の席上で、拙論を懇切に御批評下さった時のお姿が、懐しく想い起こされる。）

——14と同じ類のものである。

25 「我孫子の一日」（「我孫子稲門会」第4号、平成15年8月）

私は東京下町に生まれ育ったので、取手や我孫子の名は親しみを持っていた。なによりも長谷川伸の「一本刀土俵入」は講談や浪曲で聴いていたし、芝居は近くの明治座で新派の舞台を見た。たしかお蔦を水谷八重子、駒形茂兵衛を伊志井寛が演じていたように記憶する。長じてからは無論、志賀直哉のいわゆる「我孫子もの」である。「雪の日」の手賀沼の叙景などは、まるでその場に居合わせたような趣きで読み入った。

しかし私はいままで一度もこの方面の土を踏んだことはなかった。それが此度、我孫子稲門会より西本武彦副総長や井原徹理事を介し、「我孫子と白樺派文学」と題して何か話せという御依頼。私は長年の宿題を果たすような気持で我孫子に降り立った。

当日会場は稲門会の会員はもとより会員以外の方も多く来られていたようであった。さぞかし「我孫子と白樺派文学」にお詳しい方もいられるものと少々緊張したが、井原氏の顔も見えたりして落ち着いた。

講演は初め我孫子と柳宗悦やバーナード・リーチ、武者小路実篤などとの関係を語り、今回の中心である志賀直哉の「和解」に移った。従来、父と子の長年の不和が和解に至る契機について、血縁や肉親の親和力ととる説が有力だが、その血縁や肉親の親和力ゆえの対立が不和を生んだとすればば、これは十分説得力のある論ではないという所から始め、それをいうなら、血縁や肉親の絆というよりそれを超えたもっと普遍的な、いわば生命そのものへの感動ということを考えてみたいと論を進めた。祖母や父が肉体的に衰えてゆくことへの同情が次第に和解を用意してゆくのを見てもそれが判るし、さらに長女の死や次女の誕生を通して、人が死し、そして生まれるという、まさに生命の実相そのものへの感動が大きな自然の運行を凝視させる。そしてそれはやはり「城の崎にて」等の、（誤解の多い言葉だが）汎神論的思想の成熟を待って用意されてきたと論じた。ことに最後、父との会見に臨み「成り行きに任せるより仕方がないと思つた」とあるが、これは決していい加減な気持を述べているのではなく、それこそはまさに外部（自然）の大きな運行に一身をあずけるという強い覚悟を語っているということを付け加えておいた。

さて講演が終わって懇親会となったが、当日私の同級生である村上智雅子さんも来場されていて、この機会に白樺文学館や柳宗悦の旧居三樹荘に案内してくれるということで、幹事の方に我儘をいって少時会場を抜け出した。文学館では副館長の渡辺貞夫氏より懇切な解説をいただき、再び会場まで車で送っていただいた。

会が終わり会長の日吉照輔氏や色々御世話になった幹事長の大塚紀年氏から名物のうなぎの御馳走になった。これがまたとびきりの美味で、手賀沼に臨む我孫子の古い歴史の味わいをしのばせてくれた。本当に想い出深い一日となったことを感謝しつつ。初更我孫子を発った。
——六月九日、平成一五年度我孫子稲門会定期総会でのことを書いたもの。

26 「田中、堀切、都倉三先生を送る」（「わせだ国文ニュース」80号、平成16年5月）

本年三月、早稲田大学の定年制によって、田中隆昭、堀切実、都倉義孝の三先生が退職される。すぐの後輩として、長年その謦咳に接して来た私共には、ひとしおお名残り惜しいものがあるが、やむをえない。

恒例に従い、以下三先生の年譜、著作等を紹介する次第だが、紙幅の関係もあり、ごく一部を記すにとどめる。

田中隆昭先生は昭和三二年、早大一文を卒業、修士課程を終え、同四六年宮城学院女子大に赴任、平成五年早大文学部教授となり文学研究科を兼担された。著書に『源氏物語　歴史と虚構』（平成5）等、この間和漢比較文学会代表理事、国文学会代表理事等を務めた。

私の個人的な想い出をいえば、最初の出会いは先生が宮城学院女子大に赴任されるに際し、早稲田に御挨拶に来られた時、若々しく、だがどこか飄々として優しい先輩という印象だった。ただし後年早稲田で御一緒するに及び、その内に秘められた情熱を知り驚かされたこともしばしばだった。ことに古代比較文学に傾注される情熱は感銘的であった。近年体調かならずしも万全ではない御様子だが、その強い意思をもってすれば、これを乗り切れる日も近いことと確信する。

堀切実先生は昭和三二年、一文卒。修士課程を終え、同四九年フェリス女学院大学講師、同五八年教授となり、その後文研、教研を兼担された。著書には『支考年譜考証』（昭和44）以下多数。先生と最初にお会いしたのが何時のことであったか定かでない。ただ昭和五十年前後、先生がフェリス女学院大学にお勤めの頃、高田牧舎で長い間雑談した記憶がある。横丁に面した小さな部屋であった。それ以来お会いする度に話がはずんだ。実にシャイな方で、はにかんだような御微笑を浮かべながら、しかし話題が尽きるということはなかった。また御著書を度々いただいた。こちらも拙著をお送りすると、これまた実に小まめに、例の達筆で、解読不能すれすれの御礼状を送っていただいた。近年あまりお会いする機会がなかったが、幸い御健勝であられる御様子、これからも変わらぬ御活躍をお祈りする次第である。

都倉先生は昭和三六年、一文卒業、博士課程を終え、同四一年高等学院教諭、同五十三年商学部講師、同六十年教授となり、のち文研を兼担された。著書に『古事記　古代王権の語りの仕組み』（平成7）等がある。

先生との最初の出会いも何時であったか定かでない。しかし今でも鮮やかに思い出されるのは、当時昭和四十代、いくつかの大学の教員同士の野球大会があり、学院の校庭等で試合があったが、いつも我が早稲田のマウンドを死守されていた長身の御姿である。その後色々な面で御世話になったが、先生も私も長らく鶴見大学に出校し、出校日も同じだったので、いろいろお話しを伺った。まさに直ぐ上の兄貴といった感じで、それこそ想い出は尽きない。

――24と同じ。

27　『獨歩と漱石――汎神論の地平』（「日本近代文学」第74集、平成18年5月）

本書は獨歩、花袋、白鳥、漱石、梶井等の作品を通し、言葉と時間、さらには知覚と想起の問題にわたり、そこに一貫するいわゆる汎神論的信の内実を考察するものである。

たとえば獨歩――。妻信子に去られ、それこそ一切を喪った彼はただ武蔵野の自然に相対す。自然を見、聞き、触れる（知覚する）。そしてそのことは獨歩にますます痛切に〈宇宙人生の秘儀に驚異〉すること、とは〈天と地と人はもと一体〉というといわば汎神論的感動に感動することを教えるのである。

ところで「欺かざるの記」はその当初、信子への未練や呪詛、つまり過去への悔恨に激しく揺らいでいる。しかし獨歩はやがて〈過去を見る勿れ〉といい、さらに〈前途を夢見る勿れ〉といい、最後〈将来も過去も、希望も後悔も、悉く今日に在り〉、〈人間の一生は凡て「今日」の中に在り〉、〈今日のわれ、これ我が一生の実価のみ〉という。ここに〈今日のわれ〉とは、おそらく前後を両断した〈今、茲〉の一瞬、そのいま〈現在〉、〈眼前〉の事実にまるで不意打ちを喰らうごとく直面し、〈驚異〉する〈われ〉である。

だが獨歩において今ここに〈驚異〉したいという願いは所詮願いにとどまらざるをえない。「牛肉と馬鈴薯」の岡本は〈「無益《だめ》です。いくら言つても無益《だめ》です」〉という。〈「唯だ言ふだけ」〉でしかないというのだ。

本書は、一方で西田幾多郎の〈純粋経験〉に言及する。いわゆる〈主客合一〉の〈純粋経験〉。今ここで見、聞き、触れる知覚経験、従って思惟や反省以前、つまり言葉以前の自然外界との合一の経験。おそらく獨歩がこれを読んだとしたら、強く共感しつつ激しく反発したにちがいない。いわば〈自己の意識〉の登場する余地のない〈我を忘れ〉た〈純粋経験〉、とはまさに岡本の〈「唯だ言ふだけ」〉の経験でしかないからである。

獨歩は「神の子」でこのいわゆる〈純粋の感〉に触れ、〈あの時の私の眼には眼に見る世の様を直に過去に移し、此身をも過去の人として見た〉のだという。つまり人はついに〈今、茲〉の感動とズレて生きるしかない。たとえ一瞬であろうとも、一拍おいて、それを過去の事として言葉において想起する。そしてここに獨歩以下、汎神論的信なるものの明暗があったといえよう。

——「執筆ノート」欄に、拙著について紹介せよと依頼されたもの。

28

「会員・会友の旧著新著——旧著『パリ紀行—藤村の「新生」の地を訪ねて』(1989年刊)『熟年夫婦パリに住む』(1994年刊)『画文集　パリ土産』から近著『静子との日々』(2006年刊)まで」

(「JOURNAL　JAPON　日本人会新聞」204号、平成19年3月、4月号)

パリには早稲田大学の在外研究員として三度滞在しました。最初は1980年3月から翌年の1月まで、妻と当時9歳、6歳の息子を伴い、ビアンクールに暮らしました。この時のことを記したのが『パリ紀行――藤村の「新生」の地を訪ねて』です。

なにせ初めてのことで、見るもの聞くものすべてが驚きでした。下の子が通う幼稚園に行くと、教室の壁に園児達の絵がはり出されているのはどこの国のそれも同じでしょうが、下の子の絵はすぐわかります。というのは太陽を描き、しかもそれを真っ赤に塗っているのは下の子だけでしたから。（他の子のはあっても黄色、中には緑もありました）。私はフランスに来て、かえって「日本人の心」というものに感じ入った次第でした。

二度目は1991年4月から翌年3まで、妻と2人、初めの2か月は11区のダバル通りの屋根裏部屋に、次いで16区アガール通りのギマール設計の建物に住みました。この時のことを書いたのが『熟年夫婦パリに住む――マルシェの見える部屋から』です。中に挿絵としてパリのスケッチを数葉入れました。

二度目ですこし慣れたとはいえ、依然として日仏の文化、生活の違いで戸惑い、相変わらずの失敗続きでしたが、しかし旧知の墓をクラマール墓地に探し当てたり、前回訪ね当てた藤村のリモージュの旧居を再訪したり、一番充実したパリ滞在でした。

三度目は2001年3月から翌年の1月まで、2度目のアガール通りから目と鼻の先のラ・フォンテーヌ通りに住みました。その前年の11月、妻は乳癌を手術をし、パリに来られる状態ではなかったのですが、私一人では何も出来ないことを知る妻は、無理を押して5月にパリに来ました。幸いパリの水があったというか、妻は元気を取り戻しましたが、その間、再発や転移をおそれつつ、しかしパリの風物、さらに多くの人々の御親切に巡り合い一入今生きてあることの幸福を感じた日々でした。

そして前々回、前回の記述や挿絵に今回のメモやスケッチを加えたのが『画文集　パリ土産』です。その『パリ土産』の中に、私は次のような詩を載せました。「パリよさらば　モンマルトルよさらば　うら淋しき薄日の街を　また訪うことのありやなしや　あるとしてその日　妻の命ありやなしや」「パリよさらば　サクレ・クールよさらば　麗しきマリアの前に　また佇むことのありやなしや　あるとしてその日　我が命ありやなしや」「パリよさらば　テルトル広場よさらば　うら哀しき鋪石の路を　また歩むことのありやなしや　あるとしてその日　命あるは妻か我か」「セラヴィ　それが人生」――。

しかし不幸にも予感は的中し、癌は肺に転移し、妻は一昨年の12月に亡くなりました。私は茫然自失したのですが、妻へのレクイエムとも思い、36年前の知り合ってから結婚するまでの半年の日々を、当時の日記や往復書簡をたよりに再現しました。それが『静子との日々』です。ある人が読んで、「『暗夜行路』を超える恋愛文学」と言ってくれました。すこし恥ずかしい次第ですが、読んで下されば幸いです。

29　「先生方の講義のあらましとプロフィール」（生命保険アンダーライティング学院、平成24年5月）

夏目漱石の「こゝろ」に、語り手の青年の父が重い病の中、乃木将軍の殉死を知って「乃木将軍

に済まない。実に面目次第がない。いへ私もすぐ御後から」とうわごとを言うシーンが出て来ます。さすがに明治に生きた男の心が描かれているといえましょう。しかしそんな彼が「気のたしかな時」は、しきりに妻の影を追ったといいます。妻の姿が見えないと、「お光は？」とまわりに聞いたとあります。この場合、無意識（「うわごと」）か意識（「気のたしかな時」）か、どっちが人間の本当を語っているのかと問うのは野暮なことだと思います。漱石はこの父親が見たことも会ったこともない乃木将軍を思うより、いつもそばにいた妻を呼んでいるということを語ろうとしているのではないか。つまり時代や社会のことはもとより大事ですが、人間にとってもっと大事なことは、もっと直接で身近な問題――あえていえば、男と女の問題（男と女は結ばれて子を生み、歴史を作ってきたし、ゆくのです）。文学はもっぱらこのことに焦点をあてるのです。本講座はそういう文学（近代日本文学）の傑作をいくつか選んでお話します

――私は平成十八年から令和二年まで生命保険アンダーライティング学院に出講していた。
これはその講議要項の一つである。

30 「自筆年譜」（「国文学研究」第160集、平成22年3月）

〔履歴〕

一九四〇（昭和一五）年二月一日　東京市日本橋区に出生。

一九四五年三月　東京大空襲により罹災、長野に疎開、終戦とともに東京に帰る。

一九五二年三月　中央区立有馬小学校を卒業。四月、私立京華中学に入学。
一九五八年三月　京華高校卒業。
一九五九年四月　早稲田大学第一文学部国文学専修に入学。
一九六三年三月　右卒業。四月、同大学院文学研究科日本文学専攻修士課程に進学。
一九六四年四月　京華高校非常勤講師（七一年三月まで）。
一九六六年四月　博士課程に進学。
一九七〇年三月　右単位取得満期退学。四月、都留文科大学非常勤講師（七二年三月まで）。
一〇月、早稲田大学理工学部非常勤講師（翌三月まで）。
一九七一年四月　早稲田大学文学部専任講師。
一九七四年四月　同助教授。
一九七五年四月　和光大学非常勤講師（七七年三月まで）。
一九七六年九月　第二文学部教務副主任（七八年九月まで）。
一九七八年四月　鶴見女子大学非常勤講師（八〇・九一・〇一年を除き、〇三年まで）。
一九七九年四月　早稲田大学文学部教授。
一九八〇年三月　在外研究員としてパリに一年滞在。
一九八五年四月　フェリス女学院大学非常勤講師（九一・〇一年を除き、〇三年まで）。
一九八六年四月　第二文学部日本文学専修主任（同九月まで）。大学院文学研究科研究指導担当。

九月、第一文学部日本文学専修主任（九一年三月まで）。
一九八九年四月　日本女子大学非常勤講師（九一年まで）。
一九九一年四月　在外研究員としてパリに一年滞在。
一九九二年九月　第二文学部教務主任（九四年九月まで）。
一九九六年九月　文学研究科日本文学専攻連絡委員（九八年一一月まで）。
一九九八年一二月　同専攻主任（〇〇年九月まで）。
二〇〇一年四月　在外研究員としてパリに一年滞在。
二〇〇二年一一月　早稲田大学国文学会代表理事（〇四年一一月まで）。
二〇〇六年二月　「日本近代の文学空間」により、博士（文学、早稲田大学）の学位を受ける。
二〇一〇年三月　定年により早稲田大学を退職。名誉教授号を受ける。

――続けて〔著書〕〔論文（単行本未収録）〕欄もあるが、『近代文学論拾遺』に同種のものの記載があるのでここでは略す。

31　「早稲田での半世紀」（「わせだ国文ニュース」第92号、平成22年5月）

私が早稲田に入ったのは一九五九（昭和三四）年だから、もう五十一年、半世紀になる。学部時代には、少数の友人と交わり、もっぱら同人誌に小説を書いているような目立ぬ学生であった。大学院に入り、上野理氏に誘われて「文芸と批評」の同人となったが、あまり活躍もしなかった。ただその間、なぜか老先生方、指導教授の稲垣達郎先生はもとより、岡一男、山路平四郎、中村俊定、暉峻康隆等、時代も分野も違う先生方から親しく御声をかけていただいた。あれはすでに博士課程に入り、周りの友人達が大学や短大に就職が決まり始めていた頃、暉峻先生が牧舎前の路上で私を呼びとめ、「佐々木君、我慢してね、頑張りなさいよ」と言っていただいたことが、いまも記憶に鮮やかである。

定職もないまま私は結婚した。妻を連れて川副国基先生のお宅にお訪ねした折、妻が突然、「先生、主人によい就職口をお願いします」と言った。私は背中に冷汗をかいたが、先生も「やあー」と言って頭をかかれた。

そしてその翌年の春、私は早稲田に呼ばれた。稲垣先生はそういうことを一切お口にしない方だったから、直接には主任の藤平春男先生からの御電話で知らされた。まさに寝耳に水であった。その夜、私と妻は祝杯を挙げた。丁度私の三十の時、而立の秋であった。一際若い教員だったので、なんでもし、またやらされた？　教務副主任、教務主任、やがて学科主任。しかしその間、いつも諸先生方、辻村敏樹、国東文麿、神保五彌、藤平、上野、竹盛天勇、秋永一枝先生等から優しい御助言や御助力をいただいた。また先生方の御好意で、日文科でありながら、私は在外研究員として三度もパリの土を踏んだ。五月、プラタナスの葉が微風にそよぐシャンゼリゼー大通りの真ん中に立ち、「俺はこれから一年、まったくの自由だぞ」と心に叫ぶ至福の時を、三度も味わわせていただいた。

しかし三度目の時、妻はすでに乳癌におかされていた。日本に帰って来てすぐ癌は肺に転移し、入退院をくり返したが、二〇〇五（平成一七）年の夏から秋にかけて、症状は一気に増悪した。

そんな折、中島国彦氏や高橋敏夫氏から、おそらく私を励ます意味でだろう、学位を取るように薦められ、私は「日本近代の文学空間」という論文を提出した。

学位授与を待たず妻は逝ったが、死後遺品を整理していると、いつも枕元にあったメモにこんなことが書いてあった。

「パパ、本当におめでとうございます。長い間　真面目にコツコツと勉強して来た成果だと思います。他の先生方にも認められて、これ程素晴しいことはないと思います。心よりお祝い申し上げます。十一月十日静子」

一月後に亡くなる人のとは思えぬようなしっかりした筆跡であった。私はその紙片を手にしながら、思わず号泣した。

それから四年以上たつ。ただ今これを記していると、私の学位取得を喜ぶこの妻のメモが、まさに私の早稲田での半世紀全体を祝福してくれているように思えてくる。

――これは、私と演劇科の内山美樹子氏の退職記念号のものである。

32　「七度目のパリ」（「わせだ国文ニュース」第100号、平成26年5月）

昨年（平成二十五年）四月から十二月までパリに暮らした。私にとって七度目のパリである。初めの五ヶ月は毎月ほぼ一週間、ベルギー、オランダ、チェコ、オーストリー、ハンガリー、イタリア、スイスと回った。すべて曾遊の地で、前回前々回はその地の美術館を巡り、今回はそれに加えてスメタナ音楽祭（プラハ）、シェンブルグ宮殿コンサート（ウィーン）、オペラ「ラ・トラビアータ」（ベネチア）等を鑑賞した。

パリでは前回前々回と同じ十六区パッシー地区に住み、初めは近くに多いギマールの館を巡り、ブーローニュの森やセーヌ河畔を歩いた。エッフェル搭が近くだったので、週に一、二度足を運んだ。日々の買物はパッシー通り、マルシェ、モノプリ、ル・ナシャション通りの店に通った。マルシェといえばラ・フォンテーヌ通り、ラスパーユのオーガニック・マルシェ、前回部屋の近くでよく行ったパリ最大のマルシェ・バスティーユにも行った。

夏の終わりからはフランス国内を回った。ロワール川古城めぐり、シノン、シャンポール、アンボワーズ、その近くの古城ホテルに泊まり、シュノンソー等へ。またモン・サン・ミッシェル、ルーアン、ヴェルサイユ、オーヴュル・シュル・オワーズ、ジヴェルニー、アルジャントーユ、新しくルーブル別館の出来たラ（L）ンス、リール、冬になってナンシー、ラ（R）ンス、ストラスブール。これも多く曾遊の地であったが、それゆえそれぞれ懐旧の思いに浸った。

パリではルーブルに四度、オルセーや国立近代美術館に二度、マルモッタン、オランジェリー、ロダン、ブールデル、ザッキン等に行った。他にコメディー・フランセーズで「ドン・ジュアン」、オペラ・ガルニエでバレー「椿姫」、バスティーユで「アイーダ」を見た。サントゥスタシュ教会でパイプオルガン、サント・シャペルでバイオリン四重奏、エフレム教会でフレデリック・モローのバイオリンの超絶技巧を最前列で聴いた。他にサルプレイエルでフランス管弦楽団とフランク・プライレルのピアノ等。

教会には八百五十周年記念のノートルダム、さらにサン・ジェルマン・デ・プレ、マドレーヌに数度、その他サン・シュルピス、サン・オーガスチン、不思議なメダイ教会等々。墓地ではペール・ラシェーズ、モンマルトル、モンパルナス、パッシー等。のみの市はバンブーに三度、クリニャンクールに二度。街歩きはモンマルトル、モンパルナス、マレ、レアールにそれぞれ四度、その都度その周辺に足を伸ばした。サン・マルタン運河、ヴォージュ広場等。オペラ界隈は数え切れない。冬になってシャンゼリゼーのクリスマス・マルシェにも何度か行った。

あとは食べ歩き。マドレーヌ地区のメゾン・ド・ラ・トリフ、ルロワ・デユ・ポトフ、オデオンのパリ最古のル・プロコープ等。サロン・ド・テはアンジェリーナ、ラデユレ、ダロワイヨ、ペルティヨン等軒並入った。パテスリーはこれもパリ最古のストレール。ショコラトリーはボワシェ、パトリックロジェ、ピエールエルメ等々。——

33 「我が犬猫の記」（「信」第42号、平成29年）

私が初めて飼った（飼ってもらった）のはミケと言った。文字通り三毛の綺麗な雌猫であった。戦後すぐのことで、私の住んでいた東京下町は一面の焼け野原で、所々瓦礫がうずたかく積まれていた。なにせ食糧難の時代だったが、三毛はとても敏捷な猫で、その中で毎日のように雀や鼠を捕らえては食べていた。夏になると電灯のまわりにカナブンが飛ぶのを、ジャンプ一番、捕まえては食べていた。それだけ栄養がいきわたっていたせいか、子供をよく生んだ。三毛は10年以上生きていたが、私が記憶しているだけでも129匹は生んだ。どれも可愛い子猫で、母が鰹節などを付けて人に貰ってもらったりしていた。ただ、さすがに晩年になると、盲目の子を生んだり、多くは長く育たなかった。

最後、姿が見えなくなり、縁の下で死んでいた。私が菓子箱に入れ風呂敷に包んで、駒込の寺町の犬を葬ってくれる寺に持って行った。冬のことで、寺町はすでにとっぷりと暮れ、冷たい風が吹いて人通りもなく、ミケの身体がいやに重く感じられた。

その前に犬を飼ってもらった。スピッツの雑種でトミと名付けた。兄がなんで調べたのか、ロシア犬のサモイドという犬だという。なるほどその後2メートル以上の大雪が降った時、トミはその上を軽々と歩いた。

トミは早く死に、ミケも死んだ後は、犬猫との縁はしばらく途絶えたが、私が二十《はたち》を越えた時、母とお手伝いさんと3人で茅ケ崎の海岸へ引っ越した。その折人からコリー犬を譲り受けた。雄犬でコロと名付けた。ただ当時茅ケ崎は蚊が多く、コロは程なくフィラリアに罹り、手を尽くす間もなく死んでしまった。

犬や猫などの生き物を飼うということは、かならずその死と向き合うことを覚悟しなければならない。そしてそれは人が父や母、兄弟、姉妹、夫や妻、ともすれば子供と死に別れなければならないのと同じことなのだ。

次に昭和四十四（一九六九）年、私が結婚した時、母たちは東京に帰ることとなり、妻が一人で留守番をするのは無用心ということで、これまた人からコリーの成犬を譲ってもらった。雄でロンと言った。

この後私は４頭のコリー犬を飼ったが、中で一番立派というか、肩高も高く、白い襟毛も背中の茶毛もフサフサとした美しい犬であった。身体を洗った後など、夕方海岸に連れて行くと、全身の被毛が夕日にキラキラと輝いた。家の横を通る人も見とれるほどで、品評会に出したらと勧めてくれる人もいた。

利口な犬だったが、それだけ気位が高いというか、海岸などで放すと、勝手に道草を食って呼んでもなかなか来なかった。しかしそれにも飽きて駆けて来る時は、無人の渚を一直線に、それこそ風を切るように駆け抜けてきた。

あるいはまた、長男がしっかり歩けるようになった頃、よくロンを付けて松林の中を散歩に行かせた。そんな時ロンは辺りに気を配り、長男を守るようにして木立の中をゆっくりと歩いた。

ロンの子が欲しくなって、隣町のコリー愛好家のところに子供が生まれたという噂を聞き付けて譲ってもらった。ロンと同じセーブル（茶毛）の雌でリリーと名付け、庭の奥の物置を改良して一緒に住まわせた。

リリーはすくすくと育ち、やがて成犬となった。しかし時期が来てロンが近付くと、歯を剥いて唸った。どうやらそんなつもりで付き合っていたわけではないという風であった。

それで血統の確かな雄とかけた。犬は安産の守り神と言われるように、懐妊してから正確にふた月ほどで出産となる。リリーも予定日が近付くとおなかも大きくなり、乳首も赤く脹れて周りの毛も抜け、摘まむと乳も出た。この分だと4匹はいる。生まれたら1匹いくらに売ると妻はソロバンを弾いて、その時はご馳走をするからと意気込んでいた。

しかしその日が過ぎても生まれる気配はなく、それで近所の松林の中に新しく出来た犬猫病院の良太郎先生という若い獣医に頼んで、レントゲン写真を撮ってもらったら、なんと中身は空っぽだった。良太郎先生曰く、「これは想像妊娠です！」。私たちもガッカリしたが、リリーも「フーッ」と大きく溜息をついて肩を落とした。そしてその時から、リリーのおなかは日に日に小さくなっていった。

このリリーにはいろいろな逸話があった。何年かして元気がなくなり、やはり良太郎先生に診てもらうと、腎臓の病気と言う。それもかなり重症の由で、腹膜に管を通し、薬を入れて老廃物を透析するしかない。しかもかなり高価な薬品を使うとか。が、先生が原価で治療に当たってくれるということで、松林の中の病院に入院させた。見舞いに行くとリリーは診療台の上に縛られて息も絶え絶えに、私たちを悲しそうに見上げていた。裏庭から先生が、使い終わった沢山の薬ビンを割る音が聞こえていた。

しかしリリーの体調は一向に恢復しなかった。そしてその後ほどなく、私が大学の大教室で夜の講義をしていると、後ろのドアーが開き、事務の人が通路を大急ぎで駆け付けて来て、「先生、至急お宅に御電話してくださいい」という。何事ならんと講義を中断し、事務所から電話をかけると、妻がオロオロしながら、「リリーがもう駄目らしいの、それで良太郎先生が、小さい時から一緒にいたロンの側に帰してやった方がいいって……」ということであった。

家に帰り、今夜が峠ということで、庭に灯を点けて、良太郎先生も寝ずの番をしてくれるという。それで妻はせめてもの慰めに冷蔵庫にあった牛肉の固まりを切って、リリーの鼻先に置いてやった。そして時をおいて見に行くと、なんと牛肉はあとかたもない。だれが見てもロンが食べたとしか思えない。ロンもなにか舌をペロペロしている。ロンを厳しく叱ってまた残りの牛肉を置いて様子を見ることにし、しばらくして行くと牛肉はやはりなかった。

良太郎先生の友人から、「どうだ、もう死んだか?」などという電話も来る。しかしその内にも白々と夜が明けた頃、なんとリリーは立ち上がって小屋から出て来た。結局牛肉を食べたのはロンではなくリリーで、あるいはそれでリリーは奇跡的に治ったのかもしれない。それともやはり、小さい時から一緒にいたロンの側に帰って、リリーは生命を繋ぐことが出来たのだろうか。

昭和五十三(一九七八)年、私たちはほんの少し離れた土地に新しい家を建てて引っ越した。家が完成し、犬小屋を用意するまで、庭の片隅に廃材で粗末な小屋を作ってロンとリリーを住まわせた。それは暑い夏であった。それが暑さに弱いロンに災いしてロンは急速に衰弱し、散歩の途中で倒れることなどあった。そして冬が来て、ロンにいよいよ死期が迫って来たことが判った。その時も良太郎先生が来てくれた。ロンは人間が死ぬ時するように一つ大きな息をついて死んでいった。北茅ケ崎に犬猫を葬る白鳳寺という寺があって、そこに葬った。

その正月、湘南一帯に大雪が降った日の朝、リリーがいなくなった。近所を探し回っても見付からなかったが、ふと思い付いて、以前の家に行ってみると、もとの物置の小屋の前の雪の中にリリーがしょんぼりと蹲っていた。ロンを探してここまで来たのだろうと思った。

その翌年、昭和五十五年（一九八〇）年の春から、私たち一家は在外研究という大学の制度で、パリに一年間暮らすことになっていた。リリーは元気は元気であったが、さすがに独りになって寂しそうであった。

ある日、食堂で食事をしていると、庭を歩いていたリリーが突然崩れるように倒れた。驚いて行ってみると、しきりに鼻を私にこすりつけた。すぐ良太郎先生を呼んだが、リリーはすでにこと切れていた。「脳溢血」という診断であった。ただ私たちには、リリーはロンがいなくなり、私たちも遠くに行ってしまうことに何故か気付いて、そのストレスから死を早めたという気がしないではなかった。これも白鳳寺に埋葬した。（以下同じ）。

これ以前、昭和五十二年（一九七七）年、私たちは黒丸とチビ丸という猫を飼い始めていた。黒丸はもと良太郎先生の所にいたのだが、犬猫病院だけに多くの犬や猫がいて、しかも妊娠した黒丸はそのこともあって、我が家に逃げて来たのだろうか。我が家にもロンやリリーがいたが、なぜかそれは厭ではなかったようであった。全身真っ黒の、そして尾のスーッと長いやや小柄な綺麗な猫であった。

黒丸は直ぐ5匹の子を生んだ。これも全身真っ黒の、尾のスーッと長い子猫だけを残して、他は人に貰ってもらった。

このチビ丸と名付けた子猫もすくすくと育って、やがてその名に似ず、母親の倍もあろうかという大きな猫になった。ばかりか近所のボス猫となって、威風堂々と辺りを闊歩した。普通こうしたボス猫は、1キロ四方の縄張りを持つそうだが、その縄張りを見張るためか、しょっちゅう家を空けては額に怪我をして帰って来た。ただ向こう傷はこうした猫の勲章で、喧嘩をしても後ろを見せずに勝った証拠であった。しかし家に帰って来ると、その疵を母親にピチャピチャ嘗めて貰うばかりか、母親にすっかり甘えているという風情だった。

煮干しなどをやると、初めにチビ丸が身の方を食べ、残りの頭を黒丸が食べていた。まことに麗しい母子仲であった。

ただ前にも記したように、私たちはその後一年間をパリで過ごし、彼等に苛酷な留守番を強いなければならなかった。その間、近所の女性に面倒を見てもらう手筈にしていたのだが、彼女が早々に倒れてしまい、その時も良太郎先生が自分の病院の檻に預かってくれた。が、黒丸はその檻の中で身動きもせず、ジッと耐えていたそうであったが、チビ丸はほとんど半狂乱になって、自分の糞を身体にこすりつけたりしたそうである。

ただノイローゼになったのは人間も同様であった。この時のことを私は『パリ紀行』という本に書いたが、着いて早々の部分をここに書き写してみよう。

「4月21日（月）。下の子は家にばかりいて退屈している。オセロをするとすごく強くなっていて、真剣にやっても時々敗ける。上の子が小学校から帰って来ると、それこそチンコロのようにふざけあっている。

妻は依然微熱がある。それで枕元にいた下の子に『ママは明日の飛行機で帰りたい』と言ったらしい。下の子は飛んで来て、『ママが明日の飛行機で帰るんだって。僕も帰りたい』と真剣な顔つきで言うので思わず笑ってしまう。

『君はこれから毎日幼稚園に行かなければならないんでしょう』と諭し、『ママだって一人で帰れやしないよ』と安心させる。後で妻に、『子供に悪い冗談はいうな』と窘《たしな》めた。

病気で気が弱くなったせいか、妻はもうホームシックに罹ってしまったようだ。しきりと家に残して来た2匹の黒猫のことを心配している。度々夢を見るとか。黒丸はいつも玄関の所でジッとしているとか。チビ丸はいくら呼んでも来ないとか」。……

そして翌年の3月、日本に帰り、妻は直ぐ黒丸とチビ丸を引き取りに行った。妻を見るなり2匹とも「ニャー」と鳴いて、檻の奥から近付いて来たとか。

しかし黒丸はその6月16日、前の道路で車にはねられて死んでしまった。夜、表で急ブレーキの音がしたので、「もしや」と思い出てみると、黒丸が道路の端の暗闇の中で倒れていた。掬うように取り上げてみると、心臓がそれこそコロコロと異様に脈打っていて、やがて私の手の中で息絶えた。丁度垣根の脇の月下美人が、二輪白く咲き初《そ》めていた。

前の通りは道幅は広いのだが、交通量は少なく、私は心配していなかったのだが——。ただ猫はスピードを上げて近付いて来る光に、衝動的に飛び込む習性があるという。

母を失ってチビ丸は淋しそうであったが、それでも依然ボス猫を張っていた。しかしそれからちょうど1年、夏になって風邪でも引いたのか、急に元気がなくなった。良太郎先生に連絡はしたのだが、あいにく学会で台湾に行っているという。そしてそんな予感がしないでもなかったが、チビ丸は6月16日の夜、丁度黒丸が死んだのと同じ時刻に眠るように死んでいった。

もう猫は飼うまいと、皿も餌も捨ててしまったが、それから1週間ほどたった日の夜7時ごろ、裏口をたたく音がしたので開けてみると、近所の孤児院の子供たちが3、4人いて真っ黒な尾のスーッと伸びた子猫を差し出し、「これお宅の猫ではないですか」と言う。手に取ってひっくり返して見ると雄で、全身真っ黒ながら丁度おなかの真ん中に白い毛が生えている。チビ丸にも同じ所にそうした白い毛があったので、まさしくチビ丸の落とし子と知れて、私は思わず喚声をを上げた。

子供たちによくお礼を言ってその子猫を引き取り、チビ黒丸と名付けて飼った。猫にあるまじく、うつ伏せに後ろ足を長く伸ばして寝る姿が可愛かった。

チビ黒丸も父親に似て、たちまち大きく育ったが、翌1月の2日箱根駅伝の朝、海岸通りがコースになっているので、見物の人たちがゾロゾロと前の通りを通る中、私たちも家を出た。たしかその時、家の門柱の上にジッとしているのを見かけたのだが、それが最後であった。帰って来て姿が見えないのに気付き、それから一家総出で探し回ったが、5日たち7日たっても見付からなかった。すると前の家の人が、「うちの庭の池の所で死んでいる猫がいるけれど」と知らせてくれた。すぐ見に行くと、はたしてチビ黒丸であった。どうやらあの日、やはり車にはねられたらしい。

今度こそもう猫は飼うまいと思ったのだが、これが最後ではなかった。下の子が小学6年生の昭和61（一九八六）年、少年野球のピッチャーで、丁度近所の女学校のグラウンドで試合があるという。それで見物に行ったが、後から来る筈の妻がなかなか姿を現さない。試合が終わって家に帰ると、座敷に小さな雉猫《きじねこ》（これも尾のスーッと長い）がいる。妻がグラウンドに入る時、道端にその子猫がいて、あまりに可愛らしいので、ひょっとつまみ上げ、懐に抱いて帰って来たという。そう言えば私も以前からそのグラウンドの入口付近に、野良猫らしい雉猫の親子がいるのを見かけていた。

雌猫だがキジ丸と名付けた。大人しく賢い猫で、雌らしく喧嘩もせず、だから怪我もしない。悪戯もあまりしない。時々して叱られると、「コワイコワイ」というように背中を丸めて大急ぎで物陰に隠れる姿が可愛らしかった。

病気もほとんどしない。それで予防注射の時ぐらいで、良太郎先生の手を煩わせることもなかった。ただ一度避妊手術の時、良太郎先生やスタッフの手を噛んだり引っ掻いたりして血だらけにした。「大人しいけれど、自分の身を守ることに長けた猫かもしれない」とは良太郎先生の言であった。

こうしてこの猫はおおむね幸せに、その後実に二十有余年の長寿を全うした。（この猫のことはまた後で言う）。

さて大分「猫の記」を続けたが、この間私たちがパリから帰り、黒丸が死んだ直後、我が家にはまた新たに1匹のコリーが加わった。

秦野の方のコリー犬繁殖家の所へ行くと、大きな柵の中に大小のコリーが何匹もいて、それが飛びはねて騒いでいる只中で、悠揚迫らず寝ている子犬がいた。妻が「あの子がいい」ということでその犬を貰い受けて来た。雌犬で子供たちの友達としてアミと名付けた。この犬も12、3年しか生きなかったが、(我が家の、というよりコリーは一体に短命のようである)、丁度二人の息子たちの10代の少年期と重なり、彼等にとっては一番印象に残る犬ではなかったか。

おっとりとした性格ながら、かなりヤンチャで、よく悪戯をして叱られていた。すると尾を垂れて、慌てて庭の角の自分の小屋に逃げ込んで、「わたし、なにかいけないことでもしましたか?」というように、小首を傾げてこちらを窺う姿には笑わされた。

この犬についてもいろいろ逸話が多いが、以下旧著『南欧再訪』の一節を引用してみよう。平成3(一九九二)年、二度目の在外研究を私と妻だけでパリに送った折、南欧を旅した時のことである。

「9月20日　木曜日　ヴェネツィア

未明、佐伯は夢に驚かされて目を醒ました。カーテンの隙間から、外の薄明が覗かれた。時計を見ると4時少し回っていた。

いかにも生々しい夢であった。我が家に置いてきたアミというコリー犬が、どんどんと先方に逃げて行く夢であった。

そんなことは滅多にないことで、時々こちらを振り返り振り返り、しかし足早に走って行く。佐伯は呼び戻そうと声を限りに叫んだ。そしてその声に自分で驚いて目を醒ました。

しばらく薄暗い天井を見上げていると、横の志津子がこちらに寝返りを打った。その顔を見ると、志津子も起きていたらしく、大きく目を見開いていた。

『アミの夢を見た』と佐伯が言った。すると、

『わたしもアミの夢を見ていた。呼んでも呼んでもどんどん先へ行ってしまって――』

二人は不思議な暗合に心の騒ぐのを覚えた。

『なにかあったのかな……』

パリを出る前、日本の家から、『アミが元気がなくて……』という知らせが届いていた。暑さが続いたからだろう、よくあることだぐらいに考えていたのだが――。

二人は着替えも早々に、サン・ファンティン教会の側にある公衆電話に急いだ。一帯は朝霧が懸り、人影もない。日本は午前11時ごろか？

電話には二男が出た。

『うん、アミはさっき死んだよ』

二男は素っ気なくそう言った。もとより悲しんでいないわけではあるまい。10年前、パリから帰って直ぐ、子供たちの友達として『アミ』と名付けて買い与えた犬であった。

暗然として二人は宿に帰った。二人はもうヴェネツィアにいるのはもとより、ヨーロッパで旅を

続けるのも厭になった。

『早く帰りましょう』と志津子が言った。

『うん、しかしとりあえずパリに――』

その日、二人はミラノを経てスイス、ローザンヌ、そしてチューリヒからTGVでパリに帰った。」

因みに、アミの死因は「子宮蓄膿症」。大型犬によくある病気という。

さてこの二度目のパリから帰国して半年がたった頃である。炬燵で新聞を読んでいると、地方版に横浜の方の動物施設の記事が出ていて、そこの犬を譲りたいとあった。なかにコリーのことも記されていたので、早速妻と出かけて行った。施設の庭の柵の中には種々の犬がいて、人が訪れるといつものことなのだろう、ほとんどの犬が自分をここから連れ出してくれというように柵にのしかかり、押し合いへしあいして吠えたてた。が、その中で目当てのコリーだけはその群から少し離れ、なにか遠慮がちに私たちを見上げていた。

飼っていた老婆が亡くなり、ここに引き取られて来たという。ひどく痩せていたが、穏やかそうな目に引かれ其のまま貰い受けた。雄犬でバロンと名付けた。痩せてはいたが、骨格などロンに劣らぬくらいであった。

コリーを5頭も飼うと、次第にコリーという犬の性格が判って来るが、それでも犬によって大分異なっていて、中でもバロンは苦労したせいか、あるいはにもかかわらず、非常に気立てのよい犬と判った。

因みにコリーは滅多に人を噛まない。時に癇の強い犬（ロン！）は、激しく叱られてぶたれたりすると反射的に噛んで来る。しかし根が牧羊犬なので、群からはぐれた羊に注意を促すように、一瞬軽くその足を噛むが、すぐ放す。ブルドッグやドーベルマンのように深く噛んで放さず、振り回すようなことは決してしない。

前の通りに近所一帯のゴミ収集所があって、よくカラスが生ゴミを啄《つい》ばみに来る。妻がそこにバロンを繋いでおくと、バロンは大人しく伏せをして迎えに行くまで待っていた。近所の人もバロンの大人しいのを知っていて恐がらず、カラスも寄ってこなくなった。

ただひもじい経験をしたせいか、食べることだけには貪欲であった。毎月一度、好物のビッグマックを与えていたが（もちろん玉葱は犬に悪いので除いた）、咽に詰りはしないかと心配なほど、「アグアグ、ゴクン」とまたたく間に食べてしまう。また焚火で焼芋などを作ると、まだ火が紅く残っているのを足で掻き出して、そのまま食べてしまったりした。

ただバロンを飼い始めてから9年、平成13（二〇〇一）年4月、私にまた在外研究の順番が回って来て、三度《みたび》パリに1年行くことになった。だがその前年の夏の健康診断で、なんということか、妻が乳癌の診断を下され、11月急遽手術を受けることになった。

手術は一応無事に済んだが、むろんパリに行くのは、少なくとも妻が同行するのは絶望的となった。しかし私は一人では食事もできない人間で、それを知っている妻は無理を押して5月末パリに合流してくれた。

しかしその直後の6月1日、日本の留守宅から電話があり、バロンが急死したという知らせが入った。前回は母とお手伝いさんが留守番をしてくれたが、今回はお手伝いさんだけ。また子供たちは二人とも就職などで家を離れていて、たまたま帰宅していた長男が、バロンの最後を看取ってくれた。

詳しく聞いて見ると、バロンは数日元気がなかったが、一人残っていた妻もいなくなった不安から、おそらくショック死――良太郎先生によると血小板が固まり血液が泡立って急死した由。それを聞いて妻も、ショックで、「可哀そうなことをした」と泣いた。そして「今度は私の番かも知れない」と呟いていた。

とにかくボール紙で作った短冊に、「緑樹院馬倫犬道居士」と記して即席の位牌とし、キッチンの冷蔵庫の上に置いて、花を供えて合掌した。バロンはいつも庭の桜の木陰に、大人しく伏せをしていたからである。

ただこうして記して来ると、犬も猫も（ことに犬は）、いかに必死に人間を思い、そして一途に人間を慕って生きているかが、涙ぐまれるほど痛切に感じられる。そのことに気付かず、いや気付きながら、何度も彼等にとって無体な留守居を強いたことに、今はただ衷心から詫びるとともに、彼等の冥福を祈るばかりである。

それからほぼ10ヶ月、妻はなんとか小康を保っていたが、帰国して直ぐの検査で、怖れていた通り癌は肺に転移していた。診察室から出て来た妻が、胸の前でバッテンをした時、私は思わず全身の総毛立つのを覚えた。

その後3年、妻は入、退院を繰り返したが、平成17（二〇〇五）年12月、ついに帰らぬ人となった。

その代わりキジ丸は命を永らえていたが、もう寄る年波で固いものは食べられなくなり、私が毎日慣れない手つきで鯵を三枚におろし、たたきにして与えた。それだけはピチャピチャしながら食べてくれた。

下の子が買ってよこしたかまくら状の巣が気に入ったとみえて、その中に入り終日ウトウトとしていた。前に鯵のたたきを置くと、身を乗り出してピチャピチャと食べた。

また少し横にトイレを置いてやったが、最後まで這うようにして通い、用を足した。が、ある日それも叶わず巣を出た所で粗相をした。そしてそれがあった翌朝、キジ丸はとうとう息を引き取った。享年23歳の大往生であった。なおこの猫だけは我が家の庭の繁みの下に葬り、今に至っている。

後日、下の子から一首（?）送られて来た。

「ロン、リリー、黒丸、チビ丸、アミ、バロン、キジ丸までで後は飼わない」。……

34 「竹盛天勇先生の逝くを送る」（「わせだ国文ニュース」第112号、令和2年6月）

竹盛先生が亡くなられた。享年九十一歳。まだまだ長生きして下さるとばかり思っていたのに、痛恨の極みである。

先生と最初にお会いしたのは、先生が前橋商業高校から私の学んでいた京華高校に赴任されて来た時のことである。校長に伴われて教室へ挨拶に来られた後すぐ、たまたま私の父が教員室に訪れていたのを知らせに来て下さった。それで先生の印象がことのほか深く刻まれたのであろう。

先生には古文を教えていただいた。教室での記憶は数限りなくあるが、それはさて、私は三年の時、紫斑病という奇病に罹った。夕方になると下肢——膝から下の皮下に点々と血が滲み、やがて全体が赤く染まる。翌日にはそれが紫色に変わり、夕方になるとまた新たに赤く染まる。痛みも痒みもないのだが、ただ熱く火照って、なんとも疎ましい病気だった。

私は学校に行ってしばらく休学する旨を学年担当の先生に告げた。この時の先生が竹盛先生であった。「どうした?」と訊かれたので、ズボンの裾を捲ると、真赤に染まった脛を見て、先生は絶句されていた。(この時のことを拙著『正宗白鳥考』のあとがきで触れた。)

その後、私は早稲田に入り、大学院に進んだ。その折なにかの会の後、大都会に行ったら、竹盛先生が妙齢の女性と会食されていた。これが幾久子夫人とお会いした最初である。

その後先生が早稲田にいらっしゃるという噂があった頃、先生はなんと大胆にも京華の専任を辞めて非常勤になった。早稲田に赴くべく、背水の陣を敷かれたのであろう。川副先生が、「竹盛君は勇敢だね」と呟かれていたのを覚えている。

次の年、先生は早稲田に来られ、やがて私も早稲田に迎えられた。それからは同僚として、毎日のように顔を合わせ、三十数年をご一緒した。

その間の記憶も無数だが、いまはおく。その後、先生が定年、退職されて五、六年、私の妻が乳癌で、医師から回復不可能であることを宣告された。その夜、私は堪え切れず、文学部の中庭の暗闇から先生に電話した。私は電話口で号泣した。その時も先生は絶句されていた。

私は今年八十歳となった。やがて私もあの世とやらで先生と再会できるであろう。そしたらまた先生と、長談義することを夢に見ている。合掌。

35 「叙勲の記」

このたびは小生の叙勲に際し、種々ご配慮をいただき、厚く御礼申し上げます。またお祝に「玉葉」なるお酒ならびに江戸切子の猪口をいただき、誠に恐縮しております。

昔、やはり早稲田の日文で、国東文麿先生が叙勲を受けられた時、藤平春男先生が「勲章なんて貰ちゃって――」と冷やかし、国東先生もなにやら恥ずかしそうにされておりました。ああこれが早稲田の風なのかと印象深く記憶しております。しかし小生も歳で、少しはより広い世界の風を知るようになったとでもいいましょうか、この度のこと、理屈抜きで嬉しく、ありがたくお受けした次第です。何よりも父母はもういませんが、父はともかく母が喜んでいると思います。なにせこういうことの好きな母でしたから――。

――令和元年十一月秋の叙勲に、はからずも瑞寶中綬章の叙勲に与かった。これはいろいろご心配いただいた生命保険修士会の会報に記したものだが、新型コロナ禍によって編集予定が変わった結果、代わりにここに掲げた。

知友、師友、その他からの便り――書評、私信、紹介、その他

私はこれまで十四の著作を上梓した。そしてその都度多くの知人、師友、その他から書評、私信をいただいた。その数千篇前後、どれもこれも心に響く、忘れがたいものであった。その中から以下いくつかを転写、紹介させていただく。

1 『鷗外と漱石――終りない言葉』（三弥井書店刊、昭和61年11月）、（私信、石原千秋氏、昭和63年1月1日）

（前略）さて御本を手にして、『鷗外と漱石』という書名なのに、どうして漱石と鷗外の順で論文が並べられているのかなァと思いましたが、通読してみて理由がわかりました。漱石論は、先生の文学論の根源だったようです。その方法と文学論とは、みごとに始まりから終わりまでをさし貫いていることがわかりました。また、漱石論の展開もみごとだなァと感心しきったことでした。

それ自体ならとりあえず大義を持つ言葉が、猫の茶化した言葉によって報告されることによって、〈不在〉の言葉に変容してゆくという、実は文学のいや言葉そのものの本質を説いた「『吾輩は猫である』―言葉の戯れ―」、人は決して自己の死を死ぬことはできないと説く「『坑夫』論―彷徨の意

味――」、三千代の死に対して〈狂気〉という〈生〉をもって応えようとする代助を論じた『それから』私論―漱石の夢―」、そして〈死〉というモチーフを前面に浮上させることで、全体像をきちんととらえた、たぶん、先生の遺書を、一回限りの言葉ではなく、〈終りない言葉〉として〈死〉の底から救い上げた「『こゝろ』―父親の死―」まで、様々なレベルで〈死〉が語られ、一貫していたわけで、御本を通読してはじめてモチーフが十分に理解できたと思っています。小生の拙い「こゝろ」論も今考えれば先生の「こゝろ」を読んだ強いショックの上に、では青年はその遺書をどう生きたのかという問いかけとして論じたようなものだと位置付けています。この冬は、「それから」を書こうと思っていますが、代助には死んでしまった三千代こそもっともふさわしいということの意味をじっくりと解いてゆくつもりです。（後略）

2　「『鷗外と漱石――終りない言葉』」（書評、三好行雄氏「国文学研究」第94集、昭和63年3月）

佐々木雅發氏の名前を私が最初に記憶したのは、自然主義の研究者として、とくに藤村文学についての執拗、緻密な作品論によってであった。作品にアプローチする視座の独創性と、どこか瀟洒な語りくちの説得力とが印象的だったが、氏の初めての著書である本書にも、その特色はあざやかである。

本書は『吾輩は猫である』以下、『坑夫』『それから』『こゝろ』の四作品を論じた漱石論と、『灰燼』と『阿部一族』を対象とする鷗外論を主体として編まれ、他に、二葉亭四迷の『平凡』と、正宗白鳥の『文壇人物評論』に関する論稿を収めている。
〈終りない言葉〉とサブタイトルにあるように、言語芸術としての小説の特性を——作家の書くという行為と、書かれた言語の自立的な機能とを相対化することで——書く主体と、かれの紡ぎつづける言葉との相関運動として明らかにしようとする新しい試み、いわば新たな文体論ないし表現論の構築が志向されているらしいのが、まずもって印象ぶかかった。

その特色は、『吾輩は猫である』(以下『猫』と略記)を論じた巻頭の文章に、もっとも顕著である。著者はまず、この長編の節目ごとに奇妙な沈黙の気配のただようことを指摘する。猫の視野から人間の影が消え、移ろいゆく自然の〈不安〉〈無〉の影が濃くただようとき、「暗い〈時間〉の流れとでもいうべきものが重く耳を打ってくる」「その無限のくりかえし」——これはいったいなにを物語っているのかという問いから、氏の論ははじまる。猫の批判(言葉)は現実に対してついに無効であり、しかも、猫がそれを知りつつとめどなく語るという小説の基本構造から、不在と沈黙の中に言語が消えてゆくゆえんが説かれるのである。「その〈言葉〉のもっとも根源的な否定性」こそ、漱石が猫に託した「苦い認識」であった、そこに処女作にふさわしい「〈書く〉ことの究極の体験があった」というのが、氏の結論である。

『坑夫』論は「彷徨の意味」というサブタイトルを持つ。それはまず、性格を喪失した青年(自分)の生の形式として現われ、同時に「虞美人草」で小説の不可能性(自己の小説論の破綻)に直面した漱石が、あえて小説の成否を問おうとする、「危険な実験」にもかかわっていた。「自分」はくりかえし死の不可能性に直面しながら、なお辛抱し、堕落して生きようとする、そのことこそが人間の〈生〉の実相であり、人に残されたすべてだと著者はいう。彷徨の背後におのずと浮かびあがる意味のなかに『坑夫』の書かれざる結論を読む氏は、そこにまた、漱石自身の周辺をかくことによって中心を喚起するという「〈書く〉ことの本質に関する……根源的な予感」を読もうとするのである。

「『それから』私論―漱石の夢―」は、漱石がのちに『道草』で描くことになる養父との煩雑な折衝の時期に『それから』が起稿されたという事実、あるいは作中で批判されている『煤煙』の問題などに言及することから論がはじめられている（著者は前者から、現実を越えた憧憬の世界への希求を想定し、後者から、愛についての激越な反応を読む）。そうした作品外の視点が導入されたことで、前二篇とはやや違った方法が採られているかのようであるが、氏の論理はそれをいわば導入部として、強い求心力とともにやはり作品の内部に回帰し、「お前は畢竟なにをしに世の中に生まれて来たのだ」という『道草』の問いを代助の背徳の愛に重ねながら、かれの狂気に賭けた作家の自己絶対化の試みと、それが現実によって腐蝕されてゆくことの恐怖を、そこに読むのである。

「『こゝろ』―父の死―」の方法は、『猫』論のそれにもっともちかい。小説の中心から「聞こえてくる」「沁み入るような静けさ」を読むことから、論ははじまっている。それは人の生死「黙々たる往還の響き」にほかならず、佐々木氏によれば、「私」は両親の家で聞いた蝉時雨の背後から「夢のように近づき遠ざかる静寂」を確かに聞きとっていた。この冒頭の一節はやや論証抜きの美文にすぎるとの印象もぬぐいがたいが、それは氏の漱石論に時に感じられる危うさでもある。もちろん、その「黙々と過ぎゆく時間に身を委ね」て死んだ「私」の父親と、「性急」に過ぎた先生の死とを対比しながら、「悠久なるものの流れ」を実感して東京に帰る「私」によって、先生の死が越えられる可能性を読もうとする氏の論理は、それなりに説得力を持っているのだが……。

総じて、著者の漱石論の言葉は論理と実証のはざまを埋めるためにではなく、論理自体によって、先験的な命題を実証しようとする試みとして現われる。それが成功した時、氏の感性ないし直感は論理との見事な統一のもとに、論の内側に美しい緊張をもたらすことになる。しかし、ことばだけ（?）によって構築された世界は、しばしば別なことばによるアンチテーゼを許す。たとえば、「自殺によって終りを希望し、しかもある真理の端緒として蘇ろうとしている」先生の混濁を指摘する氏は、それを自殺そのものの混濁に帰して、次のように注記する。――〈己れが己れを殺す〉という行為は、〈己れを殺す〉という形で否定するのを、己れが殺すという形で肯定しなければならないのだから、と。しかし氏のいう主体の否定と肯定の矛盾は、己れを殺すという形でしか証明できない自己肯定の論理がありうるという主張までもくつがえさない。さもなければ、われわれはある種の自裁者の心理――殉死や諫死の行為を正確に理解することは不可能になるだろう。みずからを「時勢後れ」と認めながら死んだ先生は同時に、そのことによって自己の倫理のありかを証明した、それは「悠久なるものの流れ」の身を任せることの拒否であり、そこには混濁と呼ばれるにふさわしいものはなにもなかった。先生の遺書が自殺の説明として「一体どれほどの深刻な力を持ちえている」かを問う著者に、先生は乃木の殉死にみずからを重ねた行為によって、ことばを越えたのだという「ことば」を返すこともできるのではないか。また、ことばが漱石をさしおいて「一人歩きする」という『猫』の発端の論理にしても、ほかならぬ漱石が、あたかもそう見えるように書いている、だから、猫の言葉の無効性もまた、書き手としての猫と、書かれる対象としての苦沙弥に自己を分離した風刺の方法に帰することもできる、という別な「ことば」も聞こえてくるのである。

漱石論にややこだわりすぎたようだが、これは鷗外論の二篇には、さしあたって批判の余地がないというに尽きる。「『灰燼』論―挫折の構造―」は方法的に漱石論の延長上にある論文だが、『灰燼』の執筆と挫折を、当時、鷗外の直面していた「人間の絶対的な危機」の感覚と重ねて論じようという意図は、小説の一行一行に分けいり、行間の声を聞くという執拗かつ丹念な分析と、意識家鷗外についての明晰な解析とによって、みごとな説得力をそなえている。著者の意図は「絶対の〈覚者〉山口節蔵」を創造した鷗外のモチーフのなかに、いわば『灰燼』を挫折にみちびいた逆説をさぐる試みとして要約できると思うが、その結論はつぎのような形で示される。

《鷗外が絶対の〈覚者〉山口節蔵から永劫に隔絶されている以上、鷗外には、節蔵の、その絶対の〈覚者〉への〈跳躍〉を辿ることは、これまた永劫に不可能なのだ。／そしておそらくここに、『灰燼』中絶の真の原因があったといえよう。それは決して外部の力ではなく、〈文学〉の内部、つまり、〈書く〉ことのもつ、一種絶対的な矛盾構造に関わっている。》

書く主体と書く行為との往還に意識的な著者らしい結論だが、この一節だけを切りとっていえば、たとえばAがAであるゆえんを文学は語りえないのか、氏のいう「矛盾構造」は果たして、文学一般にまで拡大できる総論なのかといった疑問を持ちだすことは可能であろう。しかし、氏の『灰燼』論がそうした些少の疑問を封殺するに足る論理的整合性を完成していることも、また確かである。まことにみごとな、論理と直感の力業なのである。

最後になったが、「『阿部一族』論―剽窃の系譜―」ははるかに安定した実証主義に立脚した論文で、立証の過程と論理の運びをあわせ、間然する余地がない。決して皮肉ではなく、集中の白眉である。昭和六十一年の三月から十月にかけて書きつがれた四篇の論文に、書きおろしの一編を加えて集大成したものだが、テーマの持続力のみごとさもさることながら、尾形働氏や藤本千鶴子・蒲生芳郎氏らの先行論文に緻密な検討を加えながら、原拠の『阿部茶事談』の改稿・増補の過程をみずから考証して、ほとんど「剽窃」か「翻訳」にちかい鷗外の創作方法の必然性を実証しようとした意欲的な力作である。『茶事談』の増補されてゆく経過に、歴史的時間の無意味につまずきながら、なお、人間存在の意味を問いつづけ、〈歴史〉をみずから編もうとした封建武士の意志を読む著者は、そのことを明晰に感じていた鷗外もまた、おなじ「〈歴史〉へと、ひたすら自らを併呑させて」いったと結論する。『阿部一族』の本文に即して、その具体を説く論証もてがたい。著者の方法は歴史小説と典拠との相関を解明するための方法論に、ひとつの規範を開いたものというべきである。

3 「作品論の内在的超出の試み――佐々木雅發著『鷗外と漱石』をめぐって」（書評、高橋敏夫氏「比較文学年誌」第24号、昭和63年3月25日）

（前略）氏は、『阿部茶事談』の異本類の周到な検討を通じて――そして鷗外の『阿部一族』をもう一つの異本と断定する視点から、次のような連続性を明視しているのである。

……この『阿部茶事談』の全体、人から人へと常に人間存在の究極的・整合的〈意味〉を目指して、しかし未完結なるまゝに変貌するその増補の趨向、その動いて止まぬ終りない運動。――そして、まさにその人から人への終りない運動の持続こそが、鷗外の見た〈歴史〉そのものゝ姿であったのだ。

……なぜ鷗外は、そのような一種極端な方法を用いたのか――。もはや言うまでもあるまい。人生の〈意味〉を求めながら、しかしつねに空しく〈無意味〉へと反復回帰しなければならぬ人々の嘆き、だがにもかかわらず、あるいはだからこそ、人々のまさに、永劫回帰するその嘆きの中にだけ、他ならぬ〈歴史〉の姿、人間存在の永遠にして絶対の相があるのかもしれない。鷗外はそのことに気づきつつ、いまはただそれに素直に身を委ねんとしたまでだったのである。

もはやことごとしく説明するまでもあるまい。これを方法からみれば、「作品論」の特権性を解体しつつ、作品を無限の関係のなかに解放した――すなわちここで作品はテクストとなる。と同時に、

「〈書く〉という行為」もまたけっして作家主体の孤独な行為としてではなく「人々」の底を貫通する行為となる、とまとめることが可能だろう。そしてこれは、たとえば、J・クリステヴァの「間テクスト性」概念とも交叉する、文学理論のもっとも現在的・先端的ありようにほかならない。(後略)

――なお書評として、他に蒲生芳郎氏(「日本近代文学」昭和62年10月)がある。

4『パリ紀行』(審美社刊、平成1年12月)、(私信、藤平春男先生、平成1年12月15日)

本日御高著『パリ紀行』を拝受、早速拝読しましたが、知人がいろいろ出てくることもありますが、パリ生活が活写されていてことにご夫婦の心情がにじんでいる点、まさにパリを中心にフランスを〝歩いてこられた〟という感じで、加藤民男さんがまさにああいう感じですよ、佐々木さんはそれをよく書いておられるといってほめていました。ご夫妻や子供さんにとって良い心情記録、生活記録になるでしょう。十年たってまた行きたくなる気持も、中国東北部以外全く外国を知らず、出かける気のない私にもよくわかります。また、折に触れて第二の紀行を書かれるといいですね。

とりあえず一読させて頂いてお礼申しあげ、ご長男の「やったあ」という日の早からんことを祈ります。早々不一

5『パリ紀行』(私信、石原千秋氏、平成1年12月29日)

今年もあと余すところ二日となりました。

お正月に拝読するつもりの御著書『パリ紀行』を、年末で出版社から電話のかからなくなった昨日、ゆっくり読むことができました、忙しいような毎日にポッカリ空いたアジールのような充実した一日が送れて、幸せでした。仕事をしなくては、と思いつつ、ついおしまいまで読んでしまう一冊、私はこういうエッセイが好きです。

漱石研究者の立場に身を置けば、「パリ十二景」中の「こころ」に触れた件が最も心に残ります。先生の「こころ」論の源泉に触れた感じ。それにしても、奥様のお名前が、〝静子〟とは！『解釈と鑑賞』の四月号に、どういうわけか藤村論を書くことになってしまった身としては、『「新生」の旅」の章が大切なのですが、ほんとうは、それまでの章にしみ込んだパリの時間、フランスの時間が印象的です。この時間を藤村論に流し込めたらいいのですけれど。さて、一人の日本人としては、〝私〟のフランス人に対する苛立ちがちょっと恥ずかしい。（スミマセン）。そして全体を通読した読者としては、奥様の微熱や体調はいつよくなったのだろうとか、十一月八日、「就寝前機嫌を直す」とは、よく書いたなァ、やっぱり、この後を想像するもんなァ（うまく、お子さんのハーモニカの音でごまかしてますけど）とか、そんなことが気になるのです。「私」の感情の起伏が主旋律なら、奥様の微熱はみごとな伴奏になっている。僕は、むしろ「その女房」の微熱を通してパリの街と出会ったのだと言ってもよいと思います。ストーリーを作りだす力は、主旋律より伴奏の方にある、と自分の読書論を繰り返してみます。だから、〝反転〟させることが大切だ、と。最後に、〝私達〟〝子供達〟という言い方も悪くない、と思ったことを付け加えたいと思います。僕はいま子供が一人です。

それにしても、先生は文章がいい。最近の文学が失っている豊かな描写力があります。（論文よりいい！　などと言ったら、やっぱりおこりますよね。でも、エッセイストとしても十分食べて行けるとおもいます。）いろいろ失礼しました。よいお年をお迎えください。

6　『パリ紀行』（私信、石原新一氏、平成2年1月13日）

『パリ紀行』読了した。一口に云って‘verry good’面白かった。先日など、夜半に寝つけない時に読んでみたら、ぐんぐ読みすすんで、気がついたら朝になっていた。

どこが良かったか。ひとつは貴君の人間味が正直に出てることである。父親としての子を心配する情愛、夫婦で喜びと涙を分かち合う姿、時にケンカしたり…。

「生活」があり、そこに〝人間〟がいる。

ふたつめは、季節感が如実に描かれて印象的である。旅にあって、異郷にあって、日本人はやはり自然の光景の移り変わりに敏感になるものと改めて納得される。とても十年前の話とは思えない。妙にリアリティがあるのは、著者と家族が、まぎれもなくパリでの生活を、時の流れを、肌で体験したからに他ならない。文章もケレン味なく、平凡に見えて達意、感服の至り。

7　『パリ紀行』（私信、日高昭二氏、平成2年1月24日）

『パリ紀行』ありがとうございました。石崎氏の出版祝賀会の折にも短い感想をお伝えしましたが、その時は場所柄もあり、僕が思ったことを十分お話することもかなわず、舌足らずなところがこちらにとっても不満で、あらためてお手紙を差し上げたくなりました。

佐々木さんのパリ滞在記は、「国文学者」のそれである前に、何といっても「家族」の滞在記であるところに特色があるこというまでもなかろうと存じます。この手の本にありがちな日仏の比較論が極力抑制されて、平凡な家族がはじめて異国に滞在することの細部が、読むものの心にしみわたってきます。言葉のことはいうまでもなく、滞在した翌日からの部屋のこと、食事のこと、子供の学校のことから冷蔵庫の故障のことにいたるまでが、誇張もされず、歪曲もされず、つぎつぎ記されています。「家族」で滞在したことの緊張感がそこに巧まずしてあらわされているように思います。

石崎氏の会で、僕は、あるいは佐々木さんがこれから書かれる言葉が小説的な言語に近くなるのではと言ったのは、たとえばこんな場面がそのとき浮かんでいたからです。それは紀行の初めのほう、国際学級で女の先生の「質問の意味が判って」上のお子さんが咄嗟に「ジャポン」と答える場面でした。それにつづいてその夜「日章旗」を作って翌日持っていったというエピソードが、どのような分析にもまして胸をつかれていたからです。滞在中、夜更けに佐々木さんが、「時計」の音で父や長兄の「死」を思うところ、さらに家族を残していくご自分の「死」のことが「意地悪く」心に残るところなどもそうでしょう。またときには居直って「くさや」を焼く場面などは笑いがとまらず、それに類したことがらは、あげていったらきりがありません。

しかし僕がこの本でもう少し感想をと思ったことは、さらにあります。それは人間の存在とは何かについての佐々木さんの考えがでてくるところです。僕をふくめて人々は「存在」という言葉をよくつかいます。ことに文学に関係している者はなおさらです。それが異国にあって「言葉をこえたあるなにかが起こりつつあることを感じている」（七六頁）という一節を書き記したところあたりから、この本でそれが徐々にテーマを成して、それがカミユの「癒しえぬ悲傷ゆえの無言」という言葉に反響（一四一頁）し、ついに藤村の「無為であってこそ、かえって人は純粋に旅人となれる」（一七八頁）というところに結びついていくさまがあざやかに読み取れるように思ったことでした。

どうやら僕は「存在」ということについて思い違いをしていたようです。「存在」が「無言」と深く関わることが、こんなに明確に知らされたことに僕は驚きます。それとともに佐々木さんがヨーロッパ人の「日常的」な「孤独」にたびたび言及することにも、あらためて目を瞠ります。そして「存在」が生の側よりもむしろ「死」を介在させて語られることにもです。佐々木さんの「文学」の根幹を考えずにはいられません。

国文学者のフランス滞在をあれこれいう人がいるなど、この国の同業者には野蛮人が多すぎます。二、三年後、僕にも在外研究の機会がありそうですが、周囲にそういうことをいうひとがいます。でも僕は張り切って出かけようと思っています。

もうすこし語りたいことがありますが、これくらいで失礼します。最後に「日章旗」で思い出したことを書き添えておきます。それは、あの三島由紀夫も、最初の渡欧のとき、マルセイユの港でそれをみて思わず泣いたと回想したことがありました。また指揮者の小澤征爾は、オートバイの後ろに小さな日章旗を掲げてヨーロッパの街を走ったともいいます。もちろんそれは愛国という次元ではなく、普遍的な音楽に近付くために異国にいる自分を励ますためにです。上のお子さんの経験は、はからずもそういう経験につながっていることを、何かの折にでも話していただければ僕はうれしいです。

8 『パリ紀行』（紹介、「毎日新聞」、平成2年1月29日）

佐々木氏はほぼ十年前、在外研究員として一年間パリに留学した。留学者の海外報告、紀行文は数多く出版されているが、本書は鋭い感受性でこの都市の景観、生活実態を捉えて、説得力に富む比較文化論を展開、文明批評にまで高め、類書にない独自性を発揮している。特に研究課題だった島崎藤村の滞在に関する諸文は、綿密な踏査の成果を十分に発揮して知見が多い。藤村の愛読者には見落とせぬ文集である。

9 『パリ紀行』（紹介、「読売新聞」、平成2年4月2日）

島崎藤村がパリに赴いたのは一九一三年。見失った我を見つけ出す渡仏であったのか、一切を捨て自らを葬る旅だったのか――。藤村の足跡をたどりながらつづる「新生」案内と、著者のパリ滞在日記。マロニエやリラの花が咲き競うパリ、風のノートルダム、セーヌの流れそして日々の生活。パリの奥深さを感じさせる紀行文である。

10 『パリ紀行』（私信、山田俊治氏、平成2年3月15日）

草木も花をつけ、一層春めいてまいりましたが、いかが、お過ごしでしょう、学年末でご多忙のことと拝察申し上げます。さて過日は御著書を御恵与いただきながら、ご返事も差し上げず、大変申し訳ございませんでした。やっと学校の仕事も一段落し、さっそく拝読させていただきました。読み始めて、一気呵成に読まされる筆力にまず感心しました。これは、「私」のパリ見聞録というよりも、「私」を主人公にした小説的な味わいのある作品だと感じられました。日付は付されていますが、異国の空の下で裸にされた自らの実存と対峙しつづけた「私」を描く小説ではないでしょうか。だからといって、必ずしも「私」は内部に自閉するのではなく、外部に開かれた視野の下に描き出され、巧まざる筆者のユーモア感覚をそこに見出すことができます。その点で、ご家族との交流を中心にして、「私」が他者を許容しているところが、この作品の大きな魅力になっていると思われるのです。日本商社員の外国での生態、個人主義を徹底させたような隣室の老夫婦の振る舞い、公園で肌をさらす人々、商店のレジ係など、多くの人物が読後もなお印象に残るのも、そのせいだろうと思います。しかし、何と言っても、十年後の「私」に出会い、その「私」が現在の「私」であるという「パリ十二景」の末尾が、書かれた言葉というものの本質を、（それが虚構を可能にする根拠であるように思うのですが）照らし出していて、ひときわ印象的な場面でした。言葉が書かれることで自律し、日常的にはそれが対象を指示するのですが、しかしその対象が不在になる場合もあり、それが虚構を成立させる必要条件になっていると思うからです。明らかにこの作品は、書かれたものを対象化するようなメタレベルからの自己言及を含み、その意味で書くことについての問題を露呈させているように思われます。言わずもがなの多弁を弄しましたが、丁度そんな、書かれた言葉の性質を考えていた所でしたので、つい筆がすべってしまいました。お許しください。最後に「『新生』の旅」で、藤村の異境での死と再生のモチーフについて触れられていますが、それも「私」がそうした異境を体験したことと関連し、そこに一貫したものが感じられて興味深く拝見することができました。パリに行ったことのある愚妻にも、今読ませているところです。（以下略）

11 『パリ紀行』（紹介、市川慎一氏「フランス語マガジンBOOK」三修社、平成2年4月）

日本近代文学、とくに島崎藤村の研究者による最新のフランス紀行文。在外研究員として滞仏中（1980～1981）には、1913年に渡仏した藤村の足跡をパリやリモージュに訪ね、リモージュでは藤村の逗留先を確認するという〈発見〉もあった。けれども本書の魅力は、自分をフランスの藤村とオーバーラップさせた「エトランゼエ」のパリ生活記録にあるといえる。2人の男の子の眼や、おびただしい来客の接待に悲鳴をあげる奥さんの眼を通して見えてくる現代フランスの諸相が名文で活写されている。

――他に書評として、神田重幸氏「近代日本文学」（平成2年10月）がある。

12『熟年夫婦パリに住む』(TOTO出版刊、平成6年8月)、(私信、田中妙さん、平成6年5月9日)

前略　日本は相変らず暑い様ですが、その後いかがお過ごしでしょうか？　パリは初秋を思わせる日々がつづいております。長袖の服で丁度良い位の気温でとても快適ではありますが、すぐに寒くて長い冬が来るのだと思うと、少々ゆううつにさえなって来ます。さて昨日（3日）、お送り頂きましたご本が届きました。有難うございました。丁度大丸へ出かける処でしたのでそのまま持って出かけバスの中でむさぼり読みました。当時お話を伺っていて既に知っている内容も随所に見られあの時のあの先生と奥様の表情の一つひとつが思い起こされては懐しく昨日の事の様に感じながら一気に読み上げてしまいました。長時間をかけて書かれたのにもかかわらず読むときは半日！どこか申し訳ない様な気持のままとても楽しく嬉しく読ませて頂きました。同じパリに住みながら細部まで観察され、その時々に強く深く感覚を研ぎ澄まされているご夫妻の姿に感動すると共に私はなんと薄っぺらく日常生活を送っていることかと反省させられました。この後は福井の実家へも送って読ませたいと（特に私共の出番場面には横線を引いて！）思っております。『プロヴァンスの12ヶ月』の様に大ベストセラーになると良いですね……とは主人の弁です。私は中でもM氏のお墓を捜しあてる個所が特に印象的で「おにぎり、おかき、羊カン、花」の場面ではあゝいかにも奥様らしい……と涙ぐんでしまった程です。

単なる観光客の「グルメと花の都パリ！」にはないフランスの暗さ、いやらしさも書かれていて、、この地に足を止めて生活した者にしか分らない数々の事実や裏側もある、深さ、厚味のあるご本だと思いました。それでもなお「終の住処」に……とは……。長くフランスに住む覚悟の私には力強いエールでもあります。

本当に有難うございました。（後略）

13 『熟年夫婦パリに住む』（私信、村上和子氏、平成6年8月22日）

佐々木様

皆様お元気でいらっしゃいますか。

お忙しい中早速ご本を御送りいただきありがとうございました。

〝パリ紀行〟

〝熟年夫婦パリに住む〟に依って私共の知らない兄の生活を知る事が出来ました。

田舎の貧乏商人の長男、周りに多くの親族、一年間の約束、反対を押しての渡仏。渡仏後一本気が災いして経済的に苦労が多かった様で、あまり言葉にしませんでしたが在仏三十年、佐々木様との出会いが兄の最高に幸に過ごせた時と思います。改めてお礼を申し上げます。

ありがとうございました。

申し遅れましたが昨年四月より、静岡市国際協会のご厚意に、年一、二回ニエベスとの手紙を訳していただいて居ります。御蔭様で近況を知る事が出来るようになりました。

どうぞ奥様によろしくお伝えください。

ニエベスからは洋に関する印刷物の郵便が来ます。

今年は良いお茶に当たりませんで、気に掛けている内に三月あまり時がたってしまいました。お気に召していただけますか、少し御送りいたします。

まだ暑さがつづく事とおもいます、どうぞお体に御気をつけてくださいませ。かしこ

14 『熟年夫婦パリに住む』（私信、鹿野政直氏、平成6年9月17日）

授業開始前のユーウツをかかえて、今日、大学へまいりましたところ、御高著をお恵みいただいているのを発見、さっそく拝読しはじめましたところ、面白くて面白くてやめられず、「あとがき」奥付でもとまらず、さいごの書目にまでいたりました。パリのただなかに、ご夫妻でぽつんと意図して身を置かれての、その点からみえてくるフランス（人）の生態、日本（人）の生態、日常性から文化、経済、政治にいたる知的視野、さきのユーウツさをわすれて堪能させていただきました。かつての文人は、画才を兼ねそなえていたといいますが、それを含めての文人のとらわれないお暮らしぶり、ためいきをついて感嘆しました。ご厚情誠にありがとうございました。

15 『熟年夫婦パリに住む』（私信、野中涼氏、平成6年9月17日）

熟年夫婦パリに住む――いろいろ身につまされる思いをしながら興味ぶかく読みました。前のパ

リ紀行では、小さい子供2人を連れての苦労話が在外研究員生活としていちいち私にも思い当たることばかりで、その意味で痛切な感じがしたものですが、今度も屋根裏部屋の床がかしいでいたり、鍵がいやに厳重だったりすることから、何もかも、私の少し体験した英米の場合と実に似ている、と知って感心せざるをえません。墓探しの話、記念館の話は、味わい深い短編小説のように、共感しながら読みました。

16『熟年夫婦パリに住む』（私信、吉田祐氏、平成6年9月29日）

拝啓　先日は『熟年夫婦パリに住む』お送りいただき、ありがとうございました。実は私たち一家も89年から90年にかけてパリに滞在しましたが、その時住んだのがフォンテーヌ通りの34番地、アガール街とは目と鼻の先のところで、御本をたいへんなつかしく読ませていただきました。52番のバス、ロダン公園、オートウイユの教会、マルシエなど、またアガール街のシックな建物のことも、昨日のことのように思い出しました。家内も読ませていただき、ひとしきり、思い出話に花を咲かせました。お礼申しあげます．御健筆をお祈りいたします。

17『熟年夫婦パリに住む』（私信、前田直典氏、平成6年11月29日）

拝啓　秋が深まり紅葉の美しい季節となりましたが、先生にはお変わりなく、益々ご健勝のこととお喜び申し上げます。日頃のご無沙汰をどうかお許しください。

さて、この度は、御著書をお送りいただき誠にありがとうございました。まず最初に、御返事が遅れましたことをお詫び申し上げます。子供が産まれたばかりな上、引っ越しがありましたり、仕事の方も忙しく、生まれついての不精も手伝って延び延びになってしまいました。申し訳ありません。

しかしながら、やっと先日、秋の気配が深まり、生活もやや落ち着いて来たところで、（と書いております内に冬の気配がしてまいりましたが）夫婦そろってじっくりと拝読させていただきました。

こういう言い方は大変失礼かも知れませんが、想像以上に面白く、感慨深いご本でした。お堅い日本文学の先生が、これほどまでに感受性豊かな文章をものされることに、一種の驚きを禁じ得ません。

それに、そこはかとなく漂う無常観とペーソス、そして「パリの日本人」的なユーモアをたっぷり味わわせていただきました。また、テーマの中心となる老後へのかすかな不安と逃避の甘い香りは、まだ若い私たちにもなかなかに興味深く、大変面白く読ませていただきました。正直言って、教壇で難しい講義をされていた先生のイメージとは違い、先生の「市民性」に触れさせていただき、親しみがぐんと増しました。（失礼）

特に「夜になってお腹が空いて階下に降りてみたけれど、誰も起きて来ないので客人が食事の用意をするわけに行かず……」というくだりには思わずニヤリとしてしまいました。先生のお困りになったお姿が目に浮かぶようでした。昼御飯をたっぷり食べた時は晩御飯は食べないんですね。実際にフランス人と付き合ってみないとわからないことで、私もはじめて知りました。

その他豊かにイメージが拡がったり、認識を新たにさせていただいた個所がありましたので、大変失礼とは存じますが、かつての教え子、それも落第生ということに免じていただき、気楽な感想を述べさせていただきたいと思います。

早速、私事で恐縮ですが、実は、私も証券会社に勤めていた時代にロンドンに派遣され、一年足らずをロンドンのアパートで暮らしたことがあります。私が住んだアパートは1880年に建てられた三階建の西洋長屋の地下の一室でした。真夏でもとても涼しくて寒いくらいの部屋で、ところどころが破けてばねが飛び出した、ぼろぼろのベッドが二つと、もう何度もペンキが塗り替えられた洋服だんす、それに不安定な木製テーブルと二つの椅子のある部屋でした。

夜、外人だらけで何となく疎外感を感じる会社を出、何百年来もの建造物が数多く残っているロンドンの町並を歩いて一人部屋に戻り、薄暗い部屋の片隅で寂しくグラスを傾けると、なぜかその部屋の百年間について思いが巡ったものでした。今思えば、ホームシックにかかっていたのでしょう。この百年間のうちに、この部屋を何人の人が passed by したのか、どのような人が越して来ては出て行ったのかを想像するだけで、妙に胸が詰まった記憶があります。この小さな部屋を成功して出て行った者もあれば、私のように疎外感に苛まれ、失意のうちに故郷へ去っていった者もいただろうと思い、先生のご本にもありました「去った者たち」、パリを離れていった人々と物故した人々への思いと同じ感覚で、私も世の無常や哀愁、時の流れを感じました。

何百年もの歴史の中で考えてみれば、私の人生など、ほんの点に過ぎないのではないかと思い至って深酒をしたりもしました。もしかしたら、田舎から出て来たある男は、雑貨商で一山当てて邸宅に引っ越して行ったかもしれないし、今は大スターになってアメリカに渡った誰かが、この部屋で独り寂しくハーモニカを吹いていたかもしれないとか、また希望を失って郷里に帰って行った女もいたでしょうし、買い物に出て行った女房を待ち続けてアルコールに溺れて死んで行った男もいただろうとか、妄想をたくましくした思い出があります。

百年の間に、この部屋で幸せになった人がいただろう、そしてまた、絶望のどん底に突き落とされた人もいただろう、と想像するだけで、それが妙に胸に応えたものです。そして自分はこの先どうなるのだろうと考えながら、いつも決まって、「幸せでも不幸せでもそれはそれで一つの人生。それぞれの物語。永遠にだれにも読まれない物語、とてもつまらない、とても面白い物語、でも決して誰にも読まれない、それが人生」と独りごち、ダミアやピアフのシャンソンを聴きながら布団にくるまったものでした。

先生のご著書を読ませていただいて真っ先に思い出したのはそのことでした。先生のご著書にあった、静岡出身のMさんの人生。あの方は今天国でお幸せだと思います。Mさんのご不幸な客死は、先生のご本により読者すべての心の中に永遠に刻まれるのですから。その人生が永遠のものになり、報われるような気がします。

私にとっては見知らぬお方の人生の数奇に、そしてその人のお墓を捜して歩かれる先生ご夫妻の姿に、人と人との出会いのドラマ、そして人生の豊かさと切なさに感動しました。

異国情緒と哀愁。モディリアーニの絵。先生のご著書から様々なものと風景を想起しました。かつての銀幕のスター、往年の美人女優が亡くなるときはいつも一人住まいですよね。パリのアパルトマンで亡くなってから何日か経て発見されることが多いことなど思い出し、切なくなりました。

また先生は教育と離婚の問題についても触れられていましたが、私も様々なことを思い出しました。

離婚率の高さは、イギリスも同じようなものだと思います。私がロンドンで働いていた時に、コピー取りやタイピング、ファイリングのためにパートとして雇われていた日本人女性はほとんどが離婚組でした。10名ほどの方が働いていらっしゃいましたが、そのほとんどが国際結婚でロンドンに移り住まれ、その後離婚したけれど、今更日本に帰ることも嫌で一人ロンドンに残って生計を立てていらっしゃるという方々でした。会話はどうしてもイギリス男性の悪口が中心だったのを覚えています。日本人から見れば男勝りというか、気のお強い方ばっかりで日本女性の底力に随分励まされた思い出があります。

離婚によってほんの少し、「性格がすれる」ということはあると思います。ロンドンも住みよい都市ではありましたが、離婚率、そして失業率などを考える度、街角の傷んだ石の建物やゴミだらけの道路や風景までもが、心なしかロンドンっ子の引き裂かれた心象風景に似ているような気がしたものです。あちらにはあちらで問題があり、こちらもこちらで問題が多い。本当に世界中、今は気の休まるときがないようです。

また「藤村記念館」の件、例の日経の前川某氏の件もなんだか非常に腹立たしいとともに、経済大国日本のビジネス社会にありがちな横柄さというか身勝手なお手柄主義、でもそのことをそんなに大きく反駁されない先生のつつましいお姿にも感動しました。

（現在私はビジネスマン（！）を稼業としておりまして、日経新聞の縮刷版もとっておりますので、古いのを引っ張り出して記事の全文を読ませていただきました）

また、ギマールの館の工事人に大声で叫んでいたおばあさんの悲哀も身に染みました。老後の精神病はあまりにも寂しいと思います。特に外国には多いようですが、何とも言えない引き裂かれた精神状態が痛々しく思われました。

そういえば昔、ドイツにある、主にオペラなど舞台役者のための老人ホームを舞台にした悲しい映画を見たことがあります。確かダニエルシュミット監督のドキュメンタリーで『トスカの接吻』か何かだったと思います。ご覧になられたかもしれませんが、売れなかった役者の方が圧倒的に多い老人ホームで、かつて一度でも主役をやったことのある老人はその思い出から離れることが出来ず、その思い出を毎日繰り返し周りの人々にブツブツ自慢しながら死んで行くという筋だったと思います。ギマールの館のおばあさんは存じませんが、先生のご本を読んでいてその老オペラ歌手が髣髴としました。ファスビンダーの映画でも老デザイナーがかつての栄光を忘れることができずに静かに発狂して行ったり（『ペトラフォンカントの苦い涙』）、一人暮らしのドイツ人の老婆がふとしたきっかけでモロッコから来た黒人の若い青年と絶望的な恋愛を始めるといった筋の映画（『マリアブラウンの結婚』）がありましたが、そんなことも思い出しました。

とにかく、先生の追憶にごいっしょさせていただき、私までもが「追憶の至福」とでの呼びたい感情に囚われました。

異郷での出会い、11年という時の流れ、風俗、慣習など、一年間のご滞在であのように豊かなエピソードに遭遇されたのも、やはり先生のお人柄かと存じます。

また、絵がお上手なこともびっくりいたしました。次は画集でもお出しになればと心から思います。そして先生のご夫妻の仲の良さもまさに羨ましい限りです。

毎日忙しく暮らしていて、私も先生のように漂泊したいという思いが募ってきました、と書いているうちに、感想のお手紙が、なんだかいつも可をいただいていた課題のレポートのようになってきましたので、このへんで筆をおかせていただきます。

さて、本当に楽しませていただきましたので、是非、このご本を実家の両親を始め、海外で暮らしている学生時代の友人にもクリスマスプレゼントとして送りたいと思います。ご本をお分け下さるとのことでしたので、誠に不躾ながら50冊分の代金を同封いたしました。急ぎませんので、お暇な折にでもお送り下さい。(もっと多くの知人に配って読んでもらいたいところですが、なんとなく母校自慢にとられかねませんので、ほんの親しい友人にだけ送らせていただくことにしました。よろしくお願いいたします)

さて、最後になりましたが、実は先頃、拙宅と目と鼻の先にございます姫路城が世界遺産の一つとして登録されました。この機会に、先生にも奥様とごいしょに是非国宝姫路城をご覧いただきたいと存じます。

関西にお越しの節は、是非お立ち寄り下さい。楽しみにお待ちしております。それでは時節柄お体には十分ご留意下さい。ありがとうございました。敬具

18 『熟年夫婦パリに住む』（私信、日高昭二氏、平成6年12月27日）

『熟年夫婦パリに住む』を、早速読ませていただきました。一読、佐々木兄が、パリ＝ヨーロッパに立ち向かって、すっくと立っているという印象がある一方、パリ＝ヨーロッパのなかにその身を溶け込ましたいという願望がいたるところにひそんでいる、という印象をうけました。「嫌われる日本人」という永遠のテーマがときに顔を見せ、それが日常の隅々にまで伝統的な生き方を底深く秘めているパリ＝ヨーロッパ人と対比されながら、そしてむしろそのパリ＝ヨーロッパのほうに佐々木兄がひかれている、そのことが一番おもしろく、また感銘がありました。トイレをはじめとして、生活における掟の違いをいろいろ知って、なお「終の住家」はパリでもいい、というこの「あとがき」には、佐々木兄の指向がどこにあるかを示しているように思います。

前著には、そういうパリ＝ヨーロッパの姿が、いささか感傷的な気分を含んでいたように思いますが、今度の紀行は、生活の成り立ちそのものから伝わってきます。マルシェに行き来する奥さんの姿が、佐々木兄以上に鋭い観察となって、今度の紀行の主役は、成り立ちからいえば、奥さんのようにも思えます。

クラマール共同墓地への道は、まるで一篇の短編小説をよむような感銘があります。そこでも奥さんの「これは成果よ」という言葉（これは今度の本のなかで一番感動した言葉です）の、なんと良い響き、そして「コーヒーの空瓶」のあたたかさ。最初のほうの「そうね、これが『パリ』ですものね」をはじめとして、パリの生活において「夫婦」をささえている言葉が、ことごとく奥さんにあるということに気づかされます。今度の紀行が、奥さんの「今度は無理だわ」「帰りたい」という言葉から書きはじめられているだけに、いっそう心に住みつきます。またそれゆえに、リモージュの人々との交流が伝わってきます。人間の深さに比べて、「文学」はあるいは「文学研究」は、やはり小さいですね。

それにしても、老いの準備とは、佐々木兄がそんなことをすでに考えているとは、正直おどろきです。でもパリの老人たちの姿をはじめとして（これが今度の紀行では生彩を放っています）、パリそのもの、フランスそのものが老いているという文明史的な観察と、みずからの老いの準備という言葉が二重に重なって、人間にとって「老い」とはなにか、という問題を浮かび上がらせています。

二年ほど前に北京で、夏から冬にかけて短期間住んだことがあります、じつはそのとき小生も、一年のうち数カ月はここに住んでみたい、と思ったことがあります。これは何なのでしょう。本当の都市、本当の生活がここにあるという気分だったことを思い出します。また今度、7月にロンドンへいきます。パリにも行ってみるつもりです。

良い本を読ませていただきました。ささやかな感想で失礼しました。

19『熟年夫婦パリに住む』（紹介、佐々木克治氏、「本の雑誌」平成6年12月）

私が最近読んで面白かった本は、佐々木雅発著『熟年夫婦パリに住む』（ＴＯＴＯ出版）であります。〝パリで「老後の予行演習」を！〟という宣伝文句になんとなくひかれて読み出しましたが、冒頭から住宅事情の悪いパリに困り果て、右往左往する著者夫婦の悲壮感が漂う。やっと決まった当座の住居は屋根裏部屋であった。何とも大変なパリ生活のスタートである。そして老人の多いパリ、個人主義の強いフランス人気質が随所に見られるパリ、住みつくにはしんどいパリが描かれている。だが、それらを差し引いてもなおあまりあるパリ生活の楽しさ、面白さ、そしてパリで不慮の死を遂げた友人の墓探しなどのエピソードが述べられ、ついついページを足早にめくってしまう。とにかく、目的もない一年間のパリ暮らしというのが何とも素敵であります。加えて著者自身のイラストがトレビアンであり、パリの雰囲気がほのぼのと伝わってきて、この本の魅力を高めています。パリにちょとでも興味のある方にはおすすめの一冊であります。

――文頭に、「私がすすめる一冊」「文も絵もトレビアン」という見出しがある。

20『熟年夫婦パリに住む』（私信、飯塚五十鈴氏、平成9年5月28日）

先日は素敵なご本を頂戴いたしまして本当にありがとうございました。とても面白くおかしくまた優しく哀くそして悲しく色々な感情を綯交ぜにしながら一気に読ませて頂きました。イラストも先生自身がお画きになったのですね。優しく繊細なイラストが私自身行ったことも見たこともないパリの街を彷彿させてくれました。

私が一番感動を覚えましたところは第三章のクラマール共同墓地に永眠されているM氏の墓標を幾多の苦難の末探しあてられたところです。ご夫妻のM氏への想い、情熱が熱く伝わってきます。私であればどうだろう。同じ立場に置かれたとして、ここ迄果してできるだろうか？　人に対する思いやり、やさしさ、良い勉強をさせて頂きました。墓標に会えた時は、私には何の縁もないM氏なのですが、まるで私の兄か弟の墓標が見つかった様に感激し、涙が溢れ出ました。先生ご夫妻が墓標のそばで氏に語りかける様にしながら昼食を取っていらしゃる様子が目の当たりに見ている様に美しく鮮やかに浮かびます。セピア色の映画のワンシーンのように。

第一章のところでは不謹慎にも何回となく声を出して笑わせて頂きました。（申し訳ございません）天井の低い少しいびつな部屋で先生がその大きなおからだで右往左往していらしゃる様子が、何とも愉快で、おかしくて（ご本人達は大変な苦労だったでしょうに申し訳ございません）先生の又違う一面を垣間見た感じがいたしました。

トイレ、バス、掃除機等、日本では考えられないようなことばかりで興味深く読ませて頂きました。一旅行者としてパリの街を訪れてもこの様な経験は決して味わうことができないでしょう。表面的な美しい部分しか見ることができないでしょう。

やはりそこで生活をしてみると裏も表も見えてはこないとおもいます、私などはパリ＝華やか、全てが美しい（人も自然も物も）そんなイメージしか湧いてきません。しかし生活する、そこで生きて行くということは、美しい部分だけではないのですね。厳しい現実があるのですね。よくフランス人はプライドが高い、個人主義だと耳にしますが、個人個人が自分をもっていないと生きて行けないのだということ、依頼心の強い人間では弱音をはいてしまいそうだということを、それ故に背筋がのびてみんな美しく見えるのだということが良く解りました。私など依頼心の固りのような人間ですから、もっと自分に厳しく生きてゆかなければと反省させられました。

でも先生達のお会いになられた方々はみんな温かい方達ばかりですね、先生ご夫妻の人徳でしょうね。第四章のムリナール一家の方達（ジョルジュ夫人とジゼールさんが何時迄も平穏無事に暮らせます様にと祈らずにはおられません）第二章のブルダン一家の大変な別荘のこと、ブルダン夫人の苦労、ギマールの館に居住していらっしゃる多くの老人達のこと、心に残ることばかりでした。私は自慢になりませんが外国のことはほとんど認識がありません。本とかＴＶとかそういうマスメディアの上でしか知りませんので大変興味深い良い勉強をさせて頂きました。ありがとうございました。

最後になりましたが同行された奥様素適な方ですね。行動力があって何ごとにも前向きで女性として憧れます。先生が奥様を頼りにしていらっしゃる様子が随所に出ていてとても微笑ましく幸福な気持で読ませて頂きました。

重ねてありがとうございました。乱筆乱文お許しくださいませ。

21　『島崎藤村―『春』前後―』（審美社刊、平成9年5月）、（書評、山田晃氏、「解釈と鑑賞」平成10年4月）

昔、関良一氏の遺著『考証と試論　島崎藤村』の書評を描いた時、カサの大きさにうんざりしながらかかって、読み始めてたら面白くなった。今度の佐々木雅發氏の本でも再び同じ経験をした。関氏のは六百頁をこえる大著だったが、佐々木氏のも五百頁をこえる。わが生涯に二度の喜ばしき労役がともに島崎藤村の論だったのは、とうに藤村研究者を退役した私には皮肉なめぐりあわせであった。「―『春』前後―」という副題を従えた佐々木氏の『島崎藤村』は「『破戒』―自立への道」「『水彩画家』―幻想の深み」「『春』―失われし時を求めて」「『家』―〈人間の掟〉と〈神々の掟〉」「『海へ』―他者との遭遇」の五部からなる。巻頭の『破戒』論が昭和四十六年の発表。以後四半世紀にわたる多くの論文に補訂と新稿をまじえて構成したのが本書だが、発掘された藤村文学固有のイデーで統御された行論が立派だ。関氏の本が没後の業績雑纂という性格上、氏の学風に昇華した紙背の人の香りが魅力だったのと対照的である。

先日捜し物の最中に、古いノートから一片のコピーがこぼれ出た。亡き越智治雄さんの学会時評であって、なんたる偶然か、そこに次のような趣旨が読まれたのだ。〈佐々木氏の「『破戒』試論―自立への道」は、父の戒めの内容の検討を経て、『破戒』の原理を、「体制と関わる価値観を峻拒し、自らの手で自らの内に、それを超絶した普遍的な価値―（中略）『自立』の世界を実現すること」にみようとする点に、独自性がある。それは丑松論であると共に、氏がそこに藤村論を重ねようとしていることは疑いがあるまい〉。実は越智氏のこの部分は、佐々木氏の論と『うたかたの記』（鷗外）論との併論の形をとっていて老耄の私もさすがに忘れた昔を思い出した次第だが、『破戒』について佐々木氏に近い理解をもって一二の論を書いていた私が、心を移して散漫に遊んでいるひまに、この大著を練り上げた氏の志操に深甚な敬意を表するものである。

道草を食ったようだが、これは越智氏の引いた、体制に関わる価値と超絶した普遍的な価値との相克が、後に〈人間の掟〉と〈神々の掟〉との対立に発展して『家』および『海へ』の視界を開くのをみるからにほかならない。佐々木氏の操作するこの二つの〈掟〉がヘーゲルの『精神現象学』に出たのを知るや我ら不勉強の徒は一驚を喫する次第だが、さらにヘーゲルが家の人間関係の機微に卓抜な知見をみせるのを教えられ、それが豊かなギリシャ神話の形象に裏付けられているのを知らされれば納得せずにはいられない訳だ。ほかに時間をめぐってはベルグソンが出、プルーストが出等々、刺激の種に事欠かないのがこの本である。

人間の性能は普遍的にして本具であるから、叡知の火はどこから奪ってもいいわけだ。それが借り物の物差しでは駄目だが、佐々木氏が見せてくれた歩みは本物である。上の道草以下はその証明のつもりだが、言葉の足りないのは、編集部のせいとして寛恕を願いたい。

――書評として他に、藪貞子氏（「国文学研究」平成10年3月）、新保邦弘氏（「日本近代文学」平成10年5月）、剣持武彦氏（「島崎藤村研究」平成10年9月）、高橋昌子氏（「日本近代文学」平成10年10月）がある。

たしました。

22　『島崎藤村―「春」前後―』（私信、山田俊治氏、平成9年11月15日）

前略　御著『島崎藤村―「春」前後』を御恵与頂きながら、お礼も差し上げませず、大変失礼いたしました。

テクストと対話しながら、そこに立ち上げた内的体験としての物語世界を追求するという方法で、「破戒」から「水彩画家」「春」「家」「海へ」の藤村初期の代表的作品を踏破された快著と拝見いたしました。殊に「春」と「家」は圧巻で、テクスト本文の引用を重ねながら、そこにある生の様相が辿られています。

「春」には、今は失われた青春を、書くことによって可視的に生きる藤村が見出され、そこに書くことの本源的な不可能性（過去を現前化させながらも、すでに過去は今はないという）に至り着く生が想定されています。また、没落する家族の物語としての「家」では、濃密な人間関係としてある家を構成する人々を、それぞれ読み解くことによって、遠くギリシャ悲劇にも貫流する、男と女の物語が反復されている様相が示されています。

論理がテクストに対して主導権をふるうことで、恣意的な資料操作や、本文の改変も行われ得るような論文に対して、あくまでテクスト本文を主にして、それと対話することで生起する読みに賭けようとされる姿勢に感じ入りました。と同時に、そこに自閉することへの息苦しさを感じたのも否定できませんでした。それにしても、一冊にすることの大変さを感じている最中でしたので、すでに書かれた論文が、一定の密度をもって一冊を成していることに対して、羨望の念を禁じ得ませんでした。問題関心の一定しない小著も、御著を参考に、少しでも密度を獲得しようと思います、御配慮、心より御礼申し上げます。（後略）

23 『画文集　パリ土産』（里山房、平成14年7月）、（私信―パリよりのファクス、濱田亨氏、平成14年8月14日）

画文集〝パリ土産〟無事拝受致しました。序文や献辞の過分に御親切なお言葉恐縮しました。ありがとう御座居ました。

新に描かれたデッサンもどれも良く、着彩も過不足なくなされています。節度があって美しい。佐々木先生のデッサンは実に柔らかく、ゆっくりとした線で静かに語るように描かれています。線の一本一本が、滋味溢れ画き手の優しさが伝わってきます。

驕らず昂ぶらず、モチーフを素直に愛しんで描いている作者の気持が見る者の心にまで共鳴します。それが無駄のないきれいな文章とうまく調和してより効果を高めています。

〝モンマルトルの石段〟は私の一番好きな作品です、本当に良く描けています。木々を通して見える建物など、中々こうもうまくは描けないものです。色使いも静謐にして格調があります。本当にうまいなあ！

ただひとつ、貴児丸氏に色が付いていないのは何故？　製本の都合でしょうか、これのみ残念。残念。

とり急ぎお礼まで、匆々頓首

――濱田氏はフランス、ベルギー、イタリアなどヨーロッパで活躍する画伯。パリ在住の時はいつも大変なお世話になっている。この本も個展も氏のお勧めによる。

24 『画文集　パリ土産』（私信、井上宗雄氏、平成10年8月18日）

拝復　ご無沙汰しておりますが、お健やかなことと存じ上げます。

『画文集　パリ土産』を賜りまして誠にありがとうございました。いただいてずっと「画文」を堪能致しました。天窓からの風景はついに体験いたしませんでしたが、しみぐ＼と絵を拝見しておりますと何ともいえない郷愁のようなものが迫ってまいります。尤も私は四、五回みな数日のツアーでしたのでとても郷愁などといえるものではありませんが、拝見していると「フランスに行きたしと思へども」という詩が浮んで来ます。革命記念塔、ミラボー橋……

ご本を繰るごとに景・情が蘇って参ります。わりに最近行ったのは四年前でしたが、オルセー美の屋上（?）から遠望したサクレ・クールの景が忘れられません。快晴の日でした。「パリの空は青く晴れて遠き夢をゆする」という詩が、今また浮んで来ました。

じつは今夏、アビニオンから列車でパリに行き未見のフォンテンブローなどを見物したいと計画をたてて実行に着手まで（といってもツアーですが）したのですが、若干の障害でだめになりました。

ご本をいただいてこの上ない喜びです。考えてみますと私が欧州旅行にせいをだした（?）のは六十すぎてからで、いろ＼／事情があったからとはいえ、残念でなりません。本当に羨ましいですね。

ぐちめいて了って済みません。みんな興味深いですが、とりわけ藤村旧居のお話は面白いですね。パリなんでしょうね。

とりとめもなくごめんなさい。有難うございました。書き了えたらまた頁を繰り出しました。

残暑の折、どうぞお体お大切に。敬具

（家内もたいへん喜んでおります。繰返し拝見しております）

25『パリ土産』（私信、石原千秋氏、平成10年9月2日）

このたびは美しいご本をお送り下さいましてありがとうございました。妻も私も楽しく拝見、拝読させていただきました。妻は「うまいものねェ」としきりに感心していました。もちろん、私も同感です。名著『熟年夫婦パリに住む』のことも思い出されて、私たちまで、なつかしい気分になりました。ただし「老い支度」にはまだまだ早いのでは。新しく書き加えられた御文章にそんな雰囲気がありましたので――。お礼まで申し上げます。

26『パリ土産』（私信、秋永一枝氏、平成10年9月7日）

お暑うございます

奥様も御元気でしょうか　先程は画文集を頂きありがとうございました。あんなに画をおかきとは思いませんでした。びっくり！　展覧会が遠くて、拝見に参れません。ごめんなさい。（後略）

27 『芥川龍之介　文学空間』（翰林書房刊、平成15年9月）、（書評、関口安義氏、「週刊読書人」平成15年11月28日）

佐々木雅發の二十年におよぶ芥川論考の集大成である。「『羅生門』縁起―言葉の時―」にはじまり、「『歯車』解読―終わりない言葉―」に至る全十二章、どれもが研究史をしかとふまえ、〈言葉〉に執着し、生きた作品世界を読者の前に示してくれる。芥川作品を〈読み〉の対象としてよみがえらせる確かな論証がある。

全編の基調は、巻頭に置かれた「『羅生門』縁起―言葉の時―」に、早くも顔を出していると言うべきか。それはテクストとしての作品を、〈言葉〉にかかわって徹底的に読み込む中で見えてくるものを尊ぶという姿勢である。そこに著者の鋭い感性と論理性が交差する。対象をさまざまな角度から押さえて見せる「羅生門」論は、滅びの予感を懐きながらも、「なにものをも〈回避せ〉ざらんという芥川龍之介の、いさおしい文学的出発」というとらえ方を示す。従来の暗く陰鬱な作品という評からの離陸である。

「『地獄変』幻想―芸術の欺瞞―」は、語り手の不誠実な説明を巧みに捕捉し、〈空白《ブランク》〉を埋め、いくつもの箇所で独自の〈読み〉を示す、その上で芥川の宿命に思いを致す。「『奉教人の死』異聞―その女の一生―」では、「〈作者〉の意図を越えて、〈作品〉がすでにそこにある」こと、〈作者〉の意図からまったく自由な〈作品〉の問題にもふれる。言うまでもなく、著者は読者反応理論《リーダーレスポンスセオリー》を踏まえている。そこに論者の主体とかかわった豊かな〈読み〉の世界が展開するのである。『藪の中』捜査―言葉の迷宮―」は、〈言葉〉に執着してテクストを読む著者の立場が、最も鮮明に現れた論である。著者は「藪の中」を論じ、「まさしく〈言葉〉は真相を隠蔽をする。しかし、にもかかわらず、そこには〈言葉〉の限界において、真相が語られているのではないか」と問いかけ、誠実な推論を展開する。これまでの「藪の中」論を抜くこと数段、思考の論理性には脱帽せざるを得ない。私は芥川龍之介は、友人恒藤恭や藤岡蔵六とのかかわりもあって、間接的ながら新カント派の理論の影響をうけた作家であると考えている。それゆえ著者が「あとがき」で、ハイデッガーやヘーゲルを読み、その読書遍歴が「『藪の中』捜査」に「自ずと投影されているだろう」と書き付けているのに接し、思い当たることがいくつもあった。芥川作品には、新カント派的思考が底流にあり、それを解くには、ハイデッガーらの援用が有効であり得ると思うからである。

本書は書き下ろしの「『歯車』解読―終わりない言葉―」で結ばれる。これまた力の籠った論である。「歯車」を論じ終えた著者は「ある阿呆の一生」を想起し、芥川が最後の章に、「敗北」というタイトルを添えた文章を書きながらも、〈死〉から目を背けて、〈生〉の根拠を求めて依然闘っていることに、驚きの眼を見張っている。芥川「再発見」の視点がここにある。本書の密度は、類書に比べて断然高い。著者渾身の気迫に満ちた一書の誕生をよろこびたい。

――見出しに「鋭い感性と論理性の交差――豊かな〈読み〉の世界が展開する」とある。また他に書評として、田口律夫氏（「日本近代文学」平成16年5月）、宮坂覚氏（「国文学研究」平成16年6月）がある。

28 『芥川龍之介　文学空間』（私信、中山弘明氏、平成15年12月15日）

拝啓　年の瀬となりようやく屋島の木々も色づいてまいりました。御大著『芥川龍之介　文学空間』、毎日通勤の車中で拝読。小豆島も見わたせる光景は、昨年までのあくせくとした毎日とはおよそ程遠く、しばし時を忘れました。感想ともつかぬ一文でお礼に替えたく、筆をとりました。

小生が大学院に入りました頃、先生は御講義で「地獄変」「奉教人の死」「阿部一族」などを精力的に論じておられ拝読しつつ、まずその事をなつかしく想起いたしました。大殿の差し向けた車で良秀と娘が地獄に下りて行くイメージ、娘と良秀がともに「燃え尽きる」近親愛の光景などはことの外印象的でした。こうした「犯罪的」とも言える表現は、同時代の志賀直哉の「剃刀」や「児を盗む話」の嬰児掠奪などと通底する様に思われます。最も西欧的な知性を体現していたとされる芥川の中に、ニーチェ、バタイユ、ブランショと響きあうような「主体」を解体していく契機が見出される点がやはり重要のように思われました。また「無意味な符号」としての言葉の問題に逢着する「歯車」は、シュールレアリズムなどの二十世紀芸術の水準に限りなく接近しているようにも思われました。「藪の中」論の冒頭にある「一体、〈言葉〉とはなんであろうか」という問いかけの重さ今更ながら痛感させられます。また西田幾多郎の言う「無の論理」との道筋も見えて来るような気がいたします。先生のとらえる芥川は「人間的なるものが壊敗する〈地獄〉」を見つめる一面と

「人生を見限ることなく肯定する」一面の間を揺れ動いている如くに思われました。あるいはこれは死を絶対的他者とみるブランショと、「本来性」に人間をひきもどす契機とみるハイデッガーの相違かもしれません。私個人は、藤村から逸脱し、このところ第一次世界大戦が日本になげかけた影のようなものをこの数年、さぐってまいりましたが、ハイデッガーもブランショも、まさに二つの大戦のはざまを生き抜いた思想家であった事が思いあわされます。

小生にとりまして、この一年はまさに青息吐息の一年でありました。先生の力強い御大著を手掛かりに、四国から着実な仕事を世に問うてまいりたく存じます。肺活量の大きな御仕事を導きとしたく思います。改めまして御本をお送り下さり有難うございました。

寒さ厳しき折、御自愛下さい。謹言

29 『獨歩と漱石―汎神論の地平―』(翰林書房刊、平成17年11月)、(私信、細谷博氏、平成17年11月6日)

この度は御高著『獨歩と漱石―汎神論の地平―』を御恵与賜りまして誠に有難うございました。早速「國木田獨歩」の章を一気に拝読、更に花袋、白鳥、漱石そして梶井の各章を拝見させて頂きました。

獨歩の各論からは心に染み、又胸に迫るものを強く感じ、正に秋深き中で拝読していると何とも淋しく、かつ熱いものを受けとめたとの思いが募って参りました。

この天地の間にあって人たるものの思いに言葉を与えんとして苦吟した作家達の苦闘の跡をたど

り、その西洋的認識論、二元論にあらがいつつ、自らの裡に深くたたえられた「汎神論」的なものへと向かった行程を、各作品の行文に確かな読みをほどこされつつ説かれたものと拝見致しました。かつて、「国文学研究」に「中原中也におけるアニミズム的心情」と題する一文を投じた事もあり、「汎神論」と仰るものの心のあり方は自分なりに理解できた様な気も致しましたが、更に改めて獨歩、花袋、白鳥、漱石、そして梶井らの本文に当たって味わい、何度でも反芻してみなければとの思いでおります。「いわゆる科学的」言説が「大手を振って歩いている」今日にあって、本来忘れてはならぬものは何かを教えて頂いた気が致しました。心よりお礼申し上げます。

寒さに向かいくれぐれもご自愛ください。不一

30『獨歩と漱石―汎神論の地平―』（私信、井上優氏、平成17年11月21日）

拝啓　晩秋の候、先生におかれましては、ますます御清祥のこととお慶び申し上げます。このたびは、『獨歩と漱石―汎神論の地平―』を賜りまして、厚くお礼申し上げます。

〈知覚〉と後刻それを〈想起〉し物語ることに不可避に介在する差延、近代実証主義における主客二元論とは異なる近代文学者達の表現の実態をめぐる御論考、獨歩から梶井に至る、近代認識論ではすくいきれないところが浮き彫りにされ、大変興味深く拝読させていただきました。私、目下、木下杢太郎らのいわゆる〈情調〉をどう新しくとらえ直し分析していくか検討中なので、先生の御著書から貪欲に学ばせていただきました。

本日は右御礼まで。日に日に寒くなりますが、くれぐれも御自愛下さいますよう、お祈り申し上げます。敬具

31『獨歩と漱石―汎神論の地平―』（私信、相馬庸郎氏、平成17年11月23日）

冠省　先日は思いがけなく御高著『獨歩と漱石』を御恵投いただき、まことにありがとうございました。いずれも懐かしい存在ばかりの御考察で、大変興味深く拝見致しました。引用が多くなるのを全然気になさらず、非常に繊細な読みを展開され、テキストそのものを再読する面白さと貴方の解読の面白さとが重なって、本当にいい、久しぶりに充実した研究書にふれた思いです。

最初に梶井基次郎論から拝見したのですが、梶井は自然主義研究を始める前から私が愛読している作家で、大森荘蔵の時間論から触発された切り口の部分に、とくに感銘いたしました。私も大森荘蔵の仕事にはかねて興味を持ち、時々著書をのぞいていたのですが、『時は流れず』や『時間と存在』は持っていないので、買い足したりしました。

『夢十夜』論では、〈想起〉ということを問題にされていますが、私が今、かなり夢中になっている日野啓三の、その代表作長編『台風の眼』に日野自身がさかんに〈想起〉という同じ言葉を重視している箇所があり、貴方の場合と日野の場合に非常に似ているところと少しニュアンスのちがうところがあり、そういう観点でも、貴論に教えられるところが多々あります。

田山花袋関係では自分自身さえ忘れかけている古い拙論をも丁寧にお読み下され、感銘いたししま

した。

貴書には「汎神論の地平」と副題されていますが、日野も晩年癌の手術後東洋的汎神論に非常に接近しているのですが、一般に日本文学に於ける汎神論的なものについては、いくら重視しても重視し足りないと私は思っていますので、そういう意味からも同感と教示をいただきました。

この頃の近代文学研究の動向が先を争って、海彼の方法の直輸入に「うつつを抜かしている」ように、私には見え、もう自分は時代おくれの存在かとも思わされていましたが、貴書を拝見していると、そういう最近の研究方向にもちゃんと目配りをされた上で、御自分独自の方法を「泰然」と実行なさっておられるのに、改めて敬意を覚えました。

七十代に入ってから（現在私は七十九歳ですが）、近代文学研究の方はそのままに措いて、現代文学の評論的なものを書くようにいつのまにかなって来ていましたが、そのような自分の状態から、この手紙の冒頭で、「懐かしい存在ばかり」などという語が思わずも出てしまったわけです。くりかえしになりますが、いい読書をさせていただき、本当にありがとうございました。

今後の一層の御健筆を期待申しあげております。敬具

32 『独歩と漱石――汎神論の地平――』（書評、関口安義氏、「比較文学年誌」平成18年3月）

本書は、佐々木雅發氏が近年発表された諸論考を体系化し、集大成したものである。著者にはすでに『鷗外と漱石――終りない言葉――』（三弥井書店、一九八六・一）、『島崎藤村――「春」前後――』（審

美社、一九九七・五）があり、近くは、渾身の気迫に満ちた、A5判五〇〇ページを越える大著『芥川龍之介　文学空間』（翰林書房、二〇〇三・九）も存する。ここに新たにまとめられた著作『獨歩と漱石─汎神論の地平─』では、國木田獨歩・田山花袋・正宗白鳥・夏目漱石・梶井基次郎という五人の近代作家の作品が扱われ、その〈汎神論〉の内実が、詳細に検討されるのである。前著『芥川龍之介　文学空間』刊行後二年、しかも収録された論考は、すべて平成二桁代に書かれたものなので、著者の研究上の充実ぶりがうかがえるというものだ。

著者は作品の〈読み〉に徹する。近年の〈読み〉の理論も意識されているが、それに縛られることなく、むしろ批判的である。要はひたすら作品世界に立ち向うところに、新しい〈読み〉の地平を見出そうとしているのだ。そこに著者独自の〈読み〉が示される。著者は作家の伝記的事実を無視することなく、同時に作品を自立した〈物語〉として扱うことにも常に自覚的なのである。ここに豊かな〈読み〉の世界が広がる。五人の作家中最も多くのページが割かれているのは、國木田獨歩の章、次いで漱石の章である。題名が〈獨歩と漱石〉とした所以でもあろう。

巻頭の國木田獨歩の章では、「武蔵野」「忘れえぬ人々」「牛肉と馬鈴薯」「窮死」の四作品が取り上げられている。著者は明治文学の中で、汎神論的傾向のもっとも強い國木田獨歩の「武蔵野」をとりあげ、その二、三、六章に焦点を当てた〈読み〉を示す。「武蔵野」の本文をしっかり引用し、他方、獨歩の日記「欺かざるの記」との丁寧な比較を試みながらの叙述には、説得力がある。獨歩は妻信子に去られて七転八倒、癒しえぬ傷心を抱えたまま、「秋の初から春の初まで、渋谷村の小さな茅屋に住」み、日記（「欺かざるの記」）を記す。それが「激しい過去への呪詛や、将来への不安にゆれているのはいうまでもない」と著者はいう。そして「武蔵野」は、「欺かざるの記」の抜粋であるとしながらも、日記と作品「武蔵野」との〈差異〉〈変質〉を問おうとする。獨歩の苦しい現実打開の中で、眼前の自然に触れようとする孤独の歩みを、著者はしっかりと把握する。また、三章の武蔵野の詩趣を述べたところは、二葉亭四迷の「あひゞき」の影響もさることながら、「『あひゞき』がツルゲーネフの『猟人日記』の単なる翻訳とはいえないように、『武蔵野』も『あひゞき』の単なる模倣とはいえない」とし、その独自の表現方法に迫る。次に六章をとりあげ、日記との比較や小森陽一氏の見解を批判的に摂取しながら、「武蔵野」の表現の意味を問う。「注」の部分にも著者の鋭い感性と論理が示されている。

著者は、「忘れえぬ人々」を論じるに当たって大森荘蔵の時間論を、「牛肉と馬鈴薯」その他を論じるに際して、西田幾多郎の『善の研究』の〈純粋経験〉を援用する。前著『芥川龍之介　文学空間』では、ハイデッガーやヘーゲルなどの読書経験が「藪の中」論に影響を与えているように、著者の論は、哲学など隣接科学とのかかわりが濃厚だ。いわゆる学際化は現今の文学研究の要でもあるが、獨歩の境地を西田幾多郎の〈純粋経験〉と対比させるなど、有効な視点の導入である。獨歩は「神の子」で〈生存の不思議〉〈悠久〉にして不思議なる宇宙を感じておののく。けれどもそれは一瞬の感動であり、捉えがたいものであることを獨歩は繰り返し訴える。著者はそこに獨歩の「無念と悲哀」とが遥曳しているという。

独歩論の中で最も力の籠ったものは、「『窮死』前後―最後も独歩―」と題された章である。作品の持つ起爆力もさることながら、著者の作品に向かう謙虚な姿勢がいい。作品を通して独歩の「生きる覚悟」「人間としての誠実」を読み取る心眼が冴えている。結びの文章「おそらく独歩は、現に生きながら、彼岸なり他界なりを信ずること、とは死後を断言し喋々することを肯んじえなかったにちがいない。〈人の存する間、其人に死なし〉。ここに独歩の生きる覚悟があり、人間としての誠実があったといえようか」に、著者の面目がよく現れている。独歩を借りて自己を語っているのである。

田山花袋の章では、正宗白鳥との『野の花』論争と小説「重右衛門の最後」を扱う。前者は、花袋の文芸理論の根幹となる〈大自然の主観〉という言葉に着目し、「その独特のわかりにくさ」の解明に力を注ぐ。白鳥の「花袋氏に与ふ」を枕に、『野の花』「序文」を検証するのである。著者の論理性がもっとも発揮された論といえようか。花袋の「〈大自然の主観〉の強調――〈作者の進んだ主観が大自然の主観と一致する〉という主張」は、儒教的伝統の発想とかかわり、やがて日本の自然主義をリードする理論となることを巧みに論証し、「近代認識論の、いわば見えない誤謬と苦闘」した花袋を語ってやまない。後者「『重右衛門の最後』へ―花袋とモーパッサン、その他」では、花袋のモーパッサン体験にはじまり、前期自然主義の記念碑的作品「重右衛門の最後」に至る文学的道程を描く。日本自然主義の源流考ともいうべき論である。論述には大森荘蔵の哲学理論が生かされている。

正宗白鳥の章は、「『五月幟《さつきのぼり》』の系譜―白鳥の主軸―」一編より成る。長年正宗白鳥に関心を持ち、研究を続けてきた著者ならではの見解の示された章である。キリスト教への懐疑にはじまり、やがてゾラ的なものからチェホフ的なものへと移行する時期の作品で、これまであまり注目されないできた「五月幟」や「故郷より」に著者は目を止める。ここには日露戦争後の都会（近代）と地方（前近代）の問題が、的確にとらえられている。白鳥の対象を見つめる眼の酷薄さが、現実をしかと押さえていることが指摘される。著者は言う。「白鳥は〈田舎〉を、単に時代の風潮〈田舎を神聖化する〉〉への反撥から取り上げようとしているわけではない。むしろ自らの〈人生研究〉、つまり小説を書くことの中心の課題としてとらえている。中でも先祖以来の遺伝と環境、骨肉の関係、風土と村民の関係が重要な対象として検出・実証されようとしているのである」と。作品の丁寧な紹介を伴う論述には説得力があり、日本の自然主義文学の思想的成熟を剔出した論として評価できる。

夏目漱石の章は、「草枕」と「夢十夜」を扱う。「草枕」は、注の部分を含めて四百字詰原稿用紙にして約一四〇枚、「夢十夜」は、同九十枚という、どちらも長文の論考だ。作品の〈読み〉を基調とし、自然と自己との関係性が検証される。「草枕」論は、各省の綿密な〈読み〉が魅力的であり、さまざまな示唆に富む。以前漱石を論じた著書からの発展もみられる。語り手の語る世界が自ずと眼前に迫ってくるかのようだ。「夢十夜」は〈想起〉というキーワードを有効に用いての論考である。ここでも大森荘蔵の時間論が巧みに援用される。それぞれの夢の解釈は、今後の「夢十夜」論に少なからぬ影響を与えることであろう。漱石を論じても、論者佐々木雅發の感性と論理性は光る。

巻末に置かれた梶井基次郎の章は、「『ある心の風景』その他――〈知覚〉と〈想起〉――」と題された一編より成る。表題の「ある心の風景」のほか、「路上」「過古」の三作品に批評の光が当てられる。〈記憶〉はことばにおいて〈想起〉されることで、はじめて〈記憶〉となることを、論者は「ある心の風景」を通して語る。「路上」「過古」二作においても、〈知覚〉と〈想起〉をめぐっての考察がなされる。「過古」が國木田獨歩の「川霧」（『武蔵野』収録）の本歌取りとの指摘も首肯でき、一気に読了できる章である。

著者は芥川龍之介を論じた前著のサブタイトルに、〈文学空間〉ということばを用いた。また本書には〈汎神論の地平〉の語が添えられている。これは冷戦後人々の関心がイデオロギーから人間の内面の問題へと向かいはじめたこととかかわるのかもしれない。日本近代の文学空間の一つに、汎神論があることは言うまでもない。本書は作品分析を通してその実態の一部を見事に解明してくれたのである。今後対象とする作家と作品は数多いが、そうした見地からの文学史再構築は、ようやくその季節が訪れてきたかの感がある。そして本書は、その先導的役割を演じるものなのだ。

「あとがき」で著者は「獨歩のいうように〈天地生存の不思議〉、その謎を解くことが大事なのではない。謎に〈驚く〉ことが大事なのではないか」と書く。文学はそこに存在するのである。さらに「天と地と人はもと一つという、いわば日本の信の伝統に生きた人々の系譜の一端を辿ったもの」とも言う。著者の労を多とし、この面での考察をさらに推し進めてもらいたいと願うこととしきりである。

——他に書評として平岡敏夫氏（「週刊読書人」平成18年2月）、同（「国文学研究」平成18年6月）、出原隆俊氏（「日本近代文学」平成18年11月）がある。

33

『静子との日々』（**三弥井書店刊、平成18年12月13日**）、（**この本には多くの感想が寄せられてきた。その中から選んで、「自著『静子との日々』をめぐって」として「信」32号、平成19年9月に掲げた。**）

——一昨年の暮、妻が死んだ。享年六十歳。私は茫然自失、妻の人生が終わったように、私の人生も終わった、早く死のう、私はそのことのみを考えていた。しかし死ぬ前に、せめて妻の形見を残しておこう。そして私は妻と過ごしたもっともよき日々の一つ、出会いから結婚までの日々を書きとめていった。本は一周忌には出来上がった。私は私や妻の知友に贈り、また知らせた。やがて多くの人々から感想に寄せた励ましやら慰めのお手紙が届いた。私はそれらを読んで、つくづく人々の心の優しさというものを感じた。私は生きる勇気をあたえてもらったと思った。以下はそうした私の回生への感謝をこめて、その中からごくごく一部（そのまた抜粋）を書き写させていただいたものである。

○志賀直哉の日記と暗夜行路を併せ読んでいるような錯覚に陥りました。愛子との別れ、直子との出会い、しかしはるかに哀切な（涙しながら読みました）、暗夜行路を越える恋愛文学です。男と女が対等に悶えあっています。もつれて、おかしくて、せつなくて、大まじめで、みんな幸せな証拠かも知れません。／「見てみます？　見てみません」「これって大変なことなのよ」とか、「眉間にしわを寄せて」、「なんの『結果』か?」、「なぜか寂寥として胸詰まる」などという一節が自然に浮かんできます。それ以上触れないうまさ。ときおり付記される花や夕日や海の色のこの上ない美しさ。上質の恋愛文学を読んでいる赴きでした。(石松盈美氏)

——石松氏は本にも出て来る私の旧い友人。私の知人は多く大学関係、文学研究に携わっている。

○ご本を手にして、一息に拝読して心にひろがるざわめきに身を委ねています。たいへんに失礼ながら一篇のすぐれた恋愛小説を読了した時の感動を味わっています。端正でみずみずしく、しかもなんと官能にみちた青春の日々でしょうか。漱石や藤村、武者小路にまっすぐにつながる作品世界が、私とほとんど同じ世代によって書かれたことに、しかもそれが最愛の奥様を亡くされた方の手によるレクイエムであることに胸をつかれます。/お目にかかる機会がなくてしまいましたが、奥様は私と同じ年齢でいらしたのですね。私は世田谷の桜新町で子供時代をすごしたのですが、間もなく西武池袋線の江古田で成長しました。妹達は江古田小学校に通い、哲学堂は犬の散歩コースでした。お目にかかっていたら、いくつもの思い出が重なった気がいたします。私たちの時代のひとつの青春を刻んで下さったことを感謝申上げ、このような日々を持たれた方の幸福を思います。(尾形明子氏)

○『静子との日々』、有難うございました。八月の途中まで読せてもらったところです。反対していたお兄さんがにわかに気に入って同意なさるところ、少し涙が出ました。そのやり手のお兄さんがわずか四十一歳でお亡くなりになったとは――。こせつかなくて鷹揚で、それでいてスポーツやダンスの名手とは女性の理想型です。そういう奥さんといられて幸せだった分だけ、今佐々木さんは参って死にたくなったりしています。お気の毒ですが、こちらの力ではどうにもなりません。ひょっとすると作家佐々木雅發が誕生するかも知れません。（羽鳥徹哉氏）

○ご生前の奥様には一度もお目にかかったことはございませんでしたのに、御著書を通して、まるでいまも佐々木さんの御側でにこにこしながら、あなたを暖かく見守っておられるのではないかと思えてなりません。そして、ああもうおいでにはならないのだ、と私までがっかりしてしまうのは何故でしょう。奥様が「優しい女」であられたという佐々木さんの思いが、実感として私どもに伝わってくるのは、きっと奥様の人間としての、女性としての、和やかにしてしなやかなひととなりゆえでしょう。それをしっかり受け止め、こよなく愛し通された佐々木さんの真情、そしてそれをかくもみごとに表現することのできる佐々木さんの筆の力ということでしょうか。／優しさ、それは、人間のつらさ、わびしさ、寂しさに敏感なことだということですが、そのお心が奥様の全生涯を通して、周囲の人々に伝わり、その時々に、その場その場を、豊かに和やかになさることのできたご生涯であられたのですね。佐々木さんを通して語られている奥様の生き方から、また佐々木さんの生き方から、多くのことを学ばせていただきました。心から感謝申し上げます。（宮野光男氏）

――尾形氏は私の後輩、羽鳥氏、宮野氏は学界の先輩である。

○手にしたとたん、これは奥様のことではないか、奥様の御不幸のことではないかと思いました。

オビの「慟哭のレクイエム！」を目にしたのはその後です。／美しいお写真グラビアと共に、前にいただいきました画文集『パリ土産』のことを思い出しました。御二人でパリをはじめ各国に滞在された思い出が、御一緒に過ごされたかけがえのない人生、そしてそれが奥様の御逝去をいっそう切実にいろどっているように感じられました。／「はじめに」は書き出しから痛切きわまりないものでしたが、「五十年後の早稲田あたり」のくだり、「静子という人間がこの地上に存在していたことを、たとえ朧げなりとも脳裏に浮かべてくれれば本望である」のくだりに強い感銘を受けました。／「出会うまで」、そして結婚までのプロセスもよく記録されていて驚きます。はじめての口づけのことも深く印象に残ります。／十二月十三日のくだり、この日から三十六年後の平成十七年十二月十三日に逝去される叙述にも深く心打たれます。／そしてコンドーム三割引きのおのずからのユーモア！／三段重ねのおせち料理！「料理はかなわない」と母上様が言われたとは――、素晴らしいことですね。そしてお酒！　かけがえのない奥様！「あとがき」がまた感動を新たにいたしました。／生前お目にかかったこともなく、佐々木さんとも御交誼というほどでもない私ですが、御恵贈いただきましたこと、あつくお礼申しあげます。（平岡敏夫氏）

○読了してまず「人間というもの」が実に「いとおしいもの」に思われました。いい文学作品を読み終わったとは少し違う「生な」感動。しかし読み進んでいるうちは、三十六年前の半年間の日記や書簡、ノートそして現在からの感想により、極めてうまく構成された深い内容の「私小説」を読んでいるように思いました。／例をあげればきりがありませんが、「豊潤で密度ある時間」を描き出している恋愛小説を読んでいるようで、しばし心洗われるようでした。／日記でも手紙でもノートでもすべてまことに「正直」。独歩の『欺かざるの記』をしばしば思い出しました。きわどいところも何の力味もなしに書きとめられて、あなたと奥さんの姿や心の動きがリアルに感じとらされました。／貴方自身、御自分を「メモ魔」とおっしゃっておられますが、日記ひとつとってみても、よくこれだけの細部を毎日々々お書きになりつづけたもの、余人には出来ぬことと思います。稲垣、川副先生をはじめご友人たちとの交流には、早稲田出身ではないぼくにとっても何か懐かしい感じをもたされました。／何と言っても（改めていうまでもないことですが）、奥さんの女性像が結果的に、まことにすぐれた造形になっていて圧倒されっぱなしでした。短期間にこれだけの著書を完成なさったエネルギーの大きさには、こういう配偶者に恵まれ、奥さんへの愛情が如何に大きかったかが実感させられました。それだけに、まだお若いのに亡くなられた奥さんへの貴方の現在の喪失感の深さも察せられます。／自分勝手な読みをし、読み誤っている部分も多々あると思いますが、御海容のほどお願い申し上げます。とにかくいい御著書を読ませてもらい、本当にありがとうございました。（相馬庸夫氏）

——平岡氏も相馬氏も学会の大先輩。御懇篤な御言葉に、思わず目頭の熱くなるのを禁じえない。以下は私の昔の教え子から。やはり大学に勤めている。

○読んでいて、お二人の絆がどれだけ太いものであったか、そして先生にとって奥様の死が如何に痛恨の出来事であったか、痛いほど感じられました。これほどにお互いの存在の重さを認め合っている夫婦が世間にどれほどあるだろう。思わずわが身を振り返らずにはいられませんでした。／お二人の若かりし日々の追憶は、私にとっても懐かしい思い出でした。学生時代、何度も浜須賀のお宅にお邪魔した頃の記憶がいろいろと蘇ってきました。ご本の中にもありますが、新婚当時、毎月先生のご実家から援助をいただいていたということ、奥様から伺ったことがありました。なぜか三万円という金額まで覚えていて、懐かしさに浸りました。康成君がまだ小さく、私の中では、あの頃の奥様が一番鮮明な記憶として生きています。淳成君が二、三歳の頃、高橋達と秀水園に連れていっていただいたこともあります。随分奥様には面倒をみていただきました。改めて感謝いたします。（小仲信孝氏）

○学部時代に小仲や杉原らと先生のお宅に遊びに行きましたことを今でも鮮明に覚えています。先生とのお見合の日のことを奥様が話された中で、公園でボートに乗ろうとしたところ、先生が「今日はやめましょう」といわれたとかで、奥様によりますと、先生はボートをこいだ経験がなかったということでありました。なぜかよく覚えております。また修善寺に旅行に行ったことも印象に残っております。私の大学院入学時のことも忘れません。院試が終って不安な中にいる頃、奥様から突然電話をいただき、「神田さん、合格したそうよ、それもトップで」と聞いた時には、合格がうれしかったことは勿論なのですが、人の合格を我がことのように喜んで、そしてわざわざ電話までしてくれた奥様のことが、なんと素敵な方なんだろうと思ったものでした。どれもこれも三十年近い昔の話しなのですが、いい思い出になっています。御冥福をお祈り申し上げます。（神田龍身氏）

――二通とも本の感想に加え、昔日の妻の生き生きとした姿を偲ばせてくれて、ありがたい便りであった。

○私が大学四年の時、卒業論文の指導を仰ぐためにゼミのみんなで茅ケ崎の先生のお宅にお邪魔した際、私には卒論の指導は一切してくださらず、すぐ息子さんに野球を教えてくれとグローブとボールを出され、それから名犬「アミ」の散歩。湘南海岸の夕日が美しかったことが昨日のことのように思い出されます。そして散歩から帰ると、すぐにお酒と奥様の手料理、カラオケまで登場して大賑わい、「一体卒論はどうなるの?」という感じでした。最終電車まで騒ぎ、帰り際に奥様から「今日は本当にありがとうございました。気をつけてお帰り下さい」と挨拶され、こちらが「ありがとうございました。御馳走様でした」といわねばならないのに、先に「ありがとうございました」と言われ、奥様の優しい心遣いに感動しました。／先日おしらせいただき早速インターネットで『静子との日々』を購入し、一夜で読みきりました。書物の中の先生のご家族の写真に当時の俤が偲ばれ、胸に熱いものが込み上げてきました。内容は当初奥様を偲ぶ追悼小説ではないかと思っておりましたが、私の感想としては、奥様への「追悼」ではなく「恋愛小説」のように受け止められました。「お見合い」という日本独特の「出会い」に「縁」を感じ、その「縁」で出会った奥様と生涯をともに生きて行く決心をするまでにおいて、「恋愛感情」を越えた「宿命的」なものを感じました。しかしその「宿命」の中で、先生と奥様は一生涯を供に生きていくべき伴侶かどうか手探りで模索しながら、やがて一つの「愛」を掴み取る。そして「愛情」というものに育てていったのではないでしょうか。「生涯の伴侶」を前提としたお付き合いの中で、先生と奥様の間に「恋愛感情」が芽生えていく場面は実に感動いたしました。「好きになった」のでお付き合いするのではなく、お付き合いをして「好きになる」。もし好きならなければどうするのかと少しハラハラしましたが、先生は奥様を愛されました。八月三十日（私の誕生日になります）に初めて奥様と口付けされ、三十六年後、その奥様に最後の口付けをされる場面では涙が止まりませんでした。そして「太陽が冷え、地球が冷え、暗い宇宙に光る無数の星が消えてしまっても、それでもいい、この人とともに生命を繋げてゆこうと恵美子は思った」。そのような夫婦になりたいと思いました。（福井　聡氏）

——福井氏は四国のある甲子園常連校の野球部コーチ。部長を長く勤めている。手紙はもっともっと長く続くのだが……。次は妻の友人から。中に「私達が生き続けている間は忘れることはありません」という文面もあった。

○御本をお送り頂き有難うございました。金井に電話したところ、開けた瞬間に涙がこぼれたと言っておりました。／彼女と私達とは小、中、高と一緒でしたので、お互いに何の飾りもなく、会えば直ぐ昔に戻るのですからこんな楽しいことはありませんでした。何年か前にご自宅にお伺いした時も、紅茶がとても良い香りだったので、彼女に聞いたら、こんなことも知らないのという感じで、「アール・グレーよ」と言って、残りの紅茶をくれました。帰りにグリーン車の切符（たぶん御主人の）をくれて、これに乗って帰りなさいって——。いつも彼女に会うと、お母さんに会いに来た様な気持になり、安心するのです。御主人様もお寂しいでしょうが、彼女の分まで御健康で長生きされる

事をお祈りいたします。（奥村昭子氏）

○奥様のご命日が近づいていることを考えながら帰りましたら、ご本が届いていました。ありがとうございました。すぐに読ませていただきました。／ご悲嘆の中出版されましたこと感動いたします。奥様と時々お会いしました時、ご結婚について話されていたいくつかのお言葉を思い出しつつ読ませていただきました。／今でも透明感のあるお肌が目に、やわらかなお声が耳にあります。「五年たてば医学ももっと進歩するでしょうから、なんとか五年間は頑張ってみるの」とおっしゃっていました。／静子様からいただいた何枚もの美しい字のお葉書、大切にさせていただきます。（三須靖子氏）

——以下は、早稲田の学生、アンダーライティング学院の生徒さんの提出したレポートに添えられていたもの。これもいっぱいあるが三通のみ紹介する。

○佐々木先生の本、『静子との日々』を読みました。文学部の生協で購入して、キャンパス内のベンチで煙草を吸いながら読もうと思ったのですが、「はじめに」を読む途中で涙がこぼれ、煙草を吸うのも忘れて黙々と読みました。読みながら時に涙をこぼし、時には微笑し、時にはやきもきし、読み終えるとまた涙がこぼれました。私はただ悲しいと思いました。なぜそんなに悲しいのかよくわからないまま、どうしようもない悲しさを感じました。私は今までの二十二年間の生涯で、「この人と一生をともにしたい」と考えるほどの恋をしたことがありません。それでも、愛する人を失うことの悲しさを思うと、悲しくてどうしようもないのです。そして、愛し合うことの幸せを思うとなぜか不安を感じるのです。それは私が失うことを常に恐れている人間だからかもしれません。

いつか愛する人ができた時に、あるいは愛する人を失った時に私はこの本を開きます。その時の自分はいったい何を感じるのか。少し怖くもあります。私の本棚に、この本をずっと置いておきます。そして、先生と静子さんがいたことを、二人が過ごした日々があったことをずっと憶えていきます。（後略）（高野　真君）

○（前略）最後に、『家』とは関係なくなってしまうかもしれませんが、先生に伝えしたいので書かせて下さい。奥様の本、涙が出ました。こんなに愛された奥様はとても幸せだったと思います。写真の中の笑顔はとても美しく優しく、作品も暖かな光に包まれているように見えました。何より愛する夫が、自分の事を思いながら本を書いて、自分のカケラを残してくれるというのは、本当に幸福だと思います。本の冒頭で私の目頭は熱くなり、先に進むのは本当に難しいことでした。目の前がぼやけてしまうのです。先生が以前「この本がいずれ古本屋につまれて、誰かがまた読んで、そしてまた売るかもしれない。それがくり返されるでしょう。忘れられてゆくでしょう。それで良いんです。少しずつ記憶に残り、その中で静子は生き続けるのですから」とおっしゃていました。私はこの言葉を聞いた時、うつむいたまま顔を上げる事ができませんでした。涙が止まらなくなったのです。人を愛するというのは、こういうことなのか。そして亡くした人を愛し続けるというのは、こんなにも美しいのか、と一瞬で心を掴まれてしまいました。あの時の先生の顔も、教室も、風も、なにもかも、私の中では、永遠に忘れられない景色となりました。先生、本が人の記憶に残り、その中で奥様が生き続けるのであれば、私の中でもずっと生き続けます。そして私がこの話を伝えた相手――それは母であり、友人であり――の中でも生き続けています。／生意気な事を書いて申し訳ありません。でも本当に素晴らしい本でした。めぐり逢えて嬉しく思います。ありがとうございました。（萩原直子さん）

○アンダーライティング学院の帰り、高崎線上野駅から深谷駅までの約一時間半の間、下車駅も気づかずに読みふけっていました。ふと気がついたときには、三つ先の駅でした。田舎の駅なので、一区間が長く、二十分以上も乗り越してしまいました。／先生と静子さんがお見合いで出会い、静子さんが結婚退職される頃、実は私も安田生命本社に勤務しており、静子さんは職場の先輩であることがわかりました。三十数年前のこととはいえ、本の中の地名もデパートも何もかも懐かしく、引きこまれるように一気に読んでいました。当時、安田生命の九階の食堂では、暮になると、ダンスパーティが催されたり、スキーの集いがあったりしたことが、走馬灯のように思い出され、静子さんが身近な人に感じられ、お亡くなりになったことがとても残念です。しかし、『静子との日々』を読ませていただき、短いながら充実した幸せな日々を過ごされたことがよくわかります。ご冥福をお祈りいたします。（野田美智子氏）

――まだまだ書き写したいものがたくさんあるのですが、すでに紙数も大幅に超過し、それに編集部が意図された内容とは随分違うかも知れません。御迷惑をおかけすることになると思いますが、ただこれらは私がこれから生きてゆくための大切な「よすが」、いわば「宝物」ともいうべく、そのことに免じてお許し下さば幸いです。

以上、記述の仕方が前後と違うが、「信」掲載に準じた。なお「信」では署名をイニシャルにしたが、ここではお名前を記させていただいた。

34『静子との日々』（私信、坂上有希さん、平成19年4月19日）

初めまして。日本近代文学を履修している日文専修2年の坂上といいます。佐々木先生が先週授業で紹介された『静子との日々』早速手にとってみました。冒頭の、静子さんを失った先生の深い悲しみが言葉を通して伝わってきて、わたしも涙してしまいました。2日とかからず一気に全て読み終えたのですが、日記と手紙から溢れているお二人の愛情にとても感動したので、このような紙で失礼と存じますが、手紙（感想文？）を書かせて頂いている次第です。お見合いで知り合ってから数カ月、徐々に結ばれていく2人の様子を知っていくうち、こちらも幸せな気持ちになりました。しかし恋愛の脆さ、疑わしさとの葛藤、それでも人を、静子さんを信じようとする心、そして「人は強い」という先生の言葉――このような独白の部分もまた、私の心を打ち、考えさせられました。好きな人によって幸せを感じ、また不幸を感じ、本当にそうだなあと思います。時折の喧嘩（？）にはハラハラさせられましたが、それもお互いがお互いを愛するが故ですよね。それだけに日記と日記の間で、現在の先生が過去を振り返り、静子さんを偲ぶ文章を読むと、また涙を誘われてしまったのです。

一読者の勝手な想像でありますが、静子さんはきっと今でも幸せを感じておられると思います。

愛し合っている人と、先生と共に生きてこられたのですから。偉そうに言ってしまってすみません。私も今、好きな人がいて、その人も私の事を好きだと言ってくれて幸せを感じています。これからも大切にしていきたいです。8年間日記をつけているのですが、先生と静子さんの日記のようにもっと自分の感情を正直に綴っていこうとも感じました。

先生の本は私に多くの感動を与えて下さいました。これからも何度でも読み返そうと思います。本当にありがとうございます。拙い文章で失礼致しました。

35 「『静子との日々』を読んで」（私信、鮫島有輝子さん、平成21年6月18日）

愛する人を亡くすということ。その悲しみがこれほど生々しく伝わってきたのは初めてでした。それはただただ悲しく、圧倒的なものでした。

日記と手紙というとても日常的な記述で構成されたこの本からは、作り上げられた小説ではないからこそ、お二人の過ごされた日々がまるで今ここで起こっているかのように鮮明に感じられました。そして、お互いがお互いにとっていかのかけがえのない存在であったか。この本からはそれが痛いぐらい伝わってきます。私たちが読むことができるのは、お二人が共に過ごされてきた時間のほんの一端ですが、それだけでもその重さと濃さが感じられます。

また、人を愛することについて深く考えさせられました。先生が静子さんに初めて送られたお手紙がとても印象的です。御自身で書かれているように、静子さんと出会って、「自分が一変してしまった」ということ。静子さんのお手紙からも感じられますが、恋の喜びに溢れています。私はまだここまで一心に人を愛した経験がありませんが、恋というのはこういうものなのかと思いました。頭で考えるより先に、気付いたときには自分という人間が一変している。まるで水の流れに身を任せるように、自然な感情に従ってゆくこと。そうなれる相手と巡り会うことはこの上ない幸福なことだろうと思います。

先生が「はじめに」で書かれている、「人間の運命のなんと過酷にも果敢ないものであろうか」という言葉が重く響きました。確かに人の一生ははかないものかもしれません。どんなに懸命に生きたとしても、死というものには抗えず、いつかはだれの記憶からも消えてしまう。しかし、それでもその中で精一杯、悩み苦しみ、愛し生きる姿は美しい。この本の中で生き生きと笑って泣いて生きる静子さんを通してそう思いました。

年譜を拝見しても、絶えず何かに挑戦し、たくさんの土地を旅し、最後までその生を生き抜いた静子さんの姿が浮かんできます。また、結婚式のお写真での穏やかで幸福に満ちた表情、この本の中に確かに静子さんの生きた日々が息づいていると感じました。

静子さんへの愛情に溢れたこの本をずっと大切にしていきたいと思います。そして、いつか一生を共にしたいと思える人に出会ったとき、また新たな思いでこの本を開けるのではないかと思います。素晴らしい本をありがとうございました。

36『静子との日々』（感想、嵯峨野氏、アマゾン、読書メーター、平成24年2月1日）

退職前の恩師の著書ということで期待せずに読んだが、これはすごい。佐々木先生のメモや往復書簡をもとに、昭和中期の見合いから始まる、文学青年と聡明でコケティッシュな乙女のゆっくりとした恋愛を鮮やかに描き出している。数年後、早稲田の古本屋で埃をかぶることになっても、手にとった誰かに静子という存在を知ってほしいという思いでまとめられたという。これは本じゃない、とびきりのラブレターだ。

37『漱石の「こゝろ」を読む』（翰林書房刊、平成21年4月10日）、（私信、藤尾健剛氏、4月25日）

（前略）『こゝろ』論3編、いずれも以前に拝読したものですが、改めて通読させていただきました。先生が最も愛着をおもちとの「父親の死」は、死の背理を克服しえないという点で意識家の知識人である先生と、庶民の一人であるにすぎない父親とを、いわば一視同仁に捉えようとしたものと愚考致しますが、はなはだ独創的な解釈であることを改めて認識致しました。他の2編でも、われわれの生に固有な背理の前に佇立してなすすべを知らぬ主人公たちの姿が読み取られているものと愚考いたしました。

このたび改めて先生の論文が一筋縄ではいかぬ難解なものであることを痛感致しました。（後略）

38『漱石の「こゝろ」を読む』（書評、小平麻衣子氏、「日本近代文学」第81集、平成21年11月）

「こゝろ」に関する三部からなる論考に、パリ第七大学での講義の周辺を記した「日記より」を加えたものである。元になった論文は、昭和五十五年から平成二十年までの長きにわたって発表されたにもかかわらず、みごとに一貫した研究姿勢が保たれている。

まず「父親の死」で、人間に対する〈死〉の絶対的な超越という、本書のテーマが提示される。自殺を選んですら、人は決して〈死〉を自分のものにできない事実が、先生と父親の対比の中に浮かび上がる。

「静の心、その他」では、先生の過去をめぐり、本当のことを知ろうとしながらも、自ら回避してしまう静のあり方が見極められる。それはエゴイズムであると同時に、懸命な愛そのものとされ、先生の死後、「私」と静の関係が生じるかのような推測は、絶望の淵に追いやられた静に対して心ない、と断罪される。また「私」について、近代の夢想に酔って父と家を捨て去る、算盤高い人物であることが暴露され、静との釣り合いの悪さがさらに示唆される。一方で、「私」の行為の必然性を汲み、既に子を持つ現在の「私」からなされる回顧に、沈鬱さを見ることも忘れない。

「先生の遺書」においては、遺書が、死への到達を永遠に書き表せないことが指摘され、その前提の上に、Kを欺いた先生が、自分自身を含めた一切から切り離され、〈死にゆくこと〉=〈生きゆくこと〉の無際限な彷徨を続ける経緯が、丹念に辿られる。

本書は、すべからく対話によって成り立っている。頻繁に挿入される注は、本文と同時に読むことが期待され、補足や自問を繰り返す。いわば自分自身との対話と言えよう。自らの過去の著作や、学生の意見の引用はむろん、小森陽一氏、石原千秋氏の論考への詳細な言及も、反駁という形の対話である。
それはあたかも、相手に呼びかけに応じて自己自身と深く向き合っていく先生、あるいは「私」の行為を、なぞり返すかのようである。だから「こゝろ」の引用と溶け合うような記述のスタイルも、「日記より」が添えられることも、違和感なく行われている。なぜ「こゝろ」を読むのか、という前置きすらないが、「こゝろ」が当然読まれねばならないものだとすれば、本書も同じなのであろう。本書の呼びかけに応じるのは、誰だろうか。

39『鷗外白描』（翰林書房刊、平成22年3月）、（私信、竹盛天雄氏、平成22年4月17日）
大冊なれど瀟洒なつくりの〝鷗外白描〟の恵贈にあずかりありがとう。佐々木さんの鷗外論には、なぜか懐しい気分が感じられます。共通の師、稲垣先生のしわぶきの声が聞こえて来るような感触があります。書きおろしの各論もさることながら、抽斎私記という文章はユニークです。これほど自分の感動を基に確信的に自由に述べた抽斎論ははじめてです。読む愉しみを与えます。これから時間はたっぷりあります。どうぞ一層の貴殿の世界を展開して下さい。御礼言上まで。草々

40『鷗外白描』（私信、加藤邦彦氏、平成23年4月24日）
ご無沙汰しております。この度は御高著『鷗外白描』を御恵贈下さいましてありがとうございま

した。鷗外は門外漢ですが最近大学の授業で『舞姫』などを扱いますので大いに勉強になりました。先生の真正面からテキストに向き合う姿勢を拝見するといつも身の引き締まる思いが致しますが本書においても同様でした。「人は、自分を越えて生きえない、こうしてここに生きるしかない。おそらくそこに、人間の、もっとも根源的な孤独の姿がある」。心打たれました。これからもますますいろいろなことをお教え下さい、またお目にかかれる機会を楽しみにしております。

41 『鷗外白描』（私信、山田俊治氏、平成22年5月27日）

拝復　御著『鷗外白描』を御恵与いただきながら、大変お返事が遅くなり、失礼いたしました。大部の御著書ですが、意外にもそのボリュームを感じることなく、一通り拝読させていただきました。中でも、改めて拝読した「阿部一族」論が、御著のエッセンスを語っていることが分かりました。たとえば、歴史の自然をめぐって「〈帰納〉とか〈解釈〉とは、（略）対象とするものを明確にすること、隠されてはっきり見えないものを可視のものとすることであり、だからそのような慎ましい目的しか持っておらず、何か他のものを付加し、何か新しいものを創造するなどという不遑な意図を一切含んでいない」という言及は、対象作品の言葉をできるだけ引用しながら、作品世界を生きられた御著の方法を語っているように読めます。

また、「史料の伝える〈昔の人間〉たちとの心情的一体感を生きる立場」という言葉も、作中人物や著者鷗外の実存を生きようとされている方法的言及のようでした。

御著を一貫させているテーマは、「人生の〈意味〉を求めながら、しかしつねに空しく〈無意味〉へと反復回帰しなければならぬ人々の嘆き、だがにもかかわらず、あるいはだからこそ、人々のまさに永劫回帰するその嘆きの中にだけ、他ならぬ〈歴史〉の姿、人間存在の永遠にして絶対の相がある」という側面を可視化されたのではないでしょうか。まさに「〈解釈〉の連鎖」の持続として、御自身の実存を賭けられているように思いました。

また「縦に貫く家＝一族の長い歴史の流れに直参すること（略）によって、己の存在の証を立てること」という言葉も、もう一つのテーマを示唆しているようでした。「抽斎私記」に書き込まれた御先祖の事跡を含めて、鷗外史伝を貫き、私たちにも通じる縦の時間の意味が明確にされたようで、興味深かったです。なお、「抽斎私記」からは、「渋江抽斎」本文にありながら読み過してきた加治義方（花笠文京）の出身校が判明しました。経歴に不明な点の多い文豪ですが、意外なつながりを発見したようです。最近は、江戸時代を考えることが多く、さらなる発見を求めて、鷗外の史伝を改めて読み直してみようという思いを強く抱きました。ありがとうございました。

今後とも、どうぞお体大切に、さらなる御成果で後進を導かれますよう、祈念申し上げます。まずは、とり急ぎ御礼のみで失礼します。草々

42 『鷗外白描』（私信、宗像和重氏、平成22年6月29日）

拝啓　梅雨の不順な天候が続いておりますが、先生にはご清祥のことと存じ上げます。

先日はご高著『鷗外白描』をお恵みいただき、誠にありがとうございました。ご配慮いただき、申し訳ございません。また、私自身が勉強している鷗外論でもあり、ぜひ詳しく拝読してからお礼を申し上げたいと思っておりますうちに、たいへん遅くなってしまいました失礼を、深くお詫び申し上げます。

まず最初に先生が早稲田の鷗外研究者の一人として、私の名前を揚げていただいたご厚意に、御礼申し上げます。実際には、初期の投稿と「舞姫」程度しか論じておらず、とても鷗外研究者などと名乗る資格のない私には、望外のことでございました。「灰燼」論、「阿部一族」論をはじめとする先生の御仕事を仰ぎながら、鷗外を勉強する気持ちだけは持ち続けているというのが、私には偽りのないところです。

このたびの文字通りの大著を拝読して、私には「歴史其儘と歴史離れ」という、先生もこのご著書で論じておられる言葉を思い起こしました。それは鷗外における「歴史其儘と歴史離れ」というより、先生の鷗外研究における「歴史其儘と歴史離れ」ということで、「阿部一族」論における補助線や資料を縦横に援用した実証主義のお手本のようなご論文から、最近の「舞姫」論のように、そうしたものから離れて小説の本文に能うかぎり寄り添いながら、読み解いてゆく、そのような方法の卓越した独自性に、強い印象を受けました。そこに浮かび上がってくるのは、言葉は無力であり、人生は無意味であるという鷗外の諦念で、先生もこれを肯定しておられますが、その諦念を諦念として語る言葉が慈愛に満ちて（論文を評するに「慈愛」などというのは場違いのようですが）、読者を感動させます。その意味で、今回、私が最も感銘を受けたのは「抽斎私記」で、小説「渋江抽斎」を追体験するというより、渋江抽斎の人生そのものを追体験する、——あるいは渋江抽斎という固有名詞さえ消えてしまって、人の生涯というものを読者が共に歩み始めるような、不思議な、圧倒的な読書体験でした。今度初めて、「白描」というのが毛筆による墨の線だけで描いた絵を指すことを知りましたが、それはおそらく、彩色画の下絵どころか、あらゆる画家の究極の理想なのだろうと思いました。またあらためてお話をうかがえる機会に恵まれ、今後ともご指導を賜りましたら幸甚に存じます。（後略）

43　『鷗外白描』（書評、井上優氏、「国文学研究」第167集、平成24年6月）

本書は佐々木雅發氏が書き継いできた森鷗外の文学に関する論考が収められた大著である。大きく三部で構成されており、まずⅠは、「『舞姫』論―うたかたの賦―」、「『文づかひ』論―イイダの意地―」、「『灰燼』論―挫折の構造―」、「『阿部一族』論―剽窃の系譜―」、「『大塩平八郎』―枯寂の空―」、「『安井夫人』論―稲垣論文に拠りつつ―」と、小説についての論文が六編である。Ⅱは鷗外に関する短い文章、およびⅠにある論文に着想や方法面での言及を含んでいたり、考察上関連性が認められる文章が並べられており、「鷗外記念館を訪ねて」、「『うたかたの記』」、「『灰燼』について考えていること」、「『大塩平八郎』」、「鷗外二題　一『余興』その他　二『津下四郎左衛門』」、「『歴史其儘と歴史離れ』」の六編による。Ⅲは「抽斎私記」であり、巻末に鷗外の「年譜、著作目録（抄）」を付す。『大塩平八郎』論と『安井夫人』論、そして「抽斎私記」は未発表のものであり、『灰燼』論と『阿部一族』論は『鷗外と漱石―終りない言葉―』（三弥井書店　一九八六・三）に所収されたものの再録である。この書評では主にⅠとⅢを取り上げたい。

まず、「『舞姫』論―うたかたの賦―」では、過去多くの論者たちが豊太郎のいわゆる「主体的意志、主体的判断の欠如を責め」てきたが、豊太郎にはもとも「〈近代的自我〉、〈近代的主体〉などはなく、「一瞬たりとも〈機械的人物〉でなかったためしはない」とし、「〈彼自身にも制御できぬ瞬時の衝動〉によって、もう〈選択〉してしまったのではないか」とする。そして、「人は〈まずやってしまう〉のであり、ただ後からそれを理窟づけるしかない」と指摘する。この指摘は、まず明確な自由意志を持ち、それによって理性的、合理的な意思決定と選択ができ、その後の行動の結果としての責任をとり得る自律的存在を、あるべき正常な人間の基準として解読の際に疑念なく持ち込んできたことへの大きな批判であり、基準そのものを根底から問い直す試みだ。そうしたことを踏まえると、憲法の制定やその他法律の整備へ向けた動きが時代背景にある中で、豊太郎がドイツに法律制度の取り調べを留学目的に派遣されているという設定になっていることとの間に、近代の法システムはいかなる人間を前提にしているのかをめぐってなど、あるいは更に興味深い問題を提起することが可能になるかもしれない。

「『文づかひ』論―イイダの意地―」では、親によってとり決められた自らの意に染まぬ結婚を回避するために、その脱出の場所が更なる因習の場所である宮中であらざるを得なかったイイダの矛盾について、「この地上に生きること一切を放棄し、もっぱら天上への道を歩まんとした」のではなく、「ただひたすらに自己（我）を守ることであり己（我）を貫くことではなかったか」とし、イイダに「専横的な一面」や「〈貴族の子〉への深いこだわり」を見て、このテクストに「〈ロマンティックな興趣〉」を読み込もうとしてきた従来の解釈に距離を置く。ただ、たしかにイイダと牧童との間に愛の可能性をみるのはいかがなものかとしても、牧童へのイイダの態度は「露骨な差別意識」としてのみ斥けうるかには、羈絆の問題に関わってなどさらなる解釈が重ねられてよいのかもしれない。小林との別れの場面での、牧童に関するイイダの言葉は唐突に出てくる印象があり、逆にその唐突さゆえに、「ただ逆さすがに後ろめたく、それゆえに心痛んだということか」とまとめてしまいきれない部分が残るようにも思われる。

『灰燼』論―挫折の構造―」では、まず鷗外は「節蔵が、〈覚者〉の境涯に真に到達してあることを証」し、「しかもそのことによって、自らもまた〈覚者〉たることを証すこと」を目的としていたとする。しかし「人は、〈虚構〉において、つまり〈私は〉から〈彼は〉に移行すること」によって「ありうべき自己への到達を〈可能〉とするが、鷗外は「絶対の〈覚者〉山口節蔵から永劫に隔絶されている以上、鷗外には節蔵の、その絶対の〈覚者〉への〈跳躍〉を辿ることは、これまた永劫に不可能」で、そうした矛盾に『灰燼』中絶の原因があったと見る。こうした書くことに構造的に伴う二律背反の指摘の鋭さもさることながら、節蔵が「〈覚者〉」に到る過程を丹念に追うことで、過去のある時点としてそこに描かれた、「超脱」を試みつつも「〈肉体〉＝〈生理〉」、すなわち「〈身体〉としての自らの存在のあり様に繋留されている」さまが、「鷗外の見た、地上に生きる人間のもっとも執拗で根源的な存在の姿」として切り出されてもいる。

　こうして佐々木氏は、鷗外の当時の現代小説において、自ら制御のできない衝動や、己への執着に駆られる人間の姿が描かれていることを読み解いて見せるが、それは自由意志なるものの不確かさ、脆弱さ、意志決定と情動との強い結びつきが露呈する、不合理な存在としての人間の姿の表現でもあることを明るみに出している。

　続いて、歴史小説の考察が置かれる。「『阿部一族』論―剽窃の系譜―」は、鷗外が執筆で依拠した史料『阿部茶事談』の剽窃かとも思われるほどにほとんどそのままに『阿部一族』が書かれていることをめぐって、『阿部茶事談』の増補の過程を検討することを通し、『阿部一族』執筆において鷗外がいかなる「史料の自然」を見出したかが探られる。すなわち、「秩序と価値に生きるか、自己内面の激情に死ぬか、この根源的な二律背反の中で、結局曖昧なまま、だから〈無意味〉に生死を閲するしかない武士＝人間でありつつ、「家＝一族全体の悠久なる共生のイメージを媒介に、現に〈意味〉へと止揚」されるさまを増補者たちは読みとって「家譜、家録」を補塡していったのであり、そして鷗外はそうして重ねられてきた増補の形を「意識的に引き継いだ」と論じられる。

　次の「『大塩平八郎』論―枯寂の空―」では、「己が陰謀を推して進めたのではなくて、陰謀が己を拉して走つた」とする蜂起にあたっての平八郎自身の空虚感について、人が自分を振り返るときには、つねに「〈……した〉〈だった〉」という「〈過去の想起〉、〈過去の言語経験〉」の中に生きなければならないことによる、「エアポケット」に陥った状態と指摘する。「〈過去の想起〉」については大森荘蔵がその論文「過去の制作」(『時間と自我』青土社　一九九二・三)で示した概念であり、ここに限らず著者が考察においてたびたび言及、依拠するものである。また鷗外が暴動を起こす側鎮圧する側双方の前後脈絡を失ったその顚末をひたすら時刻を追うように記録することの意味について、「事実の意味や必然」を全く欠いた「〈暴動〉」を「それとして書き留めていたのではないか」と意味づける。

「『安井夫人』論—稲垣論文に拠りつつ—」では、仲平の嫁となることを申し出た際の佐代の根拠について、『森鷗外の歴史小説』(岩波書店、一九八九・四)所収の稲垣達郎論文において、「知の鋭さと知の美」とする見解に対し、「突嗟の判断、いわば夢中同然の決定と考えるべきではないか」と異論を呈する。また鷗外が仲平の「公職の移動や住居の移転」をひとまとめにして描く一方で、幕末の天下の多事の中での態度などには深く踏み込んでいないことを稲垣論文では惜しんでいることに対しても、「公職の異動や住居の移転」といったものこそ、「妻を守り子を守り、そしてそのために自らの身を堅く守って生きた仲平の、長年培われた生の形を、もっともよく語っているもの」とする読みを提示して見せる。本書Ⅱに収められている「『大塩平八郎』」の短い文章の中でも、佐々木氏はこれを鷗外の筆が「極限に生きるもののもとを去り、ひたすら日常に生きるもののもとに移った」ゆえと捉える、さらに、このテクストに『渋江抽斎』以降の史伝における「〈伝記の体例〉」の萌芽を認めつつも、稲垣論文がそれを「『一人』の人物にたいする親愛以外の何ものでもない」とするのに対し、一人の人間を挟みつつ、「生まれ、子をなし、死ぬという永遠の循環に連なる人のすべて、そしてその命のすべてへの、鷗外の、鎮魂の思い」として掬い上げる。

佐々木氏は、歴史小説三篇をこのように論じることで、『阿部一族』における武士たちも、大塩も、また結婚後の生活において「その望の対象をば、或は何者ともしかと弁識してゐなかつた」と語られる佐代も、自ずからの明晰な意志の発動による決定とは異質の何かによって、行動を駆動される人間の表象として明るみに出す。こうした点は鷗外の現代小説に明らかにされたものとつながるところである。そしてこれはⅡの「『歴史其儘と歴史離れ』」で佐々木氏が、鷗外は歴史小説において「〈過去〉を、いわば焦点の瞬間を、〈……した〉〈だった〉と茫々と振り返るしかない人間の姿を描き続けている」と指摘する、まさにそこに連なるものであるといえるが、しかしそのままならない人間のさまが描かれた鷗外テクストに関して、『安井夫人』論で稲垣論文に対峙して披瀝して見せた、鷗外の筆の変化を掬い上げる佐々木氏のまなざしは、ことに慈愛に満ちて温かい。

そしてこの温かなまなざしは、Ⅲの「抽斎私記」でも多く注がれる。佐々木氏の高祖父蘭斎佐々木信濃守顕發および曾祖父支陰佐々木循輔は、『渋江抽斎』『伊澤蘭軒』に描かれる時代とその登場人物たちの周囲に生活していた。著者は、鷗外による理想化を排して抽斎を空気が読めない「〈つまらん坊〉」としたり、五百についても「理に勝ちすぎて小賢しい」とやはり美化、理想化を否定する一方で、抽斎の次男優善が放蕩無頼者として渋江家において扱われ、鷗外もまた非難して扱うことに、〈父からも新しい母からも愛を集めることのなかったその孤独を思いやる。人が生まれ、子をなし、死ぬことの繰り返しと、そこにある喜怒哀楽が奔流となって描かれていることが、このテクストの「感銘の根源」とする著者は、しかし抽斎没後のくだりに到って、鷗外は抽斎一個や五百への敬慕をこえ、周囲の誰彼をこえて、「生きるものすべてへの挽歌」を紡ぎはじめていると指摘する。そしてそうした中であの優善の扱いかたについても、鷗外は諒として「一視同仁する高みへと近づいた」と、執筆の進展に伴う鷗外の視野の広がりと変化を跡付ける。

歴史小説の段階において、命の連綿たるつながりのモチーフが鷗外にあることを、佐々木氏は繰り返し指摘している。大塚美保氏は、本書の書評で既に、「過去の想起」のことも含め、そうした論じ方が「いずれの作品もが同じような切り口による同じような断面を見せることにつながらないか」と危惧を述べている（「日本近代文学」二〇一一・五）。しかし反復的に同じ切り口でテクストが解読されてしまっているわけでは決してないことは、抽斎没後の人々をめぐる鷗外の態度の変容を追うところにも明らかだ。むしろ普遍性を見出しながら、その上で鷗外の書くことにおけるその進化・深化による差異が浮き彫りにされているのだ。

先にあげたⅡの『歴史其儘と歴史離れ』においても、佐々木氏は大森の「想起過去説」をうけて、「過去」とは「想起」によって初めて経験されるがゆえに、カントが「物自体」について指摘したように、「想起」以前に「過去自体」もまたないことを強調する。ところで、野矢茂樹氏は、大森のこうした説に対し、自分が過去について語るということも「過去の出来事に引き起こされた因果的反応にほかならない」として、あえて「語られる過去」ではなく「語らせる過去」を視野に入れることを提案し、「過去」の能動性に注意を向けている（『大森荘蔵―哲学の見本』講談社、二〇〇七・一〇）。

佐々木氏が、鷗外の歴史小説に共有されているものとして、「生まれ、子をなし、死ぬ」という命の連綿たるつながりの動かし難い真実を見るのも、また『渋江抽斎』において優善の境遇に深い同情を寄せるのも、そしてその扱いが、生けるもののすべてへの配慮が鷗外に広がりとして生じてくることにつれて変化してくることを見極めるのも、そこにある温かい読みのまなざしには、それを支える研究者としての鍛え抜かれた眼はいうまでもなく、子として、夫として、そして父としてのこれまでの生が、「語らせる過去」となって「触発」しているのであろう。この「抽斎私記」は研究論文のスタイルとは異なって、著者の子供時代の記憶も挿入されるなど、著者の過去とテクストとの往還がなされてもいる。「想起された過去」としてのテクストとの対話を「触発」させる、「想起させる過去」との絡みあいが存在するのであろう。生と死の織り物としての鷗外テクストと、自らに連なる多くの命の織り物として存在する読者との出会い、絡み合い、読むということのうちに、それらは更なる一つの織り物《テクスト》として織り合わされる。本書の中でも大部を占めるⅢにおいてわたしたちが感じ取るのは、著者によるそうした手織りの柔らかな肌ざわりだ。

あらためて佐々木氏の鷗外論を読み直してみて、著者の鷗外論の中での白眉は、やはり一連の『阿部一族』論だとわたくしには思われる。著者が繰り返し強調する「過去の想起」にも関わって、ここに収められた鷗外の現代小説についての論考と歴史小説の論考との間に『かのやうに』がもし置かれるとしたら、著者はどのように論じられるかぜひ読んでみたい気がしている。

44『東京下町噺―亀井堂ものがたり―』（審美社刊、平成23年9月）、（私信、東郷克美氏、平成23年9月）

拝復　ようやく落着いた季節になりました。ごぶさたしております。さてこのたびはご高著『東京下町噺』ご恵投下さりまことにありがとうございました。亀井堂のことは仄聞しておりましたが、貴重な聞書きや資料によるご文、単なる思い出でも家の歴史などでもなく幕末以来の江戸東京史の一環を描いたものとして感銘深く読みました。ご尊父様への何よりの供養をなさいましたね。（後略）

45『東京下町噺』（紹介、東京新聞、平成23年10月22日）

数え10才で小僧奉公に出た孤児・顕發の奇骨一代の実話。明治・大正・昭和の東京下町、浅草、本郷、上野、日本橋で関東大震災、東京大空襲を生き抜いた侠像。

46『東京下町噺』（紹介、中日新聞、平成23年10月22日）

みなしご痛快一代。物心つかないうちに相次いで両親を失い、十歳で質屋の大和屋へ小僧奉公。その後、文房具屋兼煙草屋の太田屋、そして瓦煎餅屋の亀井堂へ。明治、大正、昭和の東京下町（浅草、本郷、上野、日本橋）を、関東大震災、東京大空襲にもめげず生きた、みなしごの数奇な生涯を描いている。

47 『東京下町噺』（感想、pen氏、アマゾン、カスタマーレビュー、平成23年11月）

主人公の数奇な人生そのものにも引き込まれるが、一方で資料としての価値も高い。明治大正期の東京の下町のイメージが大変掴みやすく感じる。この時代を実際に生きた語り手の半生は、当時の東京を生き生きと捉えている。

この時代の資料は手に入りやすいものが思いの他少なく、直接この時期の文豪の作品を読むか国立国会図書館の『写真の中の明治・大正』や、近代デジタルライブラリーを参考にする程度であった。しかし、それらでも実際に子供時代を生きた人間の生の声はなかなか見えてこない。一部脚色もあるようだが、貴重な証言が多く収録されている。この時代に興味ある方なら一読の価値はあろう。

48 『東京下町噺』（紹介、「出版ニュース」、平成23年11月）

〈もとより父は一介の煎餅屋。しかし孤児から身を立て、多くの苦難にもめげず強く、そして明るく生き抜いた。のみならずその間、妻を娶り子をなし、それを立派に守ってまさに「無常は無常、生命は生命」、今日に命を繋いだことを思えば、いささか短命とはいえ、「もって瞑すべし」ではないか〉。瓦煎餅でおなじみの「亀井堂」で戦前・戦後煎餅を焼き続けた親父さんの物語。明治36年生まれの父は昭和35年、56歳の若さでなくなるが、その前年、心臓弁膜症で療養中、大学に入学したばかりの著者に自らの半生を語り記述させた。本書は、口述筆記から52年を経ての単行本化である。大正時代、下積み奉公時代のさまざまな思い出、エピソードの語りから時代相・風俗が鮮やかに甦る。関東大震災の体験で聞き書きは終わるが、その後の足跡を補い、明治から昭和の戦後へと一人の煎餅職人が辿った波乱の人生は味わい深い東京下町噺に。

49　『東京下町噺』（私信、宗像和重氏、平成23年12月16日）

（前略）先日は、ご高著『東京下町噺』をお恵みいただき、誠にありがとうございました。また、内容に惹きこまれて楽しみながら拝読しておりますうちに、お礼を申し上げるのがすっかり遅くなってしまいました失礼を、深くお詫び申し上げます。

「楽しみながら」とは申しましたが、しかし実際には、漱石の「坊っちゃん」がそうであるように、一人の少年が親しい人達との生別や死別を繰り返しながら成長してゆく物語として、失われた人やものに対する鎮魂と愛惜の念にあふれ、どこか深い「恐れ」をいだきながらも健気に生きていく少年の姿を通して、明治末から昭和にいたる東京下町の土地柄と時代の変遷が鮮やかに浮かびあがってくることに感銘を受けました。先生のご尊父の口述を筆記されたとのことでございますが、「夜も更け、さすがに師走の寒さが身に染みて、顕發は大きなくしゃみをした。この時もみんなから笑われたが、それを汐に、一同家路についた。人ざわめきの中、ひときわ高く響いてくる下駄や雪駄の音を後に聞きながら――。」といった一節は、なんでもない生活の一齣でありながら、師走の冷たい空気感や人の温もりなどが、視覚や聴覚や触覚の生々しさとともに強く印象に残り、顕發少年へのいとおしさにあふれた筆致とあいまって、読者も晴朗で快活な気分に包まれるような、幸福な読書体験をさせていただきました（もし私がＮＨＫのディレクターなら、朝の連続ドラマで、時代を懸命に生きた少年の一代記として、恰好のテーマだと思うのですが）。関東大震災以降は「あとがき」としてまとめておられますが、ぜひ先生の熟知されている日本橋界隈の歴史と風土と人情の機微を続編として読ませていただけますことを願っております。（後略）

50 『東京下町噺』（私信、山田俊治氏、平成24年1月9日）

拝復　御著『東京下町噺』を御恵送にあずかりながら、大変御礼が遅くなってしまい、失礼いたしました。

年初の余暇を利用して拝読する機会を得て、一気呵成に読み終えてしまいました。それは、まるで小説を読むような感覚で、明治、大正の東京での生活を追体験したようでした。その書き方は、個人史の叙述としてもユニークで、興味深く拝読できました。

それにしても、御尊父の記憶力のよさには感じ入りましたが、それを凌駕する、時代を生きる個人の生の感覚を再現された文体の力には感じ入りました。そのためでしょうか、関東大震災後の叙述にもそれほど違和感はなく、語り手が顕在化した語りに魅了されたようでした。特に、死に彩られたような物語の最後に記された御尊父の死が語られたとき、思わず落涙を禁じ得ませんでした。それは、昨年父を亡くしたからかもしれません。父の生涯については、ほとんど聞けず仕舞いでしたが、いつか過去帳に記された人々のことだけでも調べてみようと思わせるほど、御著は刺激的でした。あたかも読書の醍醐味を年初から頂いたように思います。心より御礼申し上げます。どうぞこれからも、優れた文章で、後進の者を導かれますよう、心より祈念致します。それでは、とり急ぎ御礼のみで失礼します。末筆ながら、寒さに向かい、どうぞ御自愛御活躍下さいますよう、祈念申し上げます。草々

51 『東京下町噺』（私信、樋口和久氏、平成24年9月10日）

（前略）過日は御著書『東京下町噺』をご恵送いただき、誠に有難うございました。（略）『鷗外白描』のあと、先生がお父上からの聞き書きをもとにこのようなご本を出されていたことを不明にも存じ上げませんでした。ものごころもつかぬうちに相次いで両親を亡くされたお父上が小僧奉公の苦労を重ねながら、やがて認められて亀井堂の暖簾分けをうけ、店を構えるに至る。そして、よき伴侶を得て二人で寄り添いながら家族をなし、四人の子供にめぐまれる。明治・大正・昭和の東京下町を舞台に、当時の人々の生活ぶりも巧みに盛り込みながら語られるお父上の生涯を辿りながら、あれを思い、これを思い、としておりました。（略）

拝読しながら、先生の「坑夫」論の結論が想起されたことも書き添えておきます。（略）

親しい人びととの悲しい別れも多く描かれており、印象に残ります。特に、当時流行したスペイン風邪で次々と周囲の親しい人を喪う出来事は悲痛であります。この時の経験があったからでし

ょうか、父上が子供のうち一人でも欠けるものがいたら、俺はもう働かないと言われ、母上がその言葉に怯えて（！）万全の注意をもって育てられたとは。このような環境の中で先生がご両親やご兄弟から溺愛されて成長されたのは、誠にうらやましい限りです。若き日に先生の論文を読んだ折、その末尾に急逝された兄上の霊にささげるとの一節を目にした時の驚きを、なぜか、私は今に忘れることができません。改めてその論文にあたると、「『破戒』試稿—自立への道—」（「日本近代文学」第14集、昭和46・5）で、「この小論を三月三日に急逝した長兄顕一の霊に捧げたい。（三月五日記）」とあります。このたびのご本のあとがきによれば、この兄上の急逝を「いまもなお十分受けとめ切れずにいる」とあり、胸を衝かれる思いがします。（後略）

52 『東京下町噺』（私信、折原利夫氏、平成25年1月14日）

（前略）『東京下町噺—亀井堂ものがたり』いただきながら、感想が遅くなりまして申し訳ありませんでした。江戸っ子で、親分肌の「快男児」の父君の生きざまが、江戸下町を舞台にしてリアルに蘇ってきました。様々な困難な時代の状況や出来事のなか、まわりの人々の善意に助けられながら、生まれや育ちなどというものでなく、おのれの力と誠実さと努力で見事な生を全うした姿が清々しく小気味よく、元気と勇気を与えられました。

あの時代、親族や身近な人々が、インフルエンザや肺炎などで、次々に若くして亡くなっていったのには驚かされました。生き抜くこと自体が大変だったのですね。私たちも、生きていること自

体に感謝しながら、心豊かな生を全うしたいものです。（後略）

53『南欧再訪』（翠流社刊、平成27年6月）、（私信、尾形明子氏、平成19年12月）

静かで柔らかな晩秋、（といっても今日から十二月！）お送りいただいた「奥文」の「嫩芽」を拝読していたら、パリに行きたくてたまらなくなりました。私、ユーゴー広場の噴水と教会と、毎日見ていました。すぐ近くに住んで、五十二番のバスで。全部の場所が浮かび、もうたまらなくなって、お正月、チケットを購入しました。パリは冬だけ知らないのです。きっと、パリを歩きながら、「嫩芽」を思うことでしょう。よいお年を！

――「嫩芽」は初め、「奥文」なる雑誌に掲載、次いで『南欧再訪』に収録した。

54『南欧再訪』（私信、神野藤昭夫氏、平成27年7月7日）

いつもながら、メールにて申し訳ありません。

昨日、『南欧再訪』頂戴いたしました。これまで読むことを得なかった小説群がならんでいて、大いに心躍りました。読んだことのあるのは、「嫩芽」のみ。夜、仕事の予定を変更して、まず「南欧再訪」を拝読。『モンテ・クリスト伯』『旅愁』『白痴』『ダンテ新曲物語』『クォ・ヴァディス』『ヴェニスに死す』など、身体の一部と化した記憶が、この紀行体裁ふうの小説に奥行きをを与えて、魅力的と思いました。

でも、一番の魅力は、深々とした人生の時間と哀感でしょうか。この小説は「南欧再訪」とあり、今は亡き志津子の面影を胸に一人旅に出るという設定。トレヴィの泉でも、「佐伯はいま、ここを淋しく一人旅――」とあります。しかし、読み終わってみると、語り手はほんとうに再訪の旅に出たのだろうかと思う。再訪の旅を再現すること、それが再訪たるゆえんなのではないか。

しかし、この細部の詳しさはどうだ。このディテールと蘇る感懐のためにじっさいに再訪したのかもしれない。いやいや、それにしても、再訪の旅そのものの感懐記述や、過去の旅と再訪の旅との往還が少なすぎる。やっぱり南欧再訪は、過去に旅して、人生のあらたな謎に深みを与える設定なのではあるまいか。

繰り返し出てくる葉子の幻影の浮上は、志津子との旅の記憶を抱きしめる主題にはとどまらないものがある。闇の中から浮かび上がり、じゅうぶんなる意味を与えられないままに語られている謎。「嫩芽」の和貴が登場している、と思いました。とすると、この『南欧再訪』は、たんなる短編小説の集積ではない。長い時間をかけて、人生というレールのうえに、互いに相呼応し、緩やかに連鎖、共鳴するようにたくまれた小説群なのではあるまいか。

もういちど最初から読むようにしよう。そう思って、昨夜は寝床で本を閉じたしだいです。

しかし、これはミスなのでしょうが、「佐伯にも、そして静子にも」（126頁）と出てきたのには、ビックリしました。深い私小説にほかならないようでありながら、それだけにとどまらない人生の時間とか不可思議な暗合とか連鎖とかへ、読者だけではなく、作者自身をも連れだしてゆく作品が、その傷口のような跡をみせているように思えたからです。
別便にて、昨年書きました通信に、最近書いた通信を加えて、プリントアウトしたものを明日にもお送り申します。今日は、これから外出しますので。なお、通信に連動します画像をこれまた明日にでもお送りしてみます。先生のように、絵を描く力と習慣のない小生は、文章力の及ばざるところ、写真に頼っているというふうですが。
ミラノ・ニースなどには、行っておりませんが、出かけた地もあり、夏の地中海で飲むプロセッコの味の記憶なども味わわせていただきました。(ただし、小生、アルコールはほんの少量のみでじゅうぶんな口ですが)
ありがとうございました。

55 『南欧再訪』(私信、東郷克美氏、平成27年7月24日)

ごぶさたしております。このたびは創作集「南欧再訪」をご恵投下さりまことにありがとうございました。カバー造本ともども自装とのことで一驚しました。四十年にわたる連作集とのことですが、小生には内容文体ともひとつの長編のようにも読めました。東京下町もパリも鹿児島の山村生まれの小生にはまさに別世界で、主人公に著者を重ねながら一気に読了しました。奥様のことはもとより時に別の女人の影も変奏されていて作品集に深みと彩りを与えています。老耄の日々に大いなる刺激を与えて下さり御礼申します。

56 『南欧再訪』（私信、南明日香氏、平成27年7月31日）

暑中お見舞い申し上げます。先日は『南欧再訪』を賜り有難うございました。第三の新人を想起させる静かな文体と切ない内容の物語とでしばし「文学的」な一時を持ちました。ご退職なさってからもご執筆で出版を重ねられ、感服いたしております。大変な暑さが続きますが、どうぞ、御自愛と一層の御健筆をお念じ申し上げます。

57 『南欧再訪』（私信、関口安義氏、平成27年8月4日）

この度は小説八篇を収めた『南欧再訪』をご恵与下さり、ありがとうございました。「南欧再訪」は、最近頂いた竹盛天雄先生の感想、「故夫人のための鎮魂の力作、独居清流というべき境涯を忖度し感銘いたしました」の通り、人の心を打つものがあり、巻を閉じても、なお忘れられない一編です。「嫩芽」も印象に残る作だと思いました。暑さを忘れ読了しました。一筆御礼まで。

58 『南欧再訪』（私信、岡田袈裟男氏、平成27年8月15日）

残暑お見舞いを申し上げます。『南欧再訪』ありがとう存じます。小説を読むのがおそくなりました。はじめ「異土」を読み何ともいえぬある懐かしい気分、漱石や藤村が浮かび、また典型的な近代の作品に思いました。まだ全てを読み切っていませんが、「嫩芽」は読みすゝめながら涙が

とまらず、良い短編だと思っています。読み終わるまで、この夏休みを使うことになると思います。また書きます。不尽

59　『南欧再訪』（私信、藤尾健剛氏、平成27年9月14日）

前略　このたびは『南欧再訪』を御恵贈に与りましてありがとうございました。先生の小説が玄人はだしなのを知って喫驚いたしました。「異土」、若者特有の不安な心理が的確に描かれ、信子との関係が象徴の域に達している点、凡手でないと感じました。「一冬」、下町的な人情劇の圏外に立つ結末が余韻を引く佳作。「雨月」も「異土」と同趣向で、やはり薫の造形が効果的。「南欧再訪」など、信子やら葉子やら、先生の密かな艶福ぶりを羨ましく存じました。とはいえ、奥様を亡くされたことは痛恨の極みと推察申し上げます。奥様とは電話でお話したことがあるくらいでしたが、お優しい方という印象が残っております。謹んでご冥福をお祈り申し上げます。

60　『南欧再訪』（私信、樋口和久氏、平成27年9月26日）

拝啓　御無沙汰しておりますが、先生はお元気でお過ごしでしょうか。過日は私家版として上梓された小説集『南欧再訪』をご恵贈賜り、誠に有難うございました。（中略）

八月のはじめ、京橋のフィルムセンターを訪ねた折、今も残る京橋の親柱を確認してきました。高速道路の真下に位置するその場所をこれまで何度か行き来したことはありますが、親柱の存在

には全く気付かずにきておりました。それを今回初めて訪ねたのは、たしかに、このたびの小説集に収録の一篇「碑文」を拝読した結果であるのに相違ありません。――「佐々木さん」と呼ばれる語り手の「私」は、五十五歳の節目の検診に妻とともに日比谷のクリニックに出かけます。一日目の検診を終えて夕食をとりに銀座に出た二人は、その帰りに京橋まで足をのばします。昔の京橋の橋詰だったあたりには、歩道橋の植え込みにひっそりと石柱と石碑が建っています。「その石柱には私の曾祖父の書いた『京橋』という字が彫られていて、石碑にはその由来が記されて」います。「私」は街明かりを頼りにその碑文を妻に読み上げると、「妻は感激の面持ちで、顔を上気させながら、ぱちぱちと拍手し」ます。「素晴らしいわ！」

何故と聞く夫に向かって妻は言います。「だって貴方の曾祖父《ひいおじい》さんのことでしょう。曾祖父さんのことがこんな風に判るなんて滅多にないことよ。生命《いのち》がしっかり繋がって来たということよ！」

「生命を繋ぐ」――他の作品を読み進むうちに、同様な表現が繰り返し使われており、印象に残りました。例えば、この作品のみ女性の主人公（恵美子）の視点で語られる「家路」において、こうあります。「その頃、恵美子はある本を読んで、『無常は無常、生命《いのち》は生命』という言葉を知った。人の生命は苛酷で果敢無《はかな》いが、しかしそれをこえて人は生きてきたし生きてゆかなければならない。いままで多くの人がそうして生きて、生命を生み、生命を育み、生命を繋げて来たのだ。強く生きなければならないと恵美子は思った。」

「嫩芽」では、妻との間に子を設けることのできなかった主人公の加瀬は、以前不倫関係にあった女性とパリで再会し、彼女の連れている小さな女の子が実は自分の子供であるらしいと理解します。そして公園にあるマロニエの枯れ枝のところどころにすでに来春の嫩芽が膨らみかけていることに気付くと、思わず「嘆声」をあげます。「すべてが枯れ尽き、すべてが死に絶えていると思われるこの冬の只中で、人知れず新しい生命《いのち》が芽生え、生き生きと育まれている。すべては再びの春を待ち、生きようとし、そして生命を明日に繋げようとしている！」と。

そういえば「無常は無常、生命《いのち》は生命」という言葉をよく口にされていたのは、『東京下町噺——亀井堂ものがたり——』で紹介される先生の伯父上（顕氏）も同様でありました。同書で語られる「何代もの間、子が生まれ、人となり、子を生み、老いて死ぬ。しかもその子がまた人となり、子を生み、老いて死ぬ、その象《かたち》をなしては亡び、亡《ほろ》びては象を結んで今日に至るまで、絶えることなく生命《いのち》の続いて来たこと」への感謝・畏敬の念は、今回の作品集の世界にも受け継がれているようです。幕閣にも名を連ねた武士である蘭斎佐々木信濃守顯發、京橋の書を揮毫した明治の詩人・漢学者　支陰　佐々木循輔、以下顯文、顯發、顯一、循一、と続く佐々木家は、まことに、これまで永く生命を繋いでこられました。

『——亀井堂ものがたり——』の中では先生のお父上（顯發氏）が父や母や姉、友など数多くの親しい人びとと別れる場面が描かれていました。その時はまさか永の別れになるとはつゆ知らず、普段と同じように別れたものの、それがその人の姿を見た最後であった、という描かれかたでありました。小説に登場する主人公たちは生命を繋ぐことを願いながらも、周囲に偏在する恐怖を強く意識し、脅えているように見えます。「家路」の恵美子は夫の子供を産み、夫とともに生命を繋げて行こうと思い定めて小説は終わるものの、彼女の心は夫の心中を思って大きく揺れ動いています。妻が夫の心の奥を知らないように、また夫が妻の心の奥を知らないように、一人だけの孤独な秘密を抱えながら、人は一人きりで生き、そしてやがてみんな死んで行くのだ、と。彼女はいいようのない空しさと、譬えようのない寂しさにとらわれています。「嫩芽」の加瀬は妻に先立たれてもはや生きる力も失せ、若いころ患った病が再発して吐血、あとは一日も早い死を待つばかりです。「砂山」の主人公・浅井は自身、癌の転移や再発に怯えながら現在を生きていますが、これまで肉親たちの度重なる早い死に打ちのめされてきました。兄の若い死、父の急死と母の死、それに幼い子供たちを残して逝ってしまった妻。「死の季節」はようやく過ぎたかに見えたとき、自身の癌の発症。そして今、長男の子供の夭折と思いもかけない次男の死。再び巡ってきた「死の季節」に慄くのです。

「人生とはこれほどに酷《むご》いものか！」

小説集の表題に採られており、頁数のもっとも多い「南欧再訪」は不思議な小説です。主人公の佐伯は、二度目のパリ暮らしの際、妻とともにヨーロッパの各地を周遊しますが、妻に先立たれて三年経った今、数々の思い出の刻まれたその旅の記憶をたどる旅に再び出かけます。傍目には一人旅に見えても傍らには今は亡き妻が終始いるというのです。旅の途中で妻の死をめぐって幻覚に襲われる主人公は、暗澹たる思いに閉ざされています。そして、彼が見た壮大なカトリックの殿堂がどんなに広大な伽藍を構えていようと、またどんなに多数の参拝者を集めていようと、「すべては死に対して目を瞑り、死を忘れようとする夢想に過ぎない。あるいは永遠の生命を得んとする無邪気な妄想に過ぎない。」と断じて憚らないのです。

常に死と隣り合わせにある人間の儚い生。その自覚があればこそ、生命を繋ぐ性《セックス》は貴重なものになり、いとおしいものになる。——先生が二十代から六十代にかけて執筆された八篇の作品を読みながら、今更ながら私はこのような思いを反芻していました。

作品集の冒頭に置かれた「異土」が、先生の大学院生時代に体験された痛切な失恋事件を扱ったものであるように、他の作品も、登場人物の名前や続き柄は作品ごとに微妙に変えられてはいても、おそらく、何らかの形で先生ご自身とご家族に題材を採られたものと推察いたします。

以上長々と勝手な思いを書き連ねてしまい申し訳ありません。御気に障る箇所がありましたらご容赦ください。

このたびのご恵贈に、改めて御礼申し上げます。

急に寒くなりましたが、季節の変わり目にお体の調子を崩さぬよう、どうかご自愛ください。敬具

61『南欧再訪』（私信、小堀洋平氏、平成27年10月12日）

拝復　この度は御著書、御論文をお送りいただき、まことに有難うございました。先生の小説はこれまで、今回再録の「家路」を『静子との日々』にて、又長編では『東京下町噺』を、拝読しておりましたが、短編をこれだけ纏めて読むのは初めてでしたので、いずれも一気に通読してしまい

ました。学部の頃、先生が秋学期最初の授業で、この夏は小説を書いた、と仰っていたのを記憶しておりますが（当時は私自身も小説を書こうとしていたので、印象が強かったのだと思います）、その時に語って下さったあらすじを思い出しながら、これがその小説かと「砂山」には殊に興味を惹かれて拝読しました。「異土」「雨月」は、描かれた年齢が私自身に近いこともあり、背景の時代は違うものの、読み進むうちに身につまされるような実感を伴いました。表題作はじめ、ヨーロッパの旅を舞台にされた諸作、「生」の希求に裏打ちのされた「死」の視点からの西洋文明、そしてキリスト教に対する批評にも、深く考えさせられるものがありました。各編ごとに主人公の名は異なりますが、集として通読すると全体に一貫する人の生死への態度のようなものが感じられて、自ずから一個の連作を成しているように思います。

「微光」論、これは『感性文化研究所紀要』の刊行時に戸山図書館でも拝読しましたが、改めて「微光」をこのように読めるのかと、感銘を新たにいたしました。「生の嫌悪」「死の恐怖」の只中での過去を想起しながらの彷徨、その意味が作品本文から次第に立ち上がってくるのを覚えました。御著作を拝読して久しぶりに先生の御人柄に触れたように思い、私自身講義や論文で何を語るべきか、考えること頻りです。

末筆ながら、朝晩寒気の身に染む折柄、呉々も御自愛専一にてお過しください。敬具

62　『南欧再訪』（私信、服部康喜氏、平成27年10月12日）

秋らしく、すごしやすい季節になりました。九州は台風の被害も少なく、穏やかですが、関東地方の被害に胸を痛めています。

先日は『南欧再訪』を送っていただき、心より御礼申し上げます。早速手に取り読みました。携帯の必要がない心と生命の物語りに、なつかしさを覚えました。忘れられた小説の姿を味わうことが出来ました。特に「異土」の「……人は自分の歩く道を選ぶなんてことはできないんだよ。気付いたときにはもうその道を歩いているんだよ……」の言葉にジーンと打たれました。（後略）

63　『南欧再訪』（私信、石松盈美氏、平成27年11月4日）

抑制された文章、内容、教養人の文学はいいと思った。過不足のない叙述、構成、まとまりすぎと言われるかもしれないほどの。

晩年いくつかの小説を書いた山室静氏が思い浮かんだ。具体的にはあまり覚えていないのだけれど、いいんだ、これが。山室さんのその後の動静も知らないけれど。

「暗夜行路」の蹴上の疎水沿いの道を二人で歩いて行く場面を思い出せますか。褄を蹴りながらすっすっと踏み出す白い足袋の小さい足を背後に感じとる謙作の幸せ。後ろからくる直子の足の動きを「賢げに」と形容しているの。鳥毛立屏風の美女。わたしには静子さんはあの直子とダブる。

「……加瀬は、日本に帰ろうと思った。」の1行がいい。救われるような気がした。「男坂より神

に詣でき」の挙句を思い出した。枝葉がどう伸びるのかわからない不安はあるものの。（後略）
——「男坂より」とは昔、石松盈美氏、山崎一穎氏と戸隠の山房で歌仙を巻いた時の私が付けた挙句。石松さんは覚えていてくれたのだ。

64『南欧再訪』（私信、折原利男氏、平成27年12月26日）
（前略）「嫩芽」読ませていただきました。妻の死の打撃と傷心。和貴との思いがけない再会。連れていた和貴の子どもが、実は自分の子どもであったという驚愕。そののちに、静かに訪れる喜び。天涯孤独となっていた加瀬が、残り少ない生を由貴に伝えて生きようとする結末。生と死の命の連鎖が静かな余韻を残して読者を打つ短編でした。次作も期待しております。（後略）

65『南欧再訪』（私信、佐藤裕子氏、平成28年1月5日）
『南欧再訪』を御恵贈賜わりありがとうございます。深く透明な悲しみと慰めにみちた小説ですね。庄野潤三を思い起こしました。加えて庄野潤三よりもちよっぴりエロティックでドキドキしました。（後略）

66『南欧再訪』（私信、前田雅之氏、平成30年1月1日）
（前略）先生の小説深く感動しました。阿部昭に似て非なる世界がありました。（後略）

67『近代文学論拾遺─漱石・藤村・その他─』（早稲田大学感性領域総合研究所刊、平成28年9月）、（私信、藤尾健剛氏、平成29年2月8日）

拝啓　大腸癌の手術を受けられたのこと、先生はいつまでもご壮健でいらっしゃるような印象を持っておりましたので驚きました。正宗白鳥のお仕事をおまとめになりたいご意向のようにお見受けします。私なども御本を手にしたい気持ちが強くありますが、今はご養生専一になさりますようお願い申し上げます。

さて、このたびは『近代文学論拾遺』を御恵贈に与かりまして、ありがとうございました。先生のロマン主義的な漱石論は汗牛充棟の漱石論のなかでもユニークさにおいて際立っていると愚考致します。「こゝろ」論も無類のユニークなご論考と存じます。先日エクステンションセンターで「こゝろ」について講義した際に先生の悲劇をニーチェふうに理解なさっている点を中心に紹介させていただきましたが、今回のご本の説明で父親に関する理解が徹底し、大いに利益を得ました。

広津和郎や葛西善蔵に関して私は無知ですが、彼らの文学を白樺派との関連で位置づけておられるのに大いに啓発されました。それぞれの作品に関するご理解も説得力に富んだものと愚考致します。（後略）

68『近代文学論拾遺』（私信、東郷克美氏、平成29年3月2日）

このたびはご論集「近代文学論拾遺」をお恵み下さりありがとうございました。十冊以上のご著書があるのに白鳥論をのぞいてもこんなにご論があることにあらためて驚きです。しかもすべて大物作家を対象にしてこられたこと、又その間には『パリ紀行』のような学芸文集もありいずれも頂いて架蔵しています。どれも師伝の風格ですが白鳥についての一冊がないとは意外です。ぜひおまとめ下さるよう希望します。ところでご無沙汰している間に大患をなさった由驚きました。しかし沖縄でハブ酒を楽しまれるほどですから安心しています。当方は老耄の極です。端書でお許しください。不一

——平成二十七年九月、大腸癌とやらで、生まれて初めて入院し、手術をした。幸い事なきをえたが、その翌年の二月沖縄に行き、ハブ酒を飲んだ。旨かった。

69 『近代文学論拾遺』（私信、細谷博氏、平成29年3月9日）

ご新著ご恵送頂き誠に有難うございました。父やお光、作さんなどに読みの眼を据えられた『こゝろ』論等、改めて、心に響いて来るものを感じました。又、読むことは見出す事であるとも。

御礼迄

70 『近代文学論拾遺』（私信、佐々木亜紀子氏、平成29年3月25日）

拝復　この度は『近代文学論拾遺　漱石、藤村、その他』をご恵贈いただきお礼申し上げます。

先生のご論文は折にふれ拝読してまいりましたが、このたびのご著書では、雑誌などでしか読むことのかなわないご論文をまとめて読めるようになり、たいへんありがたく存じます。はなはだ勉強不足で、葛西善蔵論など初めて拝読するものもあり、先生の幅広いご研究に改めて感じ入りました。

二年ほど前に拙編著『〈介護小説〉の風景』を増補版にする機会があり、そのおり、藤村の「ある女の生涯」論を加えましたが、その関連で、ご著書のなかでは、特に島崎藤村の「家」に関わる章から学ぶことが多く、高瀬園についての自分の考察の至らなさを痛感させられました。また先月パリに行く機会があり、藤村の住居などを見て参りまして、「藤村とフランス」以降のご論文も興味深く勉強させていただきました。ありがとうございました。今後とも、どうぞよろしくご指導ください。

そろそろ東京にも桜のたよりが届くころと存じます。どうぞお体に気をつけて、お過ごしくださ い。かしこ

71 『正宗白鳥考』（明誠書林刊、令和1年9月25日）、（私信、竹盛天勇氏、令和1年10月1日）

『正宗白鳥考』の上梓おめでとう。雅發さんの白鳥論がどうしてこんなにおそくなって出現したのでしょう。発表当時やはり雅發さんを知る周囲では白鳥の本質に迫る本格的な白鳥研究の幕明けをよろこんだものです。小生は体調がすぐれず改めて読み返す余力がありません。すっきりした本づくりで明誠さんによろしくお伝えください。敬具

——この葉書、おそらくは先生の絶筆であろう。

72　『正宗白鳥考』（私信、柳井まどか氏、令和1年10月9日）

拝啓　この度は『正宗白鳥考』をお送りくださり、誠に有難うございました。

佐々木先生の数々のご論文は、私の研究活動の初めから拝読し、多くのことを学ばせていただきました。改めて一冊の白鳥論としてすべてを読み返すことができ、たいへん感激しております。

また、あとがきを拝見し、佐々木先生の白鳥をはじめとする文学研究への情熱の源泉部分を少し知ることができ、深く感じ入っております。

お恥ずかしい話ですが、私は自身の置かれたいろいろな環境を言い訳とし、長く研究活動から遠ざかっておりました。研究者と名乗ることもできないほどで、このまま読んで楽しむ人生で終わっても構わないような気持ちでおりました。

しかし、佐々木先生のご高著を改めて拝読し、作品研究に真摯に取り組むべきではないかと、心に着火されたように感じております。有難うございました。

末筆ながら、先生のますますのご健康とご多幸を心よりお祈り申し上げます。敬具

73　『正宗白鳥考』（私信、東郷克美氏、令和1年11月6日）

ごぶさたしております。このたびはご高著「正宗白鳥考」をお恵み下さりまことに有難うございました。白鳥から出発されたことは知っておりましたがまだ一冊になっていなかったとはうかつで

した。しかも書き下ろしを含む大冊で敬服しました。ゆっくり拝読するのを楽しみにしております。また新聞によれば秋の叙勲ご受賞の由大慶に存じます。ますますのご発展を祈りあげます。

当方はボケ気味で足腰弱く困っておりますが、美しい造本をなぜつつ読むことを楽しみたいとおもいます。御礼まで

74 『正宗白鳥考』（私信、樋口和久氏、令和1年12月18日）

拝啓　時下益々ご清栄のこととお喜び申し上げます。

御無沙汰しておりますが、いかがお過ごしでしょうか。茅ケ崎に戻られてから、お変わりなく、お過ごしでしょうか。当方は日々の雑事に追われながらも、どうにか無事に過ごしております。ところで、過日『近代文学論拾遺』に引き続き、新たに上梓された『正宗白鳥考』を御恵贈賜りまして、誠に有難うございました。最初ご本を手にした時、ずっしりとした重量感に驚き、装丁の美しさに魅せられました。このような大部で高価なご著書を私のような者にまでお送りくださり、毎度のことながら、先生のご厚意には痛み入ります。誠に忝く存じます。本来であれば、すぐにお礼状を差し上げねばならないところを、果たせずに、今回も大変失礼をいたしました。

前著のあとがきで、先生は、これまで執筆された白鳥論を著書に纏められたいと、ご計画をすでに述べられておられました。「確約はできない」が、「そのための準備は続けたい」とも記されていました。そのご計画を着実に実行され、白鳥研究の集大成がこうして成ったことをまずは祝した

いと存じます。また、その恩恵に浴する機会をさっそくいただいたことに感謝申し上げます。学生時代に「国文学研究」などのバックナンバーで先生が白鳥研究から出発されていることを知り、そのことを当時から意識しておりました。しかし、大学の講義では白鳥に関して特別に詳しく論じられたという記憶があまりありません。この度のご著書に纏められた論文は、書き下ろし四編を含む、全二十四編、これらの多数の論文をこれまで単行本にまとめられなかった理由や、それを今纏められた訳が気になっておりました。ですから、先生が自らその内なるモチーフを（おそらく初めて）明かされた「あとがき」は、私は一字一句、息を呑むような思いで拝読いたしました。

『東京下町噺―亀井堂ものがたり―』のあとがきでも語られていましたが、突然医師から肺浸潤の宣告を受けた小学四年の夏。起き上がることも出来ずに家人に抱かれて窓から両国の美しい花火。先生は「子供心にも、自分に死が迫っているのを感じた」と書かれています。しかしお父上がなけなしの蓄えから購入した土地を売ってお金を用意され、当時出始めたばかりのストレプトマイシンを打ち続けると、そのおかげで奇跡的な回復を遂げられます。（莫大な出費に胸を痛める先生に、お父上が「心配するな。お前が大きくなって子供が出来た時、同じようにしてやれ」と言われたという一節は、私は何度読んでも胸が熱くなります。）しかし大病のせいで身体は虚弱になり、その後訪れる「白鳥のように、生の不安、死の恐怖に怯える日々」。紫斑病という奇病に罹った高校三年。そして大学に入学した翌年のお父上の急死。それも病院に見舞った際の眼前での急逝。線香の火を絶やさずに手向け続けた間に、読み続けた現代日本文学全集。「特に藤村、花袋、秋声、白鳥など日本自然主義の作品。生の不安、死の恐怖。加えて家族ということ、総じて生命《いのち》ということ——。私がこれほど心魂に徹して小説を読んだことは、後にも先にもなかったかもしれない。その後、しつこい心臓神経症に苛まれた先生は、「自分が三十まで生きられないだろうと思い込んでいた」と書かれています。常に死と隣り合わせにある、脆くて儚い生。その生がいつ中断されるかもしれないという戦慄感。すでに子供のころからそのことを自覚せざるを得なかった先生が、どのような思いで若き日々をすごされていたのか。それは想像するだけでも慄然とし、胸ふさがれるような気持になります。幼少時から羸弱で、近い将来に確実に死を予想しなければならなかった白鳥の青春。彼の生涯と文学を探究することが、先生にとって他人事でない極めて切実なテーマとして意識されていったのだろうと推察いたします。

私はこれまで必ずしも白鳥の良い読者ではありませんでした。それでも新潮社版の白鳥の全集(福武書店から三十巻にも及ぶ全集が刊行されたのは後年のことでした)を架蔵しているのは、たしかに先生の影響であるのに違いありません。若い時には、岡山の生家を訪ねたこともありました。人間の存在や社会等を正確に把握するにはどのような認識をもつべきなのか。若き日の煩悶の中で考えた時、白鳥やその他の作家達が示す人間存在への苦い認識は、たとえそれが言いようのない空しさや寂しさを招き寄せるものであっても、否定できない真実性のあるものでした。——人は生まれ、苦しんで死ぬ。人生の要点はそれで尽きている——たしかに、ひとたび生を与えられた者は、いつか必ず死ぬ運命にあります。そして、これほど絶対的に確実なことはこの世の中にはないといっても過言ではありません。生まれると、死に向かって生きてゆく人間。所詮人間は、遅かれ早かれ訪れるその時まで、地べたを這いずり回って彷徨を重ねる、卑小な存在にすぎないのではないか。
私が白鳥の言葉で忘れられないのは、筑摩書房の現代日本文学大系「正宗白鳥集」に載っていた、白鳥が色紙に書いていた言葉です。いつ書かれたものか不明ですが、こうありました。

明日の事を
思ひ煩らう
勿れ
一日の苦労は
一日にて足れり
白鳥

管見の限りですが、白鳥は聖書に対して呪詛に満ちた言葉を投げつける一方で、この言葉は気に入っていると、すでに二十五歳ごろの文章で述べています。ただし、その理由は「今日主義、酔生夢死主義を鼓吹した事」だとしています（『論語とバイブル』）。亡くなる一年前に発表した『秋風記』でも引用して「消極的な処世態度であるが、この言葉も意味深長である」としています。白鳥の真意は必ずしもわかりかねますが、私はこの言葉を色紙に揮毫した胸中に、彼の真面目と誠実さを見る思いがします。そしてこの言葉に接するたびに、その顔に深い皺が刻まれた年老いた白鳥から、優しく慰藉されているような安堵感を覚えます。

白鳥は他にも色紙に以下のような詩句を揮毫しています。「花さうび　花のいのちは幾時ぞ　時過ぎてたづぬれば　花はなく　あるは只いばらのみ」。同様の文字を刻んだ文学碑が軽井沢にありますが、その解説文によれば、愛唱するギリシャの詩から採られたといいます。

白鳥が死の床にあって「アーメン」とつぶやいたという周知の事件については、これまで様々な評論家や研究者が論じてきました。自分の無知を白状しますが、このたびのご本を拝読して初めてその〈真相〉について知ることが出来ました。先生は「いまに至るまで、基本的に白鳥が反キリスト者として一生を貫いたという立場でしか、ものを書くことをしなかった」と書かれており、だから「白鳥のキリスト教への回帰を論じた文献に、一切目を通さずに過ごした」（！）とまで正直に告白されています。また、白鳥とは直接関係のないご自身の小説の抜粋（「ヴァチカン一日」）も収録され、それは「白鳥に導かれ、培ったキリスト教への関心（信仰ではない）を端的に表すもの」だと述べておられます。アーメンに関する先生の、そのゆるぎない確信も、これまで長年にわたり一心に白鳥を読み込み、白鳥と対話を重ねることで得られた、大きな自信に支えられていたのだと、改めて感じ入った次第です。

最後になりますが、このたびは、先生が「遠い宿願」を果たされて成った、大切なご著書をご恵贈くださり、改めて、厚く御礼申し上げます。誠に有難うございました。

これから本格的な冬を迎え、寒さ一段と厳しくなりますが、お身体の調子を崩さぬよう、くれぐれもご自愛ください。敬具

学生のレポートから

私は稲垣達郎先生の後任として早稲田に入り、初めから先生の担当されていた科目をほとんどそのまま受け継いだ。中でも金曜日の四・五時間目の「近代日本文学1・2」、「日本文学研究5A・B」は定年退職近くまで一貫して担当した。「近代日本文学」では当初夏目漱石を、次いで長らく芥川龍之介、最後、國木田独歩、森鷗外を論じた。「日本文学研究5A・B」では終始島崎藤村を論じた。評価は講義で論じた作品に対する印象なり感想を記せという類のレポートを課したが、中ごろから心を打つ、あるいは心に残るものを自宅の書架に積んで時々読み返した。必ずしも学年次の前後関係は不正確だが、そのいくつかをこの機会に転写してみたい。出来ればすべてを紹介したいのだが、あくまで字数の関係で省かざるを得なかったものも多かった。以って私の半世紀の早稲田での授業風景を彷彿としていただければ幸いである。

1　夏目漱石『こゝろ』

六月の初めの授業で、夏目漱石の『こゝろ』について学んでいた私は、佐々木先生の『鷗外と漱石』の八十三ページからの記述を見て思わず泣いてしまった。そこには〈私〉の父の死についてが書かれていて、私は衝撃を持ってこの箇所に納得したのだ。私は大変な山奥で生まれ育った。村は過疎化が進む一方であり、小学校では私の同級生は八人しかいなかったため授業は合同学級で行われていた。家々は林業と農業で暮らしていた。私は早く村を出たくてたまらず、私立中学を受験し、中学校に入学するのと同時に都会へ出て下宿を始めた。中学三年の時初めて読んだ夏目漱石の『こゝろ』の中で、私が最も心を奪われたのは「中」の「両親と私」の章であった。ここにはまさに自分のことが書かれている、と思い興奮したのを覚えている。私が時々実家に戻った時の家族の対応や私がそこで思うことは、そのまま「両親と私」の場面に書かれている〈私〉のそれと同じだった。古い家やぎこちない家族の対応など、全てが私には田舎臭く感じられた。やはり家を出て下宿をしている、同じような環境の友人と二人で、この章について長く語った事がある。私たちは、〈私〉の微妙な気持がよく分る、と言い合った気がする。

何のためにこの章が書かれているのか、私には分らなかった。〈私〉がそのような田舎を持っているという事を言うためだろうか、しかし結局〈私〉は、早々と都会へ戻ってしまうのだ。今回、佐々木先生の『鷗外と漱石』を読み、「両親と私」の章の意味がやっと分った気がする。

郷里を出ず、家を守り子を育て、そして最後は病で死んでいこうとしている父親。その父親は死を目前にしながらも死に気づこうとせず、むしろますます生に固執していく。しかしその固執する生ですら、実に空しいものなのである。一生を注いだ家や子供、自分の死後それらが所詮は消えてゆく、離れてゆくだろうことを想像した途端、父親は「自分の一生とは何だったのだろうか……」

とポツンとつぶやかずにはいられないだろう。恐ろしいほど淋しい。

その父親の死は、先生やK、乃木大将の死と対比して書かれている。希望を失い、自殺という形で死んでいく彼らは、確かに父親とはコントラストをなしているかもしれない。しかし、同時にまた、両者は実は同じことなのではないだろうか。死を前にして生を強く求める父親と、生への希望を失い死を強く求める先生は、自分の目の前にあるものを見つめていない、という点で変わらないのではないかと私は思う。父親は死を、先生は生を忘れ、逃れようとしているのだ。そして、人生を嘆いている点も両者は同じである。さらに、死を前にして、一人で淋しくて仕方のない点も、である。

同じであるのは彼らだけではない。わたしも、私たちもである。私も、ある時が来れば人生を嘆き、結局はたった一人で淋しい、とつぶやくのだろう。そのとき私は、死に対してどういう態度をとるのだろうか。これまで私は、先生こそが高尚であると思っていた。その先生に魅かれ、田舎から都会へ戻る〈私〉の気持がとてもよく分る気がしていた。しかし今回、もう一度「両親と私」の章を学び、こちらこそが人間の生き方なのではないかと思うようになった。人生を嘆き、死へと向かう先生ではなく、人生を嘆きつつも、その人生を放棄せずがむしゃらに生きてゆく父親。それは一歩引いて眺めれば、ある意味で悲劇なのかもしれない。だがその悲劇こそが、人間の道なのではないだろうか。道であるべきなのではないだろうか。

とてもとても久しぶりに、ふるさとに帰りたくなった。

――のっけから恐縮だが、このレポートの提出された年次も提出した学生の名も不明である。

レポートに付けてあった表紙を失くしたのであろう。ただ『鷗外と漱石』を出版したのが昭和六十一年十一月だから、その後それほど時間がたっていない頃のことであろう。

2　夏目漱石『こゝろ』（柳澤瑞貴さん、一年）

佐々木先生の『「こゝろ」―父親の死―』、大変おもしろく拝見しました。それから「こゝろ」を読んでみるとまた新しい読み方ができ、新しい解釈が見えてきてとても新鮮でした。

私が一番興味深くとらえたのは、「わたし」をとりまく人々に対する「私」の接し方だ。人々といっても、ここでは二項対立的とでもいうような描かれ方をしている「父」、そして「先生」の二人の存在である。「私」は父の最期を看取ることなく、先生の手紙を手にして家を飛び出すが、それは遺書であって、先生が生きていると考えるには少し無理があるようだ。それでも父の最期に立ち会うことなく、先生のもとへと急がなければならなかったのか。

「私」は自分を突き離そうとするものを慕い、愛してくれるものから遠ざかろうとする。〈他に愛想を尽かした〉と自分でも言い、〈近づきがたい不思議〉を持った先生、一方で病の床でも息子を思い、息子の卒業を祝い幸せを願っている父。先生は、「私」が自分から離れてゆくことを希望するが、父は息子を丹精するほど自分から離れてゆくことを嘆く。これほど対照的な二人の間で「私」は、一方で先生を先生の死後なお〈人間を愛し得る人、愛せずにはいられない人、それでいて自分の懐に入ろうとするものを、手を広げて抱き締めることのできない人〉として憧れの気持ちを持ち続け、そうでありながら一方で自分は父親として子を持ち、自らの父と同じような道を歩もうとしているようである。しかし、〈近づきがたい不思議があるよう〉で、〈どうしても近づかなければいられないという感じ〉と、なぜ「私」はそこまで先生に惹かれたのだろうか。

私に言わせれば、先生は非常に優柔不断であり、無責任な男である。

「私」の父親はけして人生を〈断念〉したり、〈放棄〉したりすることなく、彼の〈人生を嘆きつつ、それを懸命に支え、保持して〉いた。息子の将来を楽しみにして、最後まで妻を気にしながら、それに比べて先生はといえば、親友と争って結婚した恋人を置いて、自ら命を断とうとしている。ただ、彼女のことを深くいとおしみはするものの、それでも自殺をしてしまう。

このように、この二人において決定的に異なること、それが死である。父は、死に際まで息子や妻を、〈希望〉として〈生きる可能性〉として持ち続けていたのではないだろうか。それが彼の〈世界とのつながり〉だったに違いない。しかし一方で先生は、〈希望を失い、行為を失って〉、〈世界との関係は断たれており、先生に生きる可能性はない〉状況にみずからをおいやっていた。しかし彼は、〈自らの死が、妻を致命的に傷つけるであろうことを、十分に承知〉していたはずである。彼女の存在は、彼にとって世界との関係といったものを考えたならば一番近い存在であったに違いないと言っていいだろう。しかし、先生は、人間は所詮ひとりなのだ、と自らの死を目の前にしてみておもったのではないだろうか。そうなればもはや世界との関係を何も持ちえない彼をつなぎとめておくことができるものはなかった。

さて、ここで「私」は先生のどういったところにそこまで強く惹かれたのであろうか。それは先生が「私」に、いやすくなくとも彼の父になかったものを備えていたからではないだろうか。それが死に対する態度である。「私」の父は、迫ってきた死を忘れようとし、見ようとせず、知ろうとすることなく、〈純粋に、その黙々と過ぎゆく時間に身を委ねつつ、父親は死んでゆく〉。「私」の父は考えることなくその流れに身を委ね、〈滑稽〉に〈悲惨〉に生きてきて、また死んでゆくのである。しかし先生は、「私」の父が見ようとしなかった死を、すぐ目の前で凝視し、知ろうとしてしまった。それがまだ自分に迫りくるものではなかったのに、自ら迫っていってしまった。「人間を超えてある〈死〉を、人間は自分の力で、決して実現することはできない」という考えから見ても、先生も「私」の父親と同じように〈滑稽〉で〈悲惨〉である。

「私」は、先生の死後も生き残り、子供を持ったようである。先生に強く憧れながらも、彼は彼の人生を送ろうとしているのではないだろうか。自分にないものに憧れの念を持ちながら。

最後に、どうしても佐々木先生にお伝えしたいことがあるので書かせてください。先生の「静子との日々」、拝読させていただきました。とてもとても素敵で、ただただ素敵でした。私は、夫よりも早く死ぬことはしたくないと思っているのですが、先生のような方と巡り合えたならば、それでもいいかなと思います。とても愛され、今なお愛され続けている静子さんをとても素敵に、とても羨ましく思います。静子さんはきっとどうしようもなく幸せな方です。とても素敵な御本、また何度でも読み直したいです。

――これも提出年次は不明である。ただ「一年」とあるが、当時文学部では二年度から専修に分かれた。また『静子との日々』をすでに読んでいるところをみると、大分後に入学してきた学生かもしれない。

3　芥川龍之介『羅生門』（遠藤直弥君、日本文学四年）

私が初めて「羅生門」を読んだのは、高校の教科書であった。その頃は本を読むことは好んでいたが、文学への興味はそれほどではなかった。そのような視点からこの作品を読んだとき、私は、次のような印象を受けた。すなわち、一度は《老婆に対するはげしい憎悪》《あらゆる悪に対する反感》を抱いた下人自らが悪人となり老婆の着物を剥ぐという話の流れに、言い様のない違和感を覚えたのである。

その後も何度か「羅生門」を読んだが、この違和感に関しての満足のゆく説明はできなかった。なぜ老婆の行為を目の当たりにしただけのことで、下人の勇気は《全然、反対の方向に》動いたのか、という疑問を持っていた。悪人の姿を実際に目撃することで、自分が悪人になることへの恐怖が薄れたのではないか、というくらいにしか思わなかったが、それももうひとつ釈然としなかった。

そして今回、先生の授業によって、改めてこのことを考える機会を得たのである。

先生のなさった「羅生門」の授業で、私にとって最も印象深かったことは、この作品には、下人が言葉によって自身の行為に意味を与える様子、また、その方法を老婆から獲得する場面が描かれている、という点である。この点について先生の考えを念頭に置きながら、自分なりに考えてみたい。

先生の書かれた『芥川龍之介　文学空間』に、「一切のものを〈認識〉と〈論理〉において領略する、さらにいえば、一切のものに〈言葉〉を与える」ということが記されている。

主人から暇を出され、《雨がやんでも、格別どうしようと云う当てはない》下人は、羅生門の下で《「すれば」》の考えを巡らせていた。しかし、《下人は、手段を選ばないという事を肯定しながらも、（中略）「盗人になるより外に仕方がない」と云う事を、積極的に肯定するだけの勇気が出ずにいたのである。》

このとき下人は実行するには至っていないが、盗人になることを考えている。実際の「行為」のその一歩手前の段階にある。だが、「まだ即決の判断がせまられているわけではない」のでぼんやりと頭の中だけで、ただ何となく、自分が悪の道を歩むことについて、考えるともなしに考えているといった状態であろう。

このときのことが、『芥川龍之介　文学空間』にはこう書かれている。「〈下人〉の〈勇気〉の有無を内に問う問いが、決して事件の核心に直結していない」「事件は偶然に、その直後、〈下人〉の外部から起こってくるのである。」

先に挙げた、私が「羅生門」に対して感じた違和感の原因はここにあった。つまり、私はこの「事件」を下人の内部から起こったものだと理解しようとし過ぎていた。しかし、楼の上に登る前の下人が自身の内部と関わっているのに対し、楼の上での下人は「外部」すなわち老婆との関わりが大きくなっている。「〈地獄〉を見るとき〈地獄〉と化す人間の〈心〉のメカニズム」によって、老婆と一体となった下人の内部に、正義感も道徳心も強く自覚されるものではなかった。下人の内部を侵してゆくのは、目の前の悪である老婆の行為と、それを保証する論理、言葉に拠る認識であった。つまり、ここにある「作品の〈断絶〉」に気がつかなかったために、この違和感が生じたのである。

ところで私は、先生が授業で、「羅生門」の解釈を作品内だけに終わらせず、芥川の創作生活全体に適用された点が、たいへん面白かった。（恥ずかしながら私は「老人」「ひよっとこ」という先行作品の存在すら知らなかったのだが、）芥川自身が意図的に文学的出発とした作品が、芥川の人生全体を覆うような形を取っている、という点に驚き、下人が京へ強盗に行く姿と《人工の翼》で空へ舞い上がる芥川の姿が、頭の中で重なったとき、感動にも似た感覚に襲われた。先生が最初の授業で、「まだあなたたちがどこでも見たことのない芥川をお見せします」といった内容のことをおっしゃったのを覚えているが、確かに「羅生門」の授業に限らず、驚かされることも多く、毎回面白く授業を受けることができた。

——平成十五年九月に『芥川龍之介　文学空間』を上梓、それを機に十六年より数年、「近代文学1・2」において芥川龍之介を講じた。ただその後妻が癌で入院、手術し、その介護のための通院が続いた。癌はいったん平癒したかに見えたが、平成十七年、肺に転移し、入退院を繰り返し、十二月十三日に亡くなった。そのレクイエムとして『静子との日々』を執筆、翌十二月三日に上梓、私にとって、ほぼ〈地獄〉のような日々であった。

4 『羅生門』（内田奈緒さん、日本文学三年）

芥川龍之介という男は、一体どれほどのものを抱えて生きて、そして死んでいったのだろうか。彼の残した作品を読むたびにぼんやりと考える。彼の残した多彩で多面的な作品の数々に触れると、彼の異常なまでの繊細さだとか知力だとか、またその奥にある、隠しきれないほどの存在感を滲み出す本能だとかが、人間性、世界のあり方そのものの持つ本来的な不条理さを鋭く見抜き、大事に掬い取って、作品のなかに注ぎ込んでいるのが、痛いほど伝わってくる。常人では到底言葉にすることができない、ふわふわとした、でも確かにそこにあるものを、言葉にできてしまうということは、彼にとって幸せだったのだろうか、不幸せだったのだろうか。かの音楽家モーツァルトは、生涯頭の中に鳴り響く音楽の渦に悩まされたという。ならば芥川は、生涯絶え間ない言葉の波にとらえられていたのかも知れない。

芥川本人が並々ならぬ愛着と自負、さらに言えば、彼のその以後の人生への自己表現を賭けるという、そんな明確な意図が込められていたであろう「羅生門」という作品は、吉田精一氏の言葉を借りれば、「生きんが為に、各人各様に持たざるを得ぬエゴイズムをあばいた」作品である。確かにそれに異論はない。それは確固としたこの作品の主題である。だが、私は、エゴイズムという主題の背後にひっそりとたたずむ、芥川が抱く言葉への空漠とした諦念が、ちらちらと垣間見えてならないのだ。

死人の髪の毛を抜く老婆は、その行為は生きるためならば、「この女は、大方わたしのする事も大目に見てくれるであろ」と言い、また「わたしは許されている」と自らを許す。羅生門に迷い込んだ下人は老婆と短い言葉を交わし、「では、己が引剥をしようと恨むまいな。己もさうしなければ、餓死をする体なのだ」と、老婆の着物を剥ぎ取る。確かにここでは二人の言葉が飛び交っている。だがそれはどれほどの力を持つものであろうか。それらの飛び交うその場所で、「許すべからざる悪」が行われているのに違いない。逆に言えば、「許すべからざる悪」が行われているまさにその場所で、何の力もない、「言葉」が宙を飛び交っているのである。言葉があろうがなかろうが変わらない事実が、行為が、そこにある。言葉はただただ空しく漂うだけである。

芥川は作品の結語にこう結ぶ。「下人は、既に、雨を侵して、京都の町へ強盗を働きに急いでゐた」と。この「下人」の「強盗」に赴かんとする姿は、人生の虚無に「理知の光を浴びせ」ながら「遮るもののない空中をまつ直ぐに太陽へ登つて行」かんとする芥川自身の姿と重なるところはある。己の空漠たる人生を、虚無を受け止め、自らの中に浮かび出た「言葉」に縋り付く。「書くこと」に己をかけた一切が、そして前途が確かにそこにはある。

だがしかし、彼のその後の事実としての人生をかんがみると、芥川が「書くこと」において真実人生を切り開いたのだと言い切ることはできないのかもしれない。芥川という作家ですらも、自ら「行為」を選び決行しえたわけではなく、不可避的に「行為に」走り、もうすでに決行してしまっているという、ただそれだけのことだったのかもしれない。ただ暗闇の中で何かに促されるように、そうするより仕方がなかったというように。

「羅生門」の結末の一行は、のちに芥川の手によってこう変更される。

「下人のゆくえは、誰も知らない。」

芥川はすでに気づいていたのかもしれない。「書くこと」が、「言葉」が、現実になんら人生を補足しえぬ事実を。後付けの理窟でしかありえない、空漠な言葉の波を。人はむしろ、何の意味も目的もなく、ただ促されるままに暗闇の中を彷徨うしかないのではないか、と。だとしたら、人生の虚無を受け入れると言うことは、己の中に浮かび出た「言葉」を、音と意味を持つ確かな「言葉」にすることは、なんという恐ろしいことなのであろうか。

芥川は「手紙」に、こう走り書きを残している。

「"There is something in the darkness," says the elder brother in the Gate of Rasho.」

芥川龍之介という男が、作家が抱えていたものは、一体どれほどの深さをもつものだったのだろう。

5　『羅生門』（高田大樹君、人文二年）

（前略）坪内逍遥のお話で懐かしい「読書ノート」は坪内逍遥から来ているのだということを初

めて知って小さな感動を覚えました。私も、早稲田中学から高校そして文学部と坪内逍遥が創設した学校で10年間学ぶことになり、少なからず坪内逍遥に対しては特別な感情を抱いていましたがまた少し身近に感じられるようになりました。坪内逍遥のシェイクスピアの授業の様子など今まで聞いたことがないお話も聞け、個人的な理由ですが非常に興味深く聞かせて頂きました。

6　『羅生門』（加藤隆志君、日本文学二年）

（前略）先生の授業はとても面白かったです。小説の刺激的な解釈もさることながら、奥様への愛情、そして何よりも文学者として生きることの浪漫を感じました。文学を読むという営みに誇りを持ち、そのことを語ってくれる先生の姿はとても逞しく見えました。世間の人々から見れば何の意味もない営みに見えると思いますが、それでも僕たちの学んでいることやしていることは何も間違ってはいないと安心できます。半年の間、ありがとうございました。後期の授業も楽しみにしています。

7　『羅生門』（望月翔君、人文二年）

（前略）最後になったが、『静子との日々』を読ませていただいた。恥ずかしながら「はじめに」を読んだだけで、こみ上げてくるものを抑えることができなかった。映画や小説のいわゆる「恋愛モノ」などでは泣いたことなど一度もないのだが、脚色されていないありのままの恋愛だからなのだろうか、佐々木教授と静子さんの恋愛は琴線に触れた。「ノルウェイの森」の作中の人物達と同じ年の恋愛であり、片や想像もできないほど難しい問題を抱えながら恋愛をしているが、様々な障害を目の前にし、その度に足元がぐらつきつつ、それでもなお、お互いを信頼して二人だけで頑張っていこうとする恋愛の方が人間らしくて私は好きである。

8 『羅生門』（河地謙典君、日本文学三年）

（前略）最後に、佐々木先生の著書である『静子との日々』、読ませていただきました。自分は今、「一生をともにしたい」と考え、愛している人がいます。現在、今まで生きていて一番幸せだと、自信を持って言えるのですが、一人になった時、時々考えて仕舞います。不老不死を考える人がいるのも分る気がします。私はめったに本では泣かないのですが、この本に関しては、何回読んでも涙が出てしまいます。なぜでしょうか。この本はずっと本棚に置いておきたいと思います。そして大事なことを忘れそうになった時、また読んで、愛する人と歩み続けます。この本を読んでから、恋人をより大事にできるようになりました。ありがとうございました。先生と静子さんがいたことをずっと忘れません。二人の事を心に留めて、これからの人生を踏み出そうと思います。

——以上四論、本論の部分は略したが、授業そしてレポートには応々、いわゆる脱線、つまり雑談や余談に神妙に反応してくる学生がいるものであり、それも授業の醍醐味ではある。以下もそんなレポートをいくつか上げてみたい。

9 『地獄変』（山岸慎君、日本文学四年）

『地獄変』は、芥川龍之介の作品の中でも特に傑作であると言われる。そのような高い評価を受けている理由には、芸術至上主義が見事に表現されているという点である。

主人公である絵師・良秀は作中において、異常とも言えるほどの芸術への執着を見せている。芸術面で個性的ならば、実生活においても個性的であり、一般の人の感覚では受け入れられないようなこともしばしばあった。より良い絵を描くために必要ならば、周りへの迷惑も考えず、気を違えたかのような行動もする。そのような行動も、芸術を追い求めるが故のものと考えれば、良秀の人物像を構築するのに大いに役立つことになる。そこから形成される良秀のイメージは、権力を恐れずに芸術を探究する狂人、といったものになるはずだ。

権力をも超越した芸術を生み出した良秀を描くことによって、そのまま芥川龍之介は芸術至上主義を語ろうとした。そのような読み方も間違いではないように思う。

しかし、ただの芸術至上主義の作品として『地獄変』を捉えてしまうことは、この作品の本質を見落としているのではないだろうかと考える。地獄変の屏風を描くために、娘の乗った牛車が焼かれるのを目の当たりにした良秀。その時最後に見せた恍惚とした喜びの表情は、単に作品の完成に近づいたことによるものではない。そして、「権力（＝堀川の大殿様）」に「芸術（＝良秀）」が勝ったという単純な構図にもならないのだ。

この作品の本質を捉える上で重要になるのは良秀の娘である。良秀が描いた地獄変の屏風、良秀自身が苦しんでいる地獄。その両方の根底にあるのが良秀の娘になる。良秀は娘を寵愛していた。しかし、好色と噂の立つ堀川の大殿に召抱えられ、手元から引き離されることになる。良秀はまるで娘を大殿に奪われてしまったような心地になり、苦悩する。そうして、地獄変の屏風の完成にまつわる事件の発端が起きるのだった。

良秀は見事な出来の稚児文殊を描き、大殿に望みの褒美を尋ねられる。その際、娘に暇を出し自分に返して欲しい、といった旨を大殿に告げた。この願いは常識では考えられるようなものではなく、時の権力者である大殿の屋敷で言えるようなことではない。さらに、望みも聞き入れられず、大殿の不興を買ってしまう。この後、四、五回娘に暇を出して欲しい旨を伝えるごとに、大殿が良秀を見る目は冷たいものとなっていく。そんな折、大殿は良秀に地獄変の屏風を描くようにという命令を下した。

このとき、確かに良秀は地獄変の屏風を描くのにうってつけだったと考えられる。描きたいものを描くには手段を選ばず、技術的にも申し分ない。加えて、良秀は娘が召し抱えられて以来、つねに地獄を味わっている。地獄変の屏風を描くことに問題はないだろう。

しかし、製作が進むにつれてどうしても描けないものがあると報告した。それは、屏風の唯中に配置される、牛車に乗って炎に焼かれる女である。実際に見たものでないと描けないと言い、見せて欲しいと大殿に嘆願する。大殿は了承した。

このやり取りをしている間、二人の様子は異常であった。二人ともそれぞれに内に秘めた思惑があったのだ。苦しんでいる良秀と狂気を伴い笑う大殿は対照的であった。

大殿が考えていたのは以下のようなことだと考えられる。良秀に娘を返せと言われるのが面白くなく、加えて本文中では明らかになっていないが、なかなか自分のものにならない良秀の娘を歯がゆく思っていた。そこに前述の良秀からの申し出である。黙って娘を焼いて良秀を苦しめてやろう。そうして笑っていたのだ。

対して、良秀は何を考えていたのだろうか。実は大殿の考えることを見抜いていたのである。大殿が娘を焼くように仕向けたのだ。最愛の娘を殺してしまうも同然である。良秀にとって耐えられないことのはずだ。だが、そうすることで良秀は娘を地獄から解放したかったと考えられる。その地獄とは大殿に召し抱えられていること。良秀と娘にとって苦痛でしかなく、大殿に懇願しても了承してもらえない。最後の手段として良秀は娘を殺すことを選んだ。

そして、牛車を焼く場面。大殿は娘が焼かれているのを見つめる良秀の表情から、そのことに気付く。良秀は「恍惚とした法悦の輝きを、皺だらけな満面に浮かべ」ていた。良秀の願いが叶った瞬間であった。しかし、良秀にとってすべてがうまくいったわけではなかった。娘が焼かれる時に見せた表情は、良秀自身も焼かれている幻想がさせたものだったのだ、結果的には娘が死に逝く様をおめおめと観ていただけの良秀。

この物語の本質は娘に対する父としての思いである。完成した屏風は、娘を失い、抜け殻同然となった父・良秀が描いたうつろなままの作品である。もはや良秀自身には芸術などどうでもよくなっていたはずである。親子として幸せになれなかった。父としての苦悩に苦しみ続けた良秀の物語。屏風を完成させ、自ら命を絶った良秀は満足していたはずがない。決して芸術至上主義を表現している作品ではないだろう。

レポートの題材として『地獄変』を選んだのは、作品の本質を、娘に対する父の思いという捉え方をされていた佐々木教授の講義に共感できたからだ。講義内容とは関係ないが、教授が亡き奥様とのお話をされる際に目を細めながら、しみじみと話される姿がとても印象的だった。人間の愛情というものを深く考えられているお方だなぁと、若輩者ながら思ったのである。

10 『地獄変』（**福山勉君、心理学二年**）

王朝第一の絵師である良秀は恐ろしい地獄変の屏風を描いたわけだが、本当に恐ろしいと思わせるものはその屏風の絵ではない。語り手がその恐ろしさを順を追って語るように、ほんとに恐ろしいのはその過程である。地獄を夢で見ながらも良秀はまだ描けないものがあるという。それに答えた堀川大殿は良秀の溺愛する娘が檳榔毛の車に乗って燃えている様を見せた。そして良秀は「食い入るばかりの眼付をして」それを写し取ったのだという。良秀はなぜこのように溺愛する娘を失ってまで地獄変の屏風を描いたのだろうか。また、大殿もなぜこのようにしてまで屏風を描かせたのであろうか。

まず、それを検証するために良秀と堀河大殿の人物像を見てみよう。

まず語り手は良秀の絵についてふれる。良秀の絵・創造行為は「醜いものの美しさ」を表現したものの様である。つまり、実物よりも幻を選び、現前の世界よりも不在の世界に生きる人間である。これは、現実の世界（実物と眼前の世界）に生きる人間（語り手）にとって理解しがたく、もはや言語道断の悪なのである。こうして語り手は良秀の気味悪さをことあるごとに述べる。

しかし、語り手も唯一良秀に同情を寄せる一面もある。それは、良秀の娘への愛情である。「あの男の子煩悩」、「子煩悩の一身から」と語り手が言うように、こうした一面は奇異な存在ではなく、非難するに当たらないのである。こうして良秀は創造行為においてまたは普段の生活においては、実物よりも不在を選び、眼前の世界よりも不在の世界に生きるが、娘との親子関係においては現実世界を生きているのである。

さて、良秀は寝言においても地獄を見ている場面が表現されているが、良秀の地獄を見ている寝言は次のようである「なに、己に来いと云ふのだな。―どこへ―どこへ来いと？　奈落へ来い。炎熱地獄へ来い。―誰だ。さう云ふ貴様は。―貴様は誰だ」また「誰だと思ったら―うん貴様だな。己も貴様だらうと思つてゐた。なに、迎へに来たと？　だから来い。奈落へ来い。奈落には―奈落には己の娘が待つてゐる」。ここでいう「貴様」とは誰のことを言っているのだろうか。これはもちろん堀川大殿のことだと推測できるが、それは少し違う。ここでいう「貴様」は大殿ではなくて、大殿の持っている「権力」のことだと私には思われた。語り手が述べるように、堀川大殿は現世の帝王である。現世の世界よりも不在の世界に生きる良秀の存在は、堀川大殿には認められなかった。それゆえ、大殿は無意識の内に、良秀の無法の根源━狂気、幻と不在の世界の接近を、つまり良秀の「芸術そのものを断滅しなければならない」立場に立たされていたのだろう。

このように堀川大殿は、無意識の内に何人たりとも幻と不在の世界に近づけてはならなかった。しかし、良秀はすでにそうした世界と硬く結びついていた。娘を堀川大殿に奪われた良秀にとっては、まさにそこは地獄であったのであろう。そして、娘を失った良秀の眼には、すでにこの世に娘は存在せず、現に地獄の業火に燃えているのであり、そのことによって、娘が現世との唯一のつながりであった良秀は、すでに地獄に落ちていたのであった。

このように、良秀と堀河大殿の関係は互いに入り組んだものであった。良秀は娘を溺愛するからこそ、そして、堀川大殿のものとなったからこそ、地獄変の屏風を完成することは、良秀の夢に出てくるように、視界いっぱいに広がる地獄の業火の深みであったのだろう。その限りなくはるかな深みは、ひときわ強く良秀の瞳を射抜き、良秀の心をひきつけて止まぬ究極にして絶対の地点だったのである。

そして、堀川大殿は絶対に近づいてはならぬ領域に、良秀が近づいてしまった、あるいはすでにその領域を侵していることが許せなかった。大殿は自らの権力を支えるからくりを壊しかねない良秀を許せなかった。だからこそ、大殿は良秀に、一旦は娘を奪うことで、地獄を目の当たりにさせつつ、しかし彼に絵を描かせることによって、地獄を見せつけるという耐え難い苦しみを強い、あげく良秀の眼を地獄から背かせようとしているのであり、かくして良秀をして絵を描けぬように仕向ける、すなわち良秀から絵を奪わんとしているのである。

このように実際には見えない互いの力関係において地獄変の屏風は描かれた。しかもその描いた本人、描かせた本人どちらとも、気が狂ったと思わせる心情においてである。しかもその心情はどちらも、責めるに責められないという形でである。

11　『地獄変』（石田浩志君、日本文学三年）

僕が高校生のときに読んだ『地獄変』の印象は、今回の講義で学んだ『地獄変』に大きく覆されました。僕が最初に持っていた印象は、この世で唯一と言ってよいほど愛する娘を失っても尚、絵の道を追求する究極の芸術家の姿を描いた作品、といったものでしたが、先生の講義を聞いてこの感想がいかに表層的で短絡的なものであるかを痛感しました。僕の読み方には作品のタイトルにもなっている「地獄」というものへの読み取りが不足していたようです。良秀が見ていた地獄は僕がイメージしていたのよりも遥かに奥深く、残酷なものだと知りました。

もう一つ、僕の考察が及ばなかったのは、「語り手」の存在。芥川が自らの芸術観や理想の生き方を良秀に投影している、と安易に考えていましたが、そこに大きな問題が潜んでいることには気づきませんでした。堀川の大殿と良秀、両者の様子を伝える語り手がいることで、芥川自身が作品世界から抹殺されてしまうというのは皮肉なものだなと思います。でも、自分の創造行為のなかに自分が関われない空白を抱え込んででも、当時の私小説的文学動向に反対し、素直に自らの胸の内を告白しないという姿勢は、いかにも芥川らしいし、そういった不器用なところに良秀と似た性質を感じずにはいられません。

語り手が伝える良秀は絵を描くことと愛娘以外には一切、無頓着な非常識人間。一体、どんな奥さんと出会い娘さんが生まれてきたのか、そんなことが気になりました。良秀の常人離れした芸術的センスに魅かれて結婚したはいいけれど、いざ暮らしてみるとあまりに破綻した日常生活に愛想を尽かし、まだ幼い娘を残して家を飛び出した。さしづめ、そんなところでしょうか。世間一般の常識が欠落した良秀にも自分の娘を愛する気持ちが備わっていてよかったです。逆に言えば、溺愛する娘がいるからこそ他のことは一切気にせず芸術に没頭できる、という命綱のような存在だったのかもしれません。その娘を失うのだから苦しみは計り知れません。しかし、僕が勘違いしていたのは娘を「失う時」というのは命を落とす時以前、大殿に仕官した時に既に来ていたということです。地獄変の屛風を描く遥か以前に、良秀は生きながらの地獄に落とされていたということを知りました。娘が燃え盛る炎に包まれる様を描くこと、そしてそうする他に娘を救い出すことができない自分の無力さへの絶望感というのはまさに地獄と呼ぶに相応しいと思います。そしてここが僕にとって今回の講義で一番、衝撃的だった場面です。想像を絶する地獄の中で、そこから抜け出すためにさらに深い地獄へと沈むという発想。この世の絶対的な権力者でもありつつ、あの世とも深いつながりを持ち、自らが地獄へ出入りするだけでなく、他者を地獄に追い込むことすら何のためらいもない堀川の大殿に立ち向かい、凌駕するためには地獄を超えた境地に行き着くしかない、という発想は僕にとって斬新、だけど恐ろしい考えでした。極めて残酷な娘の死ですら良秀にとっては救いであった、という事実はとても悲しいし、そんな発想が生まれる現世にこそ地獄は存在するということがショックでした。死よりもつらいことは存在するんだろうと思っていましたが、良秀の姿を見ていると改めて思い知らされます。こうした悲劇を経て、作品を描き上げることに何の意味があるのか、芸術とは欺瞞に満ちたそれだけのものでしかない、という結論は僕が最初に読んだ時の感想と全く反対のものでした。こうして改めて読み直す機会があって良かったです。

この話を読み終えると、良秀や堀川の大殿が棲む地獄を描ききった芥川には、この世界がどんな風に見えていたのか、どんな人生を送っていたのかに改めて興味がわいてきました。小説のような地獄をこの現世で体感していたとしたなら、彼の作品に見られる狂気や鬼気迫る表現も納得できる気がしました。

12 『地獄変』（木戸啓隆君、美術史二年）

前期の授業では6つの芥川作品について非常に有意義な講義が展開されたが、今回レポートを作成するにあたって、私は『地獄変』を取り上げたい。

この作品に私が出会ったのは中学二年の時であった。国語の授業で配布された芥川の作品集（文集）の中に収録されていたのは覚えているが、授業で扱った記憶は無いので、おそらく授業中や休み時間に自分から読んだのであろう。芥川文学とのほとんど初めての出会いがこの時であったわけだが、「羅生門」、「藪の中」「蜘蛛の糸」「鼻」……など様々な作品が感興を起こしてくれたことを今に覚えている。そして、その中でも「地獄変」、この作品が私に与えた衝撃はとにかく大きかった。今もって何か厳かな畏怖に捕らわれるほどである。私は幼い時から音楽に強く興味を持ち、特にクラシック音楽に共感を覚えるようになってからは、「芸術が呼び起こす感動」や「諸芸術の定義」について疑問を抱くようになり、深い関心を持つようになってきた。それと同時に、当時の年齢にしては身近な者の死を多く体験していた私は、「死そのもの」や「死後の世界」、その感覚といったものに強い畏怖を感じてさえいた。つまり「死の想念」に、恐怖でもって囚われていたのだ。そんな折、「死」と「芸術」が絡みあい共に昇華（墜落）していく作品、「地獄変」に出会ったのである。あの感覚を衝撃と呼ばずしてなんと呼べば良いのか。

以下は、私が今まで抱いてきた「地獄変」観である。良秀は最愛の娘を、自らの作品完成の為に犠牲にしてしまう。まことに狂気の仕業と言えよう。私は芸術家の、自らの芸術に対する執念の恐ろしさをそこに読んでいた。芸術作品には様々な魅力が求められるが、本当に人を感動させるかどうかは、その根底に流れている「悲しさ」「切なさ」「憂い」など、人間感情における「負」ないしは「陰」の部分の質と量であり、その部分がどれだけ人の共感を呼べるか、にかかっているだろう。楽しさや嬉しさ、痛快、爽快、といったポジティブな感情は、どれだけ作品から抽出されても、深い感動へは人を導けないし、構成美や様式美といったアポロン的な魅力が豊富であっても、それだけでは人を理屈で感心させるに留まってしまう。とにかく芸術においては、ニーチェが「悲劇の誕生」で語ったように、デュオニソス的精神の内在が重要なのである。良秀という画師も、それがわかっていたのではないか。私はそう思っていた。もっとも時代背景を鑑みるに、注文に応えて作品を創造する画師の生き方では、いつも満足にそれが果たせるとは言い難いが。とにかく良秀は自らの心中に在る地獄を表現するために、浮世の悦楽をかなぐり捨てて作成に没頭し、弟子を嬲ることまでし、遂には娘をも殺してしまった。もちろん良秀は、大殿が焼く女が自らの娘であることも、薄々承知していたであろう。しかしそれでこそ、最愛の娘を眼前で焼き殺されるという感情を体験してこそ、自らが追い求める芸術の完成を見る事が出来ると、良秀は確信していたのであろう。そしてそれは見事に実現される事となった。その地獄絵図には、民衆も高い評価を与え、良秀の名は広く知れる事になった。いつもは卑小な存在でしかなかった画師の良秀が、全霊をかけた芸術作品によって、世間に一矢報いることになる。しかし作品を完成させた良秀は、自らの所業に悔いて、自害する、という筋の物語だと私は思っていたのである。つまり、大殿に娘を奪われた良秀の感情を考慮することなく、良秀を芸術家としての究極である「求道者」のシンボルとして考え、芸術における「狂気」と「デュオニソス的精神」の至高性、重要性を表現した作品だと理解していたのである。よって、大殿の「苦笑」の意味がどうしてもわからなかった。本当に芸術の本質を抉り取る趣旨で作品が書かれていたら、大殿は屏風を見て愕然とすべきであるからだ。

しかし今回、講義を聞いていて新たに目から鱗が落ちる事が多々あった。それは大殿が抱く娘への色欲であったり、横川の僧都の浅薄な人柄であったりしたのだが、大書すべき私の驚嘆は、この作品が「死の想念」に囚われているということであった。すなわち、最愛の娘を奪われた良秀は、その愛の強さゆえに猛烈に苦しみ、遂には娘に対して「死による救済」を思ってしまう。……そしてそれは自分に対しても。ただ、本人も意識できないほど、あまりに深層心理での感情なので、それは表に決して出てこないが。また大殿も良秀に「地獄＝死」を強烈に意識させるために作品を注文し、娘を焼くシーンでは自ら作に溺れて地獄を見てしまう。つまり、良秀が望んでいたように娘と火の車に乗って地獄へ堕ちていくのを（大殿の「苦笑」はこの事から来ている。僧都が褒める屏風の絵なんて今更どうだってよかったのだ）。現世という地獄から逃れるために、死を以って本当の地獄へ堕ちるという願いが良秀の狂気を育んでいった。芸術の勝利などは偶発的な結論にすぎない、この物語は「死」を主題としたものである。そしてそれは、多くの同じテーマを掲げる他の作品がそうであるように、「生」を書いたものでもある。もはや現世が地獄である、つまり生が地獄であるがゆえ、そこからの脱却を希求する……その道を芸術に委ねる一人の画師の存在。それは死を間近にした芥川自身の存在と重ね合わせて問題なかろう。生きながらにして地獄に向かった（＝死んだ）良秀、それでも現世に残る肉体に止めをさすかのように、彼は首を吊った。当然の結果である。彼の心は既に彼岸にあった。本来、人は「死」という概念を「絶対的他者」として大いに畏怖し、嫌悪し、避けていくものである。しかし「地獄変」の良秀は、もはや希望も何もない現世に「地獄」を感じ、「死」という「絶対的他者」に依存するしかなかったのだ。「死の想念」が、通常とは異なっている。「地獄」が「変」わってしまった物語なのである。

芸術の形態にも様々あるが、私は大きく二つに分けて考えている。つまり、「有形」と「無形」である。前者は美術、彫刻、建築といったもので解るだろう。そして後者には音楽しか無いな、と思っていた。しかし今期の本講義を受講して、文学というものも「無形」の芸術だと認識するようになった。テクストが存在し、それが媒介になっているため、音楽のように「イデアそのもの（ショーペンハウエル）」とは言い難いが、「無形」であることに変わりない。今回芥川作品を研究していく趣旨で行われた本講義の内容は、音楽家が楽譜というコンテクストを解読する行為に、極めて類似していた。文学も音楽も、ますます興味深くなってきた次第である。

13 『地獄変』（宮崎裕子さん、日本文学三年）

（前略）最後に授業の感想です。最初から最後まで、佐々木先生は温かな心を私達学生に投げかけて下さいました。この学び舎において、早稲田の先輩であられる先生とこの時代に学んでいる私達が、時間を経て結びついているという感慨をおぼえました。正直、授業で早稲田の歴史などを聴く機会があまり無いものですから、逍遥先生のことなどお話しくださってうれしかったです。

また、哲学にも興味がありましたので、大森荘蔵氏の書物をご紹介いただき、よかったです。大森氏の弟子である中島義道氏の本を複数持っていまして、このような考え方の基盤になる哲学を知りたいと思っていました。よろしければ、後期の授業中に具体的に触れて頂ければ幸いです。

うちにも、昔キジトラの賢いメス猫がおりました。こちらはノラから5年私のもとにおりましたが、駅まで飼い主を見送りに付いてくるなどして情が移ってしまい、病気で死んだときにはまいりました。長く生きた先生の御猫のご冥福をお祈りします。

——これを見ると、坪内逍遥、大森荘蔵はともかく、我が家の飼い猫（キジ丸）についても語っていたとみえる。

14 『地獄変』（堀田功平君、哲学二年）

先ず初めに、先生の著書『静子との日々』について書かせてください。

正直言うと、先生がこの本の話をされたとき「これをレポートに書けば、ちょっと評価があがるかもしれない」というような打算的な考えがありました。そこで私は生協に行き、本を手に取りました。最初は買うつもりなどさらさらありませんでした。教科書代だけでもすでに何万と使っていて、ただでさえ金がないうえに、しかもサークルの部費などもあったので、買える状況ではなかったのです。

しかし、本を手にとって数ページを立ち読みすると、私はそれをレジに持っていかざるをえなくなりました。思わず涙が出そうになったのです。さすがに生協で泣くわけにはいきません。

私は家でゆっくりと読むことにしました。しかし、それも叶いませんでした。気がつけば午前二時を回っていたり、課題を忘れていたり、すっかり静子さんのとりこになってしまったのです。私がもう少し早く生まれていたら、先生の恋敵になっていたかもしれません。お土産は必ず別れ際に渡すような女性が現れれば、先生でなくとも惚れてしまうでしょう。

本来のレポートも書かずに、このようなことばかりを書いても仕方がないのでそろそろ終わりにしますが、最後に言いたいことがあります。それは「私も結婚したら、先生たちのような夫婦になりたい」ということです。（後略）

15　『奉教人の死』（山崎佳奈子さん、日本文学四年）

「奉教人の死」という作品を初めて読んだ時、私はなんて悲しくて美しい話であろうと思いました。もとより死を伴う話に弱い私は、一度にこの作品が大好きになりました。しかし先生の講義を拝聴し、私はこの文章のほんの表面しか読めていないということに気付かされました。

この話は少年の格好をした「ろおれんぞ」が突如として現れるところから始まります。「いるまん」である「しめおん」と出会い、兄弟のように睦まじく、共に日々を送っていきますが、そこに事件が起こります。傘張の娘が「ろおれんぞ」に恋心を抱き、さまざまな手段をもって「ろおれんぞ」に近付こうとするのです。ある時「さんた・るちや」の庭で傘張の娘が「ろおれんぞ」に宛てて書いた艶書が発見され、「ろおれんぞ」は仲の良かった「しめおん」にまでその関係を疑われてしまいます。それが次に挙げる場面です。

《ある時「さんた・るちあ」の後ろの庭で、「ろおれんぞ」へ宛てた娘の艶書を拾うたによって、人気ない部屋にいたを幸い、「ろおれんぞ」の前にその文をつきつけて、嚇しつ賺しつ、さまざまに問いただいた。なれど「ろおれんぞ」はただ、美しい顔を赤らめて、「娘は私に心を寄せましたげでござれど、私は文を貰うたばかり、とんと口を利いたこともござらぬ」と申す。なれど世間のそしりもあることでござれば、「しめおん」はなおも押して問い詰ったに、「ろおれんぞ」はわびしげな顔で、じっと相手を見つめたと思えば、「私はお主にさえ、嘘をつきそうな人間に見えるそうな」と、咎めるように言い放って、とんと燕かなんぞのように、そのまま部屋を出て行ってしもうた。こう言われてみれば、「しめおん」も己れの疑い深かったのが恥ずかしゅうもなったによって、悄々その場を去ろうとしたに、いきなり駈けこんで来たは、少年の「ろおれんぞ」じゃ。それが飛びつくように、「しめおん」の頸を抱くと、喘ぐように「わたしがわるかった。許して下されい」と囁いて、こなたが一言も答えぬ間に、涙に濡れた顔を隠そうためか、相手をつきぬけるように身を開いて、一さんに元来たかたへ、走って往んでしもうたと申す。》

この場面、初めて読んだ時私はただの男同士の友情のようなものが描かれているだけだと思っていました。そして「ろおれんぞ」が女だとわかった後でも何一つ疑問を抱きませんでした。また、傘張りの翁の娘が子供を産んだ次の場面、「しめおん」が〈娘に子が産まれるや否や、暇あるごとに傘張りの翁を訪れ、武骨な腕に幼子を抱き上げては、にがにがしげな顔に涙を浮かべて、弟と愛しんだ、あえかな「ろおれんぞ」の優姿を、思い慕っておった〉という部分にも何の疑問も抱かず、こちらもまた男同士の友情を描いているにすぎないと思っていました。そこに先生の講義で、「傘張りの娘の子供は『しめおん』の子供だ。」という説、私はあまりの驚きに声も出ませんでした。また「『しめおん』は『ろおれんぞ』に嫉妬しているのだ。」、「『ろおれんぞ』は『しめおん』に女だと知らせたいが、それができないのだ。」という説。初めて拝聴した時には「まさか、そんなはずはない」と思いました。しかし、その講義後に全体を再読してみますと、確かに先に挙げた二つの場面が特別な意味を持ってくるのです。この読み方をすると、どうしても傘張りの娘の告白の〈まことは妾が家隣の「ぜんちょ」の子と密通して、もうけた娘でおじゃるわいの〉という部分が引っ掛かりますが、それも先生が仰った通り、事態がさらに悪化するのを防ぐための、かろうじてついた嘘であると考えられます。最初に引用した場面では、「ろおれんぞ」に嫉妬しているが故に彼女を問い詰めてしまう「しめおん」の姿と、女として「しめおん」を慕っているが故に、その「しめおん」に疑われて傷付いた「ろおれんぞ」の姿が、次の引用場面では、「しめおん」が父親として子供を抱きかかえる姿が確かに描かれています。そのように読むとこの作品は大変奥深く、単なる殉教の話ではないということがわかります。今まで「与えられた文字の字面をただ追っていく」というような読み方しか出来ていなかった自分が大変恥ずかしく感じられ、小説を読むということはこういうことなのだ、ということがよくわかりました。先生の講義には、後期にも出席させて頂く予定です。私が今まで知らなかった文字の中の世界をどのように案内して頂けるか、大変楽しみにしています。後期も宜しくお願い致します。

16『奉教人の死』（小山絵梨さん、文芸・ジャーナリズム論系二年）

芥川龍之介作「奉教人の死」は〈ろうれんぞ〉という一人の女性の劇的な最期を描くことで、作者芥川の人生観、すなわち人生の本当の意味は、その生の一瞬のきらめきを所有することにある、という考えを世に提示したものと考えられる。

たしかに作品の中で〈傘張りの娘〉の懺悔によって身の潔白を証明された（本人は臨死状態でそのことも分らなかったのかもしれないが）〈ろおれんぞ〉の焼け焦げた衣服の隙間から〈二つの乳房〉が〈玉のように露れ〉た瞬間は、〈しめおん〉や〈傘張の娘〉はじめそこに居合わせた人々、そして読者の感動を呼び起こした一瞬であることに間違いはない。語り手が〈「ろおれんぞ」が最後を知るものは、「ろおれんぞ」の一生を知るものではござるまいか。〉と述べたように、彼女のあの一瞬は〈ろおれんぞ〉（実際は女であったことからそれが本当の名かどうかも分らないが）という一人の女性の生き様を象徴するに足るものであったことは、断言できるだろう。だが、芥川は作中でそのような〈刹那の感動〉を描きつつも、それと同時に、永遠に続いていくであろう感動をも描いてしまったのではないだろうか。その感動とはこの作品においては〈ろおれんぞ〉や〈しめおん〉や〈傘張の娘〉を中心とした「人を愛する気持ち」に関わるものであって、そしてそれは他のどんな時代でも、どんな人にでも当てはまり得る人間存在に関わる永遠のテーマだ。

私はこの作品を繰り返し読んでみてこの物語の裏の物語（つまりは〈ろおれんぞ〉や〈しめおん〉らの本当の気持ち）をじっくり考えてみたが、細かな部分の辻褄合わせをするに、やはりどうしても佐々木先生の説と同じ考えに辿り着いてしまう。すごく簡単に言えば、【〈ろおれんぞ〉は〈しめおん〉を愛していたが、〈しめおん〉の〈傘張の娘〉への気持ちを知ってしまった。その上〈傘張りの娘〉が身籠った子どもは〈しめおん〉の子だと直感的に気付いてしまった〈ろおれんぞ〉は、〈しめおん〉を守るために、あるいは自分の女としての彼に対する気持ちを捨てきるために、自らの潔白を身をもって証明することもせず、〈さんた・るちや〉の町を出て行く――】という物語である。その意味で私の考えはこれといって佐々木先生の説以外の何ものでもないのだが、そのように「奉教人の死」を主人公たちの〈愛憎の劇〉として考えてみると、果して物語の醍醐味は芥川が最も書きたかったとされる最後の場面（〈刹那の感動〉）だけに留まるだろうかということになる。芥川は知らず知らずのうちに、永遠と続く愛と生のドラマを描いてしまっていたのではないか。

ではそれはどういった点において言えることか。私はそれに対する答えとして、この作品における「物語の終わりのなさ」に注目する。

作品中、たしかに〈ろおれんぞ〉は死んだ。〈伴天連〉や〈奉教人衆〉などの多くの人びとは、その〈ろおれんぞ〉の姿に神を見ていただろう。しかし〈しめおん〉にとってはどうだろうか。〈しめおん〉はその時初めて、〈ろおれんぞ〉の自分への想いを知ったはずである。おそらくその時〈しめおん〉の頭には、かつての〈ろおれんぞ〉の自分に対する態度（〈飛びつくやうに「しめおん」の頸を抱き〉、とは自らの肉体を、胸のふくらみを〈しめおん〉に訴えるかのような）がフラッシュバックのように流れただろう。そして先の〈ろおれんぞ〉の行為（炎の中に飛び込んで自分（〈しめおん〉自身〉の子かもしれない赤子を助け出したこと〉の意味などを、瞬時に理解したはずだ。その瞬間、初めて〈しめおん〉の瞳には〈ろおれんぞ〉が自分を愛してくれた、愛すべき一人の女（神などではなく、あくまで一人の女である）として映っただろう。逆に言えば、〈ろおれんぞ〉はその時初めて〈しめおん〉の目に男でもなく神的なものでもなく、一人の女として映ることとなったのだ。そこからまた、この物語は始まるのではないだろうか。つまり今度は〈しめおん〉から〈ろうれんぞ〉への愛の物語である。その意味で、〈ろおれんぞ〉は死んでいない。作者芥川の描いた〈刹那の感動〉でその幕は閉じたかに見えた〈ろおれんぞ〉の「生」（もちろん物理的な意味ではなく形而上的な意味となるが）あるいはその「生」に付随する「誰かを深く愛する気持ち」は「〈しめおん〉の愛」として形を変え、これからもまだ続いていくのである。そしてその愛の物語は、世代を超えて受け継がれていくだろう。ここにそれを象徴すべき一つのシーンがある。〈ろおれんぞ〉が〈燃え崩れる梁に打たれながら〉、〈必死の力をふりしぼって〉炎の中から助け出した赤ん坊を〈傘張りの娘〉のもとに投げた場面でのことだ。

〈さもあらばあれ、ひれふした娘の手には、何時かあの幼い女の子が、生死不定の姿ながら、ひしと抱かれて居つたをいかにしようぞ。〉

私にはこの〈生死不定の姿〉の〈幼い女の子〉が、そのまま、梁の下敷きとなって安否も分らない状態となっている〈ろおれんぞ〉と重なって見える。そしてもしそれが正しい見方だとしたら、〈ろおれんぞ〉の「誰かを深く愛する気持ち」はやはり、この幼子に媒体と化しながら生き続けるのである（物語の流れからいって、この幼子の命は助かるだろう）。また、その先では（つまりこの幼子自身の人生の中では）対象（愛する相手という意味の）を変えた新たな愛の物語が生まれるかもしれないが、それは〈ろおれんぞ〉が経験した「誰かを深く愛する気持ち〉が形を変えたものに他ならない。

以上のことから、二重、三重の意味で、〈ろおれんぞ〉の愛の物語は形・媒体を変えながらも続いていくことが言える。そしてそれが永遠に続く、誰にでも、どんな時代においても普遍的な愛の形であることも、もはや言うまでもないだろう。

〈ろおれんぞ〉の愛が顕在化したあの〈刹那の感動〉の一シーンは、彼女の生の一瞬のきらめきであると同時に、彼女の「人を愛する気持ち」が形を変えつつ永遠に続くものとなった瞬間でもあった。そのことから、芥川は刹那的な生の輝きを描きながら、生の永遠に続く輝きをもまた描いていたといえるのである。

17 『奉教人の死』（坂上有希さん、日本文学二年）

（前略）この授業の最初に佐々木先生は「日本最高の芥川龍之介論を語る」という旨を仰っていましたが、まずその姿勢に感動さえ覚えました。その言葉の通り、物語を通読してから受ける講義で、ただ読むだけでは気づかされないことをいくつも発見することができ、芥川作品自体面白いのですが、先生の「謎解き」過程がまた一層面白く感じられました。時折こぼれる以前の早稲田大学の話や、哲学の話も興味深いです。後期も履修したので、どんな「謎解き」に出会えるか楽しみにしています。

18 『藪の中』（栗原春菜さん、日本文学三年）

言葉なくして世の中を認識することはできない。しかし、世の中に現に起こっていること、そのこと自体は絶対であるのに、人がそれを認識する時に各々に各々の言葉で認識するのだとすれば、絶対であるはずの起こった一つの事実そのものは、一体どこへ行ってしまうのだろうか。そのようなことを考え私は困惑してしまう。「藪の中」は事件に関係する人々の告白という形式で綴られている。ここでの「告白」とは、事実に関わった人の証言であり、その人の認識を通した言葉でなければ語れないのであるわけだから、話された時にはその事実は既に告白者によって脚色されたものであるかもしれない。しかも事件に関することではなおさら、その人の利己心と結びついて話されてしまうだろう。告白とは真実を語れないもので、そうやって物事の真相を知ろうと思っても、後になってから分る、見られるものではない。この話を最初に読んだ時（何年前であったかは忘れてしまったが）、そのように考えを持った。しかし今回講義で個々の告白の細かい部分まで見ていくことで、いままでの自分に見えてなかった部分が見えてきた。私はこれまで、真砂は自らの罪逃れのために都合よく「気絶した」などと事実を曖昧にしていたのだと思っていたのだ。

講義においては「自我」について考えた。真砂は多襄丸に犯されてしまったその事実よりも、それで夫に蔑まれてしまった、そうして真砂は自我を失ってしまった、というところに彼女の悲劇があると思う。夫のもとに駆け寄ろうとするが拒まれ、妻ではなくなったということを感じ、自己が自己である姿にたち帰ることができなかった。自己の同一性を失った真砂の悲劇はここから始まる。真砂は絶叫して気絶してしまうが。ここで授業において先生が「相手を変えようと思っても相手が変わらない場合、男がなおも世界を変えようとする時、女は魔術的に自分を変えようとする。」ということをおっしゃったが、それが女性によくあるヒステリー（男性には確かにあまり聞かない）や、真砂の気絶に関係していそうで興味深かった。そうすれば、真砂の気絶も嘘ではなくあり得ることとしてとらえることができるだろう。まず真砂に気の毒なのは、夫を殺して自分への蔑みを消し、自らをも殺すことで自我を守ろうとするが、夫に蔑んだ目で「殺せ」と言われてしまうところだ。「強いられた殺人」では彼女の自我を守ることはできない。それで真砂は再び失神してしまうのだろう。夫の胸へずぶりと小刀を刺し通したのは真砂の妄想で、結局彼女は夫を殺すことはできず、自分への蔑み、自分の恥を消すことはできなかったのである。しかしここで本当に夫を殺していたら、彼女はずっと夫に蔑まれたままで、彼女はその時点でもう自分を取り戻すことはできなくなっていただろう。「しかし夫を殺した私は、一体どうすれば好いのでせう？　一体わたしは、――わたしは、――」この言葉から読み取れるように、真砂は夫を妄想の中で殺すことはできたが、自分ではなく多襄丸が夫を殺したということに気づいていないのだ。そのため夫は真砂を蔑んだまま死んだということに真砂は気づいていないことになるが、もしそれを知ったらその時彼女は本当の狂気におちているだろう。この真砂の告白は彼女の幻想なのだから、それをそのまま事実とは言えないと思う。しかし幻想だということに気付いていない彼女は、自分のことを一生懸命自分の言葉にしようとしているだけなのではないだろうか。そこには自分の自我を貫き通そうとする彼女の女の意地が見られるし、女の誇りの激しさがうかがえる。そう考えるとこの話は決して真砂の罪逃れのための作り話ではないのだということが分かる。

最後の巫女の話が出てくるが、これは作り話である。私は巫女が検非違使から前の6人の話を聞いた上でこの話をしているということを、以前は考えずに読んでいた。しかし考えてみれば、検非違使は事件の真相が判らずに困っていたのだから、相談する際にこれまでの経緯を巫女に話すのは当然だろうということに今更ながら気づいた。巫女の話は殺された男の妬ましさを見事に表現しており、その能力には感心してしまうが、不審な点もいくつかあり、真砂に対しての点数が辛いと思う。巫女の推理は男寄りなのだ。そもそも夫が不注意でなければこのような事件にならなかったかもしれないのに、すべて女、つまり真砂が悪いのだとしているようにさえ思えてしまう。突然暴行を受けた女性が、その男に口説かれたからといって、「どこへでもつれて行ってください」というだろうか。これでは真砂が少し気の毒な気がする。そのほかに不審に思ったのは、講義でも指摘のあった「その声も気がついて見れば、おれ自身の泣いてゐる声だったではないか？」のところだ。自分の内感は、まず最初に直接自分にくるはずであるからこれはおかしいだろう。何かの本に「そのときまで僕は、自分が泣いていることに気がつかなかったのだ」という表現があったと記憶しているが、このような表現は小説においてよく使われているような気がする。そのため文学における表現としてあまり違和感も感じずにいたから、以前「藪の中」を読んだ時はそのおかしさに気づかなかったのかもしれない。それから「巫女、うまいなあ」と思ったところがある。それは夫は仰向けになって死んだとしたところだ。真砂が胸を刺したなら、縛られていた夫は少なくとも前のめりなって死ぬだろう。巫女はさすがに女には殺せないと考えたのだろうか。そして第一発見者の木こりの証言に合わせ、仰向けに死んだとしたのだろうか。そして小刀を抜いた何者かは暗に真砂のことを言っているのであり、ここは真砂の表現と辻褄合わせをしたのだろう。全体として巫女の推理は一番合理的であるが、真砂の心の闇、人間の生き死にの深さを分かっていないように思う。そういう意味で、真砂は最も人間的だと思うし、あの多襄丸も巫女と比べればだいぶ人間的であると思う。

19 『藪の中』（片岡あやさん、美術史学二年）

芥川龍之介という人の存在を知ったのはいつだっただろうか。気がついたらあのあまりにも有名な写真に写る男のイメージが頭に張り付いていた。私の中で先行していた芥川龍之介その人のイメージと実際の彼の作品が結びついたのは中学生に上がった頃であったろうか。初めて触れた作品は「羅生門」であったと思う。しかしあの頃頬杖をつき流し眼でニヤリと笑う芥川像との始めての出逢いはいつであったか、真相は藪の中である。

「藪の中」において私は真砂の告白に疑問を持った。一読した印象から言うと、木樵り、旅法師、放免、媼の証言から察するにおそらく多襄丸が武弘を殺したものだと考えられる。多襄丸本人の告白もある。「巫女の口を借りたる死霊の物語」として武弘が自分は自殺したのだと告白しているが、この白状は結局は巫女の推理であると考えるため信用しがたい。客観的に考えても多襄丸が犯人だというのはほぼ間違いなさそうであるのに、なぜ真砂は自分が武弘を殺したと告白するのであろうか。被害者、いわば悲劇のヒロインであればいいはずの真砂は何故自分を夫殺しの犯人に仕立て上げ、自分の立場を危ういものにしようとしたのか。

そこで私が思い出すのは講義の一番初めに取り上げた「羅生門」の解説のなかで、先生が芥川の「言葉」のもつ意味について言及されていたことである。人間は言葉によって行為・行動を認識し、意識下におくことで現状を理解、納得しようとし、次の行動に移す。そして人は言葉によって現状を乗り越えていく。芥川は現状に言葉を与え、文章にすることで事態をどうにかして乗り越えようとした。行為・行動だけでは何ものにもならず、言葉にすることで過去は初めて経験として独立する。その点において言葉はすべて過去形であるのだ。人はすべて無意味の中で生きているが、無意味を言葉によって意味あるものに変えることはできる。芥川は言葉によってどうにもできない、無意味な人生を自らの手で切り開こうとした。繰り返される行為、無意味の中で、作家になる、という行為を意味づけるために芥川は書いた。書くことで、言葉にすることで自分自身の、書くという行為自体に意味を持たせた。書くことによって行為に意味を持たせようとした芥川は、作品の中でも登場人物に言葉を与え、その行為に意味を持たせる。先生の前期の講義を通して私の中で一番印象に残っているのが、この「言葉」の捉え方である。

これを踏まえると、一見真砂にとって不利になるように見える告白は、むしろ自分の危うい立場を固定しようとしたからではないかと考える。真砂の気は動転していたとはいえ、その告白に嘘はないと考える。自分の立場を危うくするような危険な嘘をつく理由は考えられないからだ。おそらく真砂のなかでは、夫を殺したのは自分であり、そしてその「事実」は生き残ってしまった自分のなかで重く横たわっているのではないか。恐らく武弘の胸を刺し肉体的に殺したのは多襄丸であるが、真砂も夫を精神世界で殺しているのだ。そう言葉にすることで、どうにもできない現実を過去の経験として消化することで、事態を解決しようとしたのだ。

真砂もやはり言葉にすることで現状を乗り越えようとしているのではないだろうか。愛する人に先立たれた浮世において、無意味の人生を送らなくてはならない。無意味の人生にも何らかの意味を持たせなくては生きていくことは難しい。そのときに取ったのが「告白」の行動であり、真砂は過去を自分の経験として意味あるものにし、生きていくために言葉にしたのではないだろうか。武弘殺しの犯人は真砂でもある。これもまたやはり一つの真実なのではないだろうか。真実は藪の中に無数に転がっているのかもしれない。

20 『藪の中』（村田有美さん、哲学二年）

「藪の中」の事件の真相はどこにあるのでしょうか。犯人は多襄丸か真砂か、それとも自害か。

先生は「言葉の力」について話されていました、そこで私は改めて言葉というものの不可解さを感じさせられました。私たちは言葉によって思考し、語ることが出来るけれど、しかし同時に思考も語ることも言葉によって制限されてしまっている。物心ついた時から使っていながら考えれば考えるほど手に負えないもの、時に言葉なんて信じられない、真実ではないと考えながら、それでもやはり私たちは言葉にたよらなくては真実に近づくことはできないのでしょう。

ところで、私はこの本を読む中で私たちの「認識」の問題を感じました。

私は常々、私たちの経験・認識には、客観的な真実というものはありえないと思っています。いくら客観的にと思っても、私たちが何かを認識した時点でその「認識したところのもの」は認識主体（つまり私）の解釈を経て、歪められてしまった後のものです。カントが『純粋理性批判』において、私たちの認識するものはすでに、私たちの主観の働きが付け加わり、またその認識能力の制限を受けているため、根源である物そのもの（物自体）を認識することはできないのだと考えたように。

この前提に加えて、作品の中の多襄丸と真砂は事件の当事者であり、そのため彼らは現場で様々な思いを抱いていたと思われます。その思いが、無意識のうちに出来事の認識に影響を及ぼし、それにより一つの事件を違ったように捉えてしまったのではないでしょうか。武弘を殺した犯人は物的証拠・証言から、多襄丸が一番有力と思われます。先生の仰っていたように、多襄丸は「名高い盗賊」などではなく、女房と女の童を襲って殺すような、好色でいやしい盗賊にすぎなかったのでしょう。そして彼自身、その自分の現状に思うところはあったはずです。はじめ〈女を奪ふとなれば、必、男は殺される〉と言った後に〈男を殺さずとも、女を奪ふことが出来れば、別に不足はない〉とあるのは、前者が彼の思う理想であり、対して後者が事件当時の彼の実感だったのでしょう。現状を打破し理想的な自己を求める強い思いの影響によって、事件に対する彼の捉え方は歪んだものとなっていたと思われます。

また、真砂についてですが、この事件に関し真砂が7人のうちでいちばん感情的になるのは当然で、そのため真砂の証言はその感情の影響を大きく受けたものとなっています。真砂は事件により大きな衝撃を受け、錯乱状態に陥り、その中でせめて自分の矜持を守ろうという水面下の意識がはたらき、そのため、夫を殺したという意識に至ったと思われます。彼女の証言の中には二度〈気を失つてしまひました〉〈気を失つてしまつたのでせう〉とありますが、後者の表現の方がより曖昧さが増し、これはいかにも自分では分らないため推測で言っているように感じられます。

その他の証言は具体的であるものの、その信憑性は所々疑わしく、また、肉体的・精神的にダメージを受けていた真砂に夫を深く一突きにする程の余力があったかは疑問に思われます。しかし真砂自身は自分が夫を殺したと信じこんでいるのでしょう。それが偽りでなく、その認識が自身を苦しめていることは、彼女の最後の悲痛な言葉に表れています。繰り返すようになりますが、作品中で彼らの証言はたびたび行き違うけれど、それは誰かの証言は本当であとは嘘をついているというわけでなく、彼らの認識のうちではそれがまぎれもない真実なのではないでしょうか。

佐々木先生の仰っていたように、其々が真実を言おうとしているのだと考え、「其々が自己保身のために嘘をついているという、人間のエゴイズムを表した作品」という定番の考察、そのラベルを取り払って読むと、ずっと深みを増し面白く感じられます。これは授業で扱った他作品にも言えることですが、先生の解釈を聞いて本文を読み返すと、（もちろんそれを鵜呑みにするのではなく、ひとつの読み方なのだという意識は常に持っておきたいのですが）ならばこれはこういう事なのかもしれない、と新しい発見があり、度々目の覚めるような気持になりました。後期の講義も楽しみにしています。

21 『藪の中』（石岡亜希子さん、学士入学）

日本近代文学1を受講しての感想を述べたい。毎回毎回、テキストと講義の内容双方に驚き感心し、先生が羨ましくてならなかった。なぜなら筆者は学部時代に中国文学を専攻していたのだが、「研究」できるほどの読解力もなく発想力にも乏しいことに気付き、断念してしまったためである。自分の能力の低さを思い知って以来、文学とは距離を置いていた。本講義は久々に文学に触れる機会となったわけだが、この位の距離感があった方が純粋に文学を自由に鑑賞し、楽しめることがわかった。

最も印象に残っているのは、「ここまで深読みしていいものか……」という台詞である。そこまでの深読みは、自分には到底できない。今学期の間、何度か耳にしたこの言葉と先生の博く深い知識には、尊敬の念を抱かずにはいられなかった。芥川の世界に、そして文学の世界に誘ってくださった佐々木先生に感謝申し上げます。「文学って素晴らしいな」と改めて感じられてとても嬉しかったです。

22 『藪の中』（長谷宏之君、日本文学二年）

先生は、いつも、授業中、「僕の読み方はすこし、極端すぎるかもしれませんが」と自重されながら、論を展開されていきます。正直に言えば、当初、僕は、先生の解釈の仕方に、納得できない部分が多かったのです。しかし、それは、あまりにも、先生に対して不誠実であったと、途中から、反省するようになりました。そのきっかけとなったのが、「地獄変」の授業において、先生が、この小説を、「一人の父親の苦しみとして読むんだ」と宣言された時でした。一人の人間として、とても共感を覚えたのです。ですから、先生の著書『静子との日々』も、早速、購入して、すぐに読みました。そのことは、後で書きます。それでも、先生の、芥川に対する解釈のしかたは、僕にとって、「世界の一切が明るく輝き」（『静子との日々』）だすようなものだったのです。

例を挙げます。「藪の中」です。当初、僕は、この小説を、芥川が、見事に女性の本質（ないしは、恋愛というものの本質）を暴き出した小説なのだと考えていました。同じく、この授業を受けている友人に、そのことを尋ねてみましたら、同意はしてくれましたが、「あまり深く考えないで、もっと小説を楽しんで読む方が、良いんじゃないかな」と言っていました。この、僕たち二人の読み方は、先生が、著書で引用された、中村光夫と福田恆存の読み方に、それぞれ対応しているのではないでしょうか。いうなれば、通ぶった読者と、一般読者の読み方とでも、言えるかと思います。しかし、先生の解釈は、これらの読み方とは、だいぶ違っています。

うまく表現できるか分りませんが、先生の「藪の中」の解釈の特異性を、明らかにするために、まず、様々な批評家の、この作品についての解釈を、次の三パターンに分類してみたいと思います。「地上」の読みと、「地下」の読み、そして、「地下を突き抜けていこうとする」読み、に。（これの分類は、先生の「地獄変」の解釈を利用しています。）

まず、「地上」の読みとは、一般読者の読みのことです。福田恆存が言うように、「読者はそのお話の面白さに興じていれば良い」（「『藪の中』について」）というような読み方のことです。

次に、中村光夫や大岡昇平の読み方を、「地下」の読み、と名付けます。批評家の読み方のことです。

例えば、中村光夫は次のように、言います。「強制された性交によっても、女は相手の男に惹きつけられることがある」（「『藪の中』から」）。この時の中村光夫の言い方には、女のことは、誰よりも、自分が知っているんだという批評家の慢心が、あるのではないでしょうか。
大岡昇平は、この小説について、「女の断罪、男たちの和解で終わっている」。そして、強姦のシーンを、「サディズム、のぞき見、露出狂など、ポルノグラフィックな要素の複合体として、捉えなければ」（「芥川龍之介を弁護する」）と言っています。批評家としての大岡氏は、まるで全てを知っているかのようです。男女の恋愛における全てを！

ここで、僕は、この両者を、「地獄変」における、大殿に、なぞらえたいのです。つまり、大殿の権力とは、地上と地下を、知り尽くしているのだという、フィクションによって、成り立っていましたが、まるで、中村光夫も、大岡昇平も、女の真実だとか、恋愛の真実だとかいうものを、すべてを知り尽くしているような、つまり、フィクションを所有しているかのように感じるのです。

では、先生の解釈の特異性とは、何かといえば、これらのフィクションを、見事に打ち破った、ということになると思います。つまり、これこそが、「地下を突き抜けていこうとする」読み方のことです。

方法論として、先生は、「藪の中」における、真砂を救い出すことで、この小説を取り巻くフィクションを打ち破りました。それは、まるで、「地獄変」において、良秀が、娘を、地獄から、助け出そうとした思いに似ていると思います。そしてその試みは成功しました。結果として、先生は、様々な批評家が、全く気づかなかったような、指摘をしています。

「真砂が悪いと考えれば、筋はとおるだろうが、真砂の心の闇の深さについては、巫女は、何も言っていないんだ。」

僕が、ここで、先生の解釈を大切にするのには、訳があります。先生の解釈に出会わなければ、僕が、中村光夫や、大岡昇平の解釈を、無批判的に、そのまま受け止めてしまっていたのではないか、と思われるからです。これらの批評家の読みは、僕らにとって、大変都合がよいものです。僕たちの思考が、「女というものは、こんなものなんだ。」とか、「人生なんていうものは、こんなものなんだ。」というフィクションを、ともすれば、好みがちだからです。実のところ、そんなセリフが、かっこいいなどと思っているのかもしれません。

しかし、言うまでも無く、それらは、自らの限界を確かめることを忌避した、自己欺瞞に他なりません。そして、そんな、僕たちのためにこそ、先生の「藪の中」捜査は、完遂されたのではないでしょうか？

唐突ですが、『静子との日々』を読んでみて、同じようなことを、思いました。

ぼくが、この本のなかで、好きな箇所は、次のような箇所です。
《僕もまたそう考えていたんです、でもやはりそれは卑しいんだな、オドオドして汚らしいんですよ、本当は人間はそうであってはいけないんだ。》
《ずっと君とのことを考えていたのです。》
《ただ人間が人間を愛することが信じきれないから、》
《人間は本当は強いんだ、すごくすごくつよいんだ、そういう自信が湧いてきたんです。》
《原稿料が入ったら（ずっと遅くなるでしょうが）、何かを買ってあげましょう。楽しみにしていなさい。》
《「でも、私って傷ものなんですよ」と静子は呟いた。
「傷もの？　傷ものってこんな時いう言葉じゃない」と僕は笑いながら言った。静子の顔にようやく笑いが戻った。
「傷、見てみます？」と静子は言った。
「見てみません」と僕は即座にこたえた。》
これほど、美しい言葉たちを、僕はほかに知りません。一瞬一瞬の真実が、見事に、言葉として、定着しているように感じました。

23 『お律と子等と』（長谷宏之君、日本文学二年）

唐突ですが、僕は、先生が、授業中、先生の自著『静子との日々』について語られる時間を、毎回、今か今かと待ちわびて、一時間半の講義を受けていました。そして、「お律と子等と」についての講義の時に話されたエピソードに、感極まりました。それは、「お律と子等と」のこんな箇所の解説をされている時でした。

母が父を呼びによこすのは、用があるなしに関わらず、実はただ父に床の側へ来ていて貰いたいせいかも知れない。—そんな事もふと思われるのだった。

その時、先生が仰っていた事は、次のような感じのことでした。

静子さんは、横浜の病院に、入院していらっしゃった。しかし、先生のご自宅は、茅ケ崎で、病院までの距離は遠い。大学の講義が、五限で終わると、先生は疲れ切って、ご自宅に帰宅される。そこに、病院からの電話がある。先生は、急いで、タクシーに乗って、病院へ、駆けつける。だが、実のところ、大した用事ではなかった。

ただ静子さんは、一人でいるのが、怖かっただけなのかもしれない。淋しかっただけなのかもしれない。先生だって、本当を言えば、疲れていて、病院へは、行きたくない時もある。でも、今から思えば、もう少し、一緒にいてやれば良かったなと思う。

この内容は、僕が、先生の講義を聞いたときの記憶をもとにして、想起し、再構成したものです。この話を聞いたとき、涙が出そうになりました。そして、授業において、このような体験を、何度も何度も繰り返すことによって、今では、先生の奥様、静子さんへ、親近感を持ってしまっています。

さて、何故、僕が、このようなことを長々と書いたかといえば、先生の『「お律と子等と』私論」における、(また、その他の論文における) 記憶についての考察が、小説の書き手についてだけでなく、読み手にも応用できると思ったからです。先生は、作家としての芥川について、次のように書かれています。

だがしかし、そのことを記すこと自体、人が〈過去〉に失ってゆくものを、せめて一つなりとも残さんという願いであるに違いない。先に〈祈り〉といった所以である。そしてそこに、芥川の作家としての生涯が託されている。

また、先生は『静子との日々』において、自著を読むことについて、次のように語られています。

しかし思えば、その記述を読み続けている間、たしかに静子はこの世に生きている。とすれば、この記述を読み続けることこそ、静子をこの世に蘇らすことではないか。

この文における「静子」さんを、「点鬼簿」の母、初ちゃん、父に置き換えれば、そのまま、芥川の心境を、私達が、思い浮かべることが出来そうです。この箇所には、作者が、自著を読み返していく際の、切実な思いが述べられていると思いますが、読者にとっても、ある小説を読むこととは、それと同じようなことをするのだ、と言えると思います。もちろん、読者が、作者の深い悲しみと一体化することができるなどとは、少しも思っていません。

たぶん、こういうことなのではないでしょうか。人がある小説を読む。そして、もしその小説が、その瞬間に、切実な感動を与えるものなら、その人は、その後、その涙の記憶を繰り返し繰り返し、想起し、再構成していく。つまり、はじめて流した涙を、その瞬間をもう一度味わうために、その行為を反復する。そこで、ある小説を読んで、その感動が、長続きする場合がある。また、しない場合もある、あるときは、その小説が一生の友となることもある。そういう風に、説明がつくのだと思います。ある小説を読んで、その感動の長続きする小説が、その評価を高めるものだとすれば、このようなことなのではないでしょうか。

例えば、広津和郎は、「点鬼簿」について、次のように言ってます。

併し底にひそんでいる作者の寂しさには、十分な真実が感ぜられる。それは健康の衰えから来る、死と面接したような淋しさであるが、併しそれは我々と全然関係のないものではない。

(「『点鬼簿』と『歯車』」)

ここで、彼は、芥川の「さびしさ」に完全に一体化することはできないものの、この小説から読み取った「淋しさ」を、広津自身の重要な記憶として、繰り返し繰り返し想起し、再構成することで、「われわれと全然関係ないものではない」という結論に至っているのだと思われます。事実、彼は、この一節を、次のようにはじめているのです。

それは芥川君の最近の健康の衰えから来る、神経衰弱的なものかもしれない、それを神経衰弱のさせる業だと片付けてしまえばそれまでであるが、……(「同」)

さて、もしも「お律と子等と」があまり評価されていないのだとすれば、それは、この小説が、「神経衰弱」などという説明を、つけることができないものなのだからかもしれません。それぐらい、この小説の描く世界観は、日常的なのです。例えば、次の箇所です。

「浅川の叔母さんはまだいるでしょう?」

やっと母は口を開いた。

「叔母さんもいるし、――今し方姉さんも来た。」

「叔母さんにね、――」

「叔母さんに用があるの？」

「いいえ、叔母さんに梅川の鰻をとって上げるの。」

今度は洋一が微笑した。


文脈を、切り取って、この箇所だけを、抜き書きしたら、世の中のどこにでもありそうな親子の会話です。しかし、私達が、日常に行っている会話などは、誰も、それを書きとめようとする努力をしようとは思わないので、すぐに消え去ってなくなってしまうものなのでしょう。そこに人間存在の儚さがあります。このような考え方は、僕らが、先生から教わったものです。

――どうやらこの年（平成十九年）は、「藪の中」と「お律と子等と」の順序を変えて語ったようだ。

24 『六の宮の姫君』（吉澤碧さん、日本史学二年）

私は以前「六の宮の姫君」を読んだとき、姫君のことを全く別の作品である『源氏物語』の「女三宮」と「浮舟」に重ね合わせて考えていました。同じ平安時代の貴族社会を背景にした物語の登場人物の姫君だというだけでなく、どことなく、その三人には似たような雰囲気があるように思われたのです。

しかし今回、芥川の「六の宮の姫君」を改めて読み、未来永劫《無明の闇》をさまよい続ける「不甲斐ない女」という説から、授業以前に受けた姫君の印象と全く異なった人物像が新たに浮かび上がってきました。

ただ漠然と自主性に欠ける、情の薄い、流れに身を任せて行き着く先に甘んじる人物だと思っていた「六の宮の姫君」が、実はそんな単純な見方で割り切れるものではなかったのだと気付きました。そして、そのものの見方は、逆に今まで『源氏物語』に抱いていた考え方までも変えさせてしまいました。

いずれも後に出家して俗世を捨てる『源氏物語』の二人の姫君、その若かりし頃の境遇は、六の宮の姫君の半生を連想させます。当時の出家には、一切の家族関係・俗世での繋がりから完全に断ち切られるものであると同時に、個人の自発的な行為でありながら、それを周囲は認めざるを得ないという一種の不文律だったと言います。彼女たちがそうまでして逃れたかった繋がりとは何だったのでしょうか。

まず、女三宮は作品中で何度も繰り返し描かれる「幼さ」、ひいては「未熟さ」が招いたといわれる悲劇から不義の子を身籠ってしまいます。彼女はその間後悔に揺れ続けますが、それは悲しみではなく、夫、光源氏に対する恐怖が原因のものでした。それもそのはず、彼女はただ向こうからやってきた運命に押し流されただけなのです。「のがれぬ御宿世」という言葉が示す通り、彼女の意思は皆無だったわけです。それはあたかも、六の宮の姫君にとって、乳母の手引きでやって来た丹波の前司なにがしとの結婚が本人の意思とは無縁だったようにです。

そして、姫君がその結婚生活を嬉しいとも感じなかったことは文章から容易に察することが出来ます。むしろ彼女は、そうする他なかったのだという諦念のようなものさえ感じていたのではないでしょうか。本文中に引用されている不気味な少女の話は、彼女のそういった気持の象徴的な逸話なのです。

また、入水未遂の果てに出家した浮舟は、自分を助けてくれた尼僧に対して、昔のことを思い出そうとしても、ただ夢か幻のように心もとなくぼんやり霞んでしまう、と語り、自分を訪ねてきた昔の恋人にも、尼僧の紹介する男性にも会おうとはしません。

それは、六の宮の姫君が乳母の薦める典薬之助を拒み、「もう何も入らぬ」と無気力につぶやくところに似ています。彼女もまた、できることなら、俗世から離れたい、ひそかに暮らしたいと思うこともあったのではないでしょうか。しかし、それもまた、思いを馳せることくらいしか私たちにはできないのです。

果たして、望み通り俗世を離れた『源氏物語』の姫君たちは、出家によって本当に救われたのでしょうか。

以前、仏教史を学んでいたときに『宇治十帖』が紫式部の仏教観を反映していたという説があったのを思い出しました。

当時の仏教では、女性はどう足掻いても成仏できないものと決められており、一度男に転生してからでなければ成仏することができないという説がまかり通っている世の中でした。作者の紫式部がその男性中心の社会の歪みを写し取って、女性のやるせない思いを投影したのだという説でした。私には『源氏物語』の登場人物たちもまた、永劫途絶えることのない《無明の闇》をさまよっているあわれな女性であるように思われます。

しかし、彼女たちが最後にすがった出家にも、頼ることなく息を引き取った六の宮の姫君の末期は、ある種のリアリティを感じさせます。法師の言葉を無視し、死の直前に仏名を唱えるのを止め、虚空を見つめる六の宮の姫君の眼に映った「風の吹き荒ぶ暗闇」は、正に彼女の晩年の心象風景だったのではないでしょうか。

それは、テキストのほぼ最後に出てくる「人間の魂のゆくえを果てまで語らんとして〈言葉〉を尽くし、しかし所詮どう終わらすことも出来ずに〈言葉〉を継ぎながら、結局うやむやに反復を重ねていくしかない物語の無力と限界、欺瞞……」という文章に集約されていると思います。

終わりない反復を繰り返しながら永遠に続く《無明の闇》の中を見つめ続けるむなしさ。それが、彼女、六の宮の姫君の、ひいては平安時代の女性の一生、いや永劫の人間の一生なのではないでしょうか。流されるより他に仕方ない、という悲痛な覚悟もその裏にはあったように思われます。

また彼女の死後も、彼女を救うことのできなかった「内記の上人」という人物に影を落とし、彼の中で《無明の闇》は広がり続けていくのです。

25　『六の宮の姫君』（小池麻季さん、日本文学二年）

人間の心は複雑なもので、ときには自分の心情さえもわからなくなります。嬉しいはずなのにどことなくもの寂しかったり、腹が立っているはずなのにどこか清々しかったり……。いつかの新聞の編集手帳には、数学者である藤原正彦さんのこのような言葉が紹介されていました。「私の場合は、数学で苦戦しているときに悲しい歌を聴きたくなる。悲しい歌のほうが力が湧いてくる。」そして、この言に作家の五木寛之さんは「健康で前向きな歌を歌えば元気になるという考え方は単純すぎる。」と応じていました。私は思わず「うん。うん。」と頷いてしまいましたが、言葉を作ってしまえば、まさに〝人の心は奇なり〟だなと感じます。そして芥川もこの〝人の心は奇なり〟という思いを少なからず現代の私たちと同様に抱いていたからこそ『六の宮の姫君』において、〝謎のごとき得体の知れない人間〟を主人公として登場させたのではないかと思いました。そして同時にこの〝謎のごとき得体の知れない人間〟こそ、私たちの真の姿なのだというところに、人間という生き物の不思議を改めて感じずにはいられませんでした。

人間の真の姿を描くという芥川の試み、これは近代小説へ疑問を投げかける試み＝近代小説への挑戦でもあったと思います。坪内逍遥が当時提唱していた理念〝心理学者の如く心理学の道理に基づいて人物を仮作るべし〟これは、人間の心を科学によって描き出すということです。確かに芥川も人間の動作や表情から人間の心を解釈し分析するという方法によって、姫君の内面に分け入ろうと試みているといえます。しかしその試みが意図していたものは、むしろその反対で、芥川は科学によってでも人間の内面は理解できないのだと主張するために、まずは意図的に科学的方法によって姫君の内面を描いてみせたのだと思います。そこに矛盾や撞着を与えることによって科学による人間理解を否定しようがためにに。遡れば、ニュートンの言葉にも「天体の運動はいくらでも計算できるが、人間の気持はとても計算できない。」とあります。また芥川と同様に夏目漱石の門下であった寺田寅彦も「科学はやはり不思議を殺すものではなく、不思議を生み出すものである。」という言葉を残しています。わたしは、近代よりもずっと科学が発達し、科学なしでは生活できないような現代を生きていますが、人間らしさの象徴である人の心まで科学の介在によって理解したくありません。きっと不可能だと思うし人の心を思いやるということ、これはいかに正確に人の心を読み取れるかということではなく、同じ心をもった人間が、ああでもないこうでもないと想像・空想し思いめぐらすという行為自体にこそ価値が見出せるものではないかと思います。

ここで、芥川とは少し話が逸れてしまいますが、逍遥が批判したという滝沢馬琴の『南総里見八犬伝』、私は先生のお話を聞いて、このような作品こそまさに現代必要とされている、現代人が読むべき傑作なのではないかと強く感じました。孝・悌の心を持ち、父母を大切に兄弟仲睦まじく過ごせば、子どもが親を、兄が妹を殺害するというようなおぞましい事件など起こらないはずです。また、信・忠の心＝偽りのない心・まごころ・まことは今最も国民が政府に、そして政治に求めているものだと思います。智＝是非・善悪を弁別する心でもって、礼＝社会の秩序を保つための生活規範を一人一人が遵守すれば、毎日のように報道される悲惨な犯罪・紛争・さらには戦争も抑止できるかもしれません。そして常に、仁＝思いやりの心を忘れずに、義＝人間の踏み行うべき道を進んでいくことこそが、古代から受け継がれてきた人間の本来あるべき姿のような気がします。

『六の宮の姫君』の先生の講義を通じて、芥川↓逍遥↓馬琴という偉人の世界を巡り、更には現代の私たちのあるべき姿にも出会うことができました。やはり小説は、読者をあらゆる世界へといざなってくれるまさに〝タイムマシーン〟だなと改めて感じます。

最後に藤村の授業で先生に紹介して頂いたギリシャ悲劇『アンティゴネー』から、

「不思議なものは多い。しかし人間ほど不思議なものはない。」

この思いは世界中で永遠に受け継がれ、人間を悩まし続けるでしょう。しかし、不思議な人間に私は魅力を感じずにはいられません。


私は日本文学に浸ることができる先生の授業、金曜四限五限が大好きです。人生の機微のようなものにしみじみと触れられる一方、先生自身のご家族やパリでのお話を聞くと、心が暖かくなります。ちなみに今私が一番旅をしてみたい場所はパリになりました。是非パリのお話もまたして頂きたいです。

26 『一塊の土』（度会友哉君、社会学四年）

1、お民について

「一塊の土」は仁太郎という男の死後、その母のお住（姑）とその妻のお民（嫁）が力を合わせ、あるいは反目し合いながら、挙句お民が腸チフスで呆気なく死ぬまでの九年余の農家の生活を描いている。

まずはじめに、お民について、その家計を支えていく力強さ、女らしさを失って労働に従事する姿勢について論じていきたい。

「『はいさね。わしもお前さんさへ好けりゃ、いつまでもこの家にいる気だわね。—かう云ふ子供もあるだものう、すき好んで外へ行くもんぢゃよう』お民もいつか涙ぐみながら、広次を膝の上へ抱き上げたりした。広次は妙に羞しそうに、奥部屋の古畳へ投げ出された桜の枝ばかり気にしていた。……」という部分がある。このお民の子である広次がなぜ妙に羞しそうにしているのかについて、佐々木雅発先生は著書のなかで、「もとより〈いつにない光景に接した幼児の心理〉にはちがいない。しかしさらに言えば、それは母親らしくないお民の、久し振りに見せた母親らしさへの、広次の憚りや戸惑いではなかったか。おそらくお民はすでにそれほどに、力仕事に母性＝女性を失っていたのだ」と指摘している。私もその通りだと思い、お民は家計を支えるために本来男がやる力仕事をやり、そのために子供と時間がとれないため、広次にとっては、母親らしさをみせたお民への恥ずかしさ、困惑があったのだろう。それだけ、お民は力仕事に従事していたといえる。

他にも、お民の男らしさがあらわれる場面がある。お住の婿をとる話のやりとりのなかでの、「好いわね。広の為だものう。わしが今苦しんどきや、此処の家の田地は二つにならずに、そっくり広の手へ渡るだものう」や、労働後の食事での「お民はかう云ふ間にも煙の出る藷を頬張りはじめた。それは一日の労働に疲れた農夫だけの知っている食ひかただった」や、「お民はまた一つ年を越すと、今度は川向うの桑畑へも手を拡げると云ひはじめた。何でもお民の言葉によれば、あの五段歩に近い畑を十円ばかりの小作に出しているのはどう考えても莫迦莫迦しい。それよりもあそこに桑を作り、養蚕を片手間にやるとすれば繭相場に変動の起こらない限り、きっと年に百五十円は手取りに出来るとか云ふことだった」という部分である。

ここには、土地への執着と土地を大切にする精神、子孫にまで継承しようという気概と努力が見受けられる。また、新たに桑畑へも手を拡げようとした姿勢には、野心や「文化と歴史を形成し推進してゆこうとする使命感」(佐々木)がある。総じて、お民には父祖伝来の土地を将来にわたって保全すべく、さらに共同体全体の秩序の精神に相即すべく、自らの身を費やしている姿勢がみられる。

また、上記の労働後の食事のなかで、お民ががつがつ藷を頬張るのに対し、お住は藷を炙り続けている。お民が畑仕事をするのに対し、お住は孫を遊ばせたり、牛の世話をしたり、洗濯をしたりと、主に家の中の仕事をしている。このことから、お民は、男・夫としての役割を行い、お住は女・妻としての役割を行っていると考えることができる。このようにして、二人の女は役割分担をし、一家を支えているのである。

2、お住について

次に、お住について、お民の仕事ぶりに対する心情の移り変わりを論じていきたい。はじめのうちは、お住のお民に対する心情は不愉快なものではなく、むしろ喜ばしい面もあった。例えば、婿取りの話に対しお民は断るが、「お住もとうとうしまひには婿をとる話を断念した。尤も断念することだけは必ずしも彼女には不愉快ではなかった」という場面や、「お住は又お民に対する感謝を彼女の仕事に表そうとした。孫を遊ばせたり、牛の世話をしたり、飯を炊いたり、洗濯をしたり、隣へ水を汲みに行ったり、一家の中の仕事も少くはなかった。しかしお住は腰を曲げたまま、何とか楽しさうに働いていた」という場面、「隣の婆さんにでも遇へば、『何しろお民がああ云ふ風だからね、はえ、わたしはいつ死んでも、家に苦労は入らなえよう』と、真顔に嫁のことを褒めちぎっていた」という場面である。

しかし、お住は、自らの苦しさから段々お民に反抗するようになる。また、その心情も不愉快なものへと変化してゆく。それは、お民が桑畑と養蚕を始めようとしたときにあらわれる。お住は、お民に愚痴まじりに反抗し、荷が重いと泣きついたのである。そして、「お住は又この時以来、婿を取る話を考え出した。以前にも暮しを心配したり、世間を兼ねたりした為に、婿をと思ったことは度たびあった。しかし今度は片時でも留守居役の苦しみを逃れたさに、婿をと思ひはじめたのだった。それだけに以前に比べれば、今度の婿を取りたさはどの位痛切だか知れなかった」のである。

さらに、お民の、隠居でもしたくなったのではないかという問いに、否定はするものの、お民を納得させることはできず、その理由として、「それは第一に彼女の本音、――つまり彼女の楽になりたさを持ち出すことの出来ない為だった」とある。

このように、お住に自己本位的な考え方があらわれはじめる。昔の女性というものは、現代と比べて、家庭を支える上で、非常に献身的な姿勢というイメージがあるが、それとは違い、お住には一種のエゴが見え隠れする。また、お民が、父祖伝来の土地を将来にわたって保全すべく、さらに共同体全体の秩序の精神に相即すべく、自らの身を費やしているのに比べても対照的である。そして、極めつけは、お民の葬式をすませた夜の、「お住はまだ一生のうちにこの位ほっとした覚えはなかった」という部分である。この気持は、子の仁太郎の葬式の済んだ夜にも抱いている。お住は、寂しい、そして情けない人間といえるのではないか。この話の最後の部分で、お住は自ら情けなさを感じているが、依然として生きているお住には、この苦しみが続くのであろう。

3、考察

この話は短編であるが、とても簡潔に、かつ奥深く農民の生活を描いている印象を受けた。お住とお民という二人の女を中心に話が展開され、男・夫としての役割をするお民、女・妻としての役割をするお住という、男手がないながらも協力して一家を支えていくなかで、お互いの考え方のぶつかり合い、姿勢の違いがあらわれてくる。

私は、お民に対しては、土地の執着やその仕事ぶりから、父祖代々伝わる伝統を下の世代へと継承しようという献身的な姿勢、共同体への帰属意識というものがみえ、昔ながらの人間という印象を受けるが、お住に対しては、新しい婿を招くことによって土地が二分されても構わない、楽になりたさを優先している姿勢から、非常に自由で、自己本位的な印象を受けた。

やがて、お民も死に、お住は自分自身に情けなさを感じるが、「お住は四時を聴いた後、やっと疲労した眠りにはひった。しかしもうその時にはこの一家の茅屋根の空も冷やかに暁を迎へだしていた。……」とあるように、お住の苦しみ・嘆きは、これからも続いてゆくのであろう。

27 『一塊の土』（松本直也君、複文二年）

1、はじめに

「一塊の土」は、仁太郎の死後、その母であるお住とその嫁であるお民が共に力を合わせ、そして対立しながら生活し、最後お民が腸チフスで呆気なく死ぬまでの九年間にわたる農民生活を描いた作品である。この「一塊の土」を論じるにあたって、はじめにヘーゲルが『精神現象学』の中でいうところの、「人間の掟」、「神々の掟」について言及する。そしてそれらと、「一塊の土」におけるお民とお住の関係性について触れ、「一塊の土」について考察していきたい。

2、「人間の掟」と「神々の掟」

アイスキュロスやソホクレスなどに代表されるギリシア悲劇では、男たちは国家・共同体を守るべく戦へ赴く。一方家に残された女たちは安らかさを追い求め、その安らかさの中で種と生命を育み、そして戦で命を断った死者を弔う。以上のようなギリシア悲劇に見られる人間模様を素材に、ヘーゲルは『精神現象学』の中で、人間が「人間の掟」か「神々の掟」のいずれかに属して生きる姿を描いている。ここでいう「人間の掟」とは究極的に〝男〟であり、またそれは強さ、共同体であり、つまり日に明るみの中で妥当する地上の権利であるとし、一方「神々の掟」とは究極的に〝女〟であり、またそれは弱さ、家族であり、つまり光を厭う地下の権利であるとしている。畢竟「人間の掟」とは〝男〟であり、「神々の掟」とは〝女〟であるのだが、この両者の区別は男女の身体的差異から見いだせるものではなく、社会の役割という点で、自己意識を媒介して顕在するということに着目しなくてはならない。

はじめ「人間の掟」と「神々の掟」の関係は、相互の調和と均衡を保っている。しかしギリシア悲劇の結末のごとく、やがて両者は対立しあい調和と均衡は崩壊し、ついに両者共々没落する結末を迎える。このようにヘーゲルが『精神現象学』の中で言うところの「人間の掟」と「神々の掟」の関係性は、「一塊の土」を語るにあたってきわめて示唆的で、作中におけるお民とお住の行く末を暗示しているようである。この「人間の掟」と「神々の掟」に着目し、お民とお住の関係について論じていく。

3、お民とお住

お民は夫の仁太郎の死後も家族を支えるべく男の仕事を奪い続けた。「わしが今苦しんどきや、此処の家の田地は二つにならずに、そっくり広の手へ渡るだものう」と、お民は新しい婿を取らない。土地を後世に残そうと努力したのだ。このようにお民は自己意識において、もはや男であり、

「人間の掟」に生きていたのである。

とはいえ、お民の性は女であったから、「神々の掟」に生きることが自然である。それゆえ「骨節の痛んで寝られなえ晩なんか、莫迦意地を張ったって仕方なえと、しみじみ思ふこともなえじやなえ。」と、お民は自然に反して「人間の掟」に生きることに葛藤していたことも見受けられる。だがそれでもお民は「これもみんな家の為だ、広の為だ」という自負、誇りを持って、「泣き泣きやって」苦しんでいながらも、「人間の掟」を死守すべく生きていたのである。お民は単に、「稼ぎ病」にとらわれていたわけではなかったのだ。家族の生活のため、いや共同体全体の秩序を維持するため、お民は〝男〟の役割を全うしなくてはならなかったのだ。

一方お住はそんなお民に幾度となく新しい婿を迎え入れる事を提案した。しかし上記でお民に触れた通り、お民はお住の意見に耳を傾けようとはしない、それにしても、なぜお住みはそこまで婿を迎え入れることを切望したのであろうか。お民は十分に一家の生活をささえているではないか。

それは労働力の補塡のため、世間体を気にしてのためであったかもしれない。しかしこの程度の問題ではない。「お民、お前は今の若さでさ、男なしにやゐられるもんぢゃなえよ」と言うように、お住は明らかにお民の性について関心を示していることに気づく。何度も言うように、お民は生物学的に女であっても、男の役割を演じている以上、（自己意識において）男であり「人間の掟」に生きているのである。それゆえお住はそんな女として不自然な「人間の掟」に生きるお民を一刻も早く、「神々の掟」に生きる女に返してやらなければならない。その女としての偽りのない気持を頼りに、お住は何度もお民に婿取りの話を持ち出すのであった。

4、悲劇的終末

お民はますます男の仕事を奪い続け、近所の墓掘りまでも引き受けるようになった。お住はというと、云わば「はやり切つた馬と同じ軛を背負された老馬の経験する苦しみ」から逃れたいと思いながらも、生活がお民に支えられている以上、お民に従い黙々と耐えるしかなかった。お民の姿は貞女の鑑、いや公共の精神を映す鑑として、学校の修身の時間に話題になるほどであった。しかしお住はその話を孫である広次から聞いて狼狽した。お住はお民に虐げられ、苦しまなくてはならないのに、学校という公共の場でお民が称賛されているということが理解できなかったからである（もっとも女とは元来、公共や法という概念になじまない存在、畢竟「神々の掟」に生きるのであるから、それゆえお住はその理由が理解できず、反発することしかできなかったのであろう）。このように両者の対立の溝は深くなるばかりであった。

しかしそんなお民とお住の関係も、お民が腸チブスで呆気なく死んでしまうことで幕を閉じることになる。お民は死をもって悲劇を迎えることとなった。お民は貞女の鑑にふさわしく、共同体のもとで手厚く葬られた。貞女の鑑として勤労に励んだことから、お民は表彰される予定であったというが、その話はお流れになった。「人間の掟」とは〝日の明るみの中で妥当する地上の権利〟である。それゆえ一塊の土に還ったお民を顧みなどしないのだ。

一方お住はというと、すべて終わったという安堵で満たされていた。お住は〝楽〟ができるのである。このように一見すると、お住に悲劇的終末を見出せず、むしろお住は救われたと言えるかもしれない。しかしその安堵がかりそめにすぎないのだと、お住は気づくのである。九年前のある夜、倅の死、このようにお住は身内の男たちを葬るたびに安堵していたということを。そしてお住は常に苦しみから逃れたいと思っていた自分自身が情けない人間であると思い知らされるのだ。しかしそれでも日はまた昇る。何も変わらないまま、お住はこの情けなさを感じながら生きていかなくてはならないのだ。悲劇の終焉などはなかったのである。お住は楽などできない。お住は自責の念を持ったまま、生き恥をかきながら生きていかなければならないのだ。まさに生きながらにして地獄とはこのことであろう。「人間の掟」と「神々の掟」が調和と均衡、そして対立を経て両者が没落していくがごとく、お民とお住の関係も悲劇的終末を迎えたのであった。

人間の生の歴史とは「一塊の土」のお民とお住のように、綿々と繰り返されて営まれてきたのであろう。このように人間の生とは、必然的に悲劇的終末を迎えるのかもしれない。しかしよりよい生活のために人間は精進しなくてはならず、けっして楽などしていられない、と「一塊の土」は我々に示唆しているようだ。

28 『少年』(中島瑛里子さん、文芸二年)

幼い頃の保吉や、バスの中の少女のように、自分のそれまでの認識が大人の一言によって一気に覆されてしまった経験をした覚えは、自分にもある。逆に現在、そういった子供達の発言にはっとさせられることもまたある。人間の生涯を通じて、〈私的な認識〉と〈公的な認識〉と、どちらも一通り経験するのだろう。そして〈私的な認識〉が一般的に子供の純粋さとも言い換えられ、大人になるにつれてそれが失われてゆくというのが定説となっている。

この「少年」を一読した後、作品全体のテーマはこの〈私的な認識〉と〈公的な認識〉の問題なのだろうと自分なりに解釈したが、その結論付けではまだまだ読みが浅かったと気付いた。授業を受けテキストを精読した後では、〈私的な認識〉と〈公的な認識〉という問題は作品の表面上に現れているに過ぎず、実は〈言葉の力〉だとかそれに伴う〈想起〉といった問題の方が作品の根底にどっしりと構えており、全体を通してその存在感を発揮しているのであろう、と考えを改めた。

〈言葉の力〉〈想起〉といったことに関連して、自分が幼いころ考えていたことの一つとして〈死〉というものがある。保吉もまた、〈お目出度なる〉という言い回しを勘違いしたことから、〈死〉について哲学者のように考えることになるわけだが、私の場合は保吉とは観点が少しずれていると言える。

私は幼い頃、人は死んだらどうなるのかということについて考えては、怯えていた。もちろん、肉体が滅びれば葬られるということは既に知っていたが、死んだ本人の意識はどうなるのか、本当に霊的なものは存在していて死んだ後もものを考えたりすることはできるのだろうか、もしできないのだとしたら恐ろし過ぎる、といった考えても考えても出口の見えないことに悩んでいた。

しかし次第に、大人の言うある言葉に少しだけ救われる思いをするようになった。「死んだ人は、生きている人達が思い続ける限り、その人達の心の中で生き続ける」という、よく耳にする言葉である。つまり故人について〈言葉〉を用い〈想起〉することで、その人は生きている者の脳裏に再び生前の姿を取り戻す、ということだ。だが、それでもやはり死んだ本人の意識のありかは説明されたことにはなっていない。幼い頃はそこでまた絶望の念に捕われたものだが、成長した現在では、国木田独歩が記したように、〈一度死んでみなければ〉、〈死〉に触れることも、〈死〉を経験することにもならず、あれこれ考えていることも結局は〈閑事業〉に過ぎないということを理解している。要するに、故人も過去も、幻燈の中に姿を現した女の子も海の色も、手につかめる実体を持っているわけではない。それらがあたかも存在しているかのように自分に感じさせてくれるのは、ただ〈言葉〉のみなのである。

そこには大きな恐怖や脱力感がある。自分の存在や今目に見えている物事など、本当に儚く、すぐにでも消えうるものなのではないかという思いがよぎる。そして圧倒的な〈言葉〉の力の前に手も足も出ない。目にも見えず、それでいて〈真実〉を捏造していく〈言葉〉。実は全てのものを操っているのは〈言葉〉なのではないか。

〈私的な認識〉を大人の〈公的な認識〉で覆されるという、幼い頃の保吉のバスの中の少女の経験は、この恐怖を知る初めの一歩のようである。大人はこの恐怖を知りつつもなお、〈言葉〉や〈認識〉といった問題の中で右往左往し、幼い頃の経験を思い出し、その時とちっとも変わっていないことを思い知らされる。万人に共通するこの堂々巡りを、情景描写の鮮やかな小話の数々で手に取るようにはっきりと紡ぎ出す芥川は、やはりただものではないのだと感嘆せずにはいられない。

29　『少年』（小針文恵さん、日本文学二年）

人は成長とともにたくさんのフィルターをその視界に重ねてゆくのだろう。現在、私はきっと気づかずに重ねた幾重ものフィルターを通して世界を見ている。今も昔もそれは変わらないと思うから、芥川龍之介も、きっとフィルターごしに世界を見ていたのだろう。

しかし、クリスマスの午後に乗り合わせたフランス人宣教師と少女の会話によって、龍之介――いや保吉は、フィルターのない、「自分だけの認識」の中を生きていた至福の時代を思い出す。「少年」という作品は芥川龍之介のいわゆる「私小説」ではないらしいが、一篇一篇に描かれる保吉のエピソード、その風景の意味するものには龍之介自身の影、存在感を強く感じる。同時にまた、読む人にその子供時代をも追想させる。読者は、あの、何のフィルターも通さない、澄み切った視界を思い出す。

第一章「クリスマス」では、〈クリスマス〉を〈あたしのお誕生日〉と言い放つ少女によって、子供時代に誰しもが持っていた〈私的な認識〉を明確に描き出している。こんなにも鮮やかな認識の違いは万人が経験できるものではないが、恐らくこれに近似した体験を通して、人は私的な認識と公的な認識のバランスをとってゆくのだろう。

第三章「死」では、初めて〝死〟と向かい合う子供が描かれている。あの頃自分は〝死〟をどう見ていたか……これを思い出そうとしたところで、思い出せるのは「今の自分が思い出した子供時代の死」でしかなく、結局あの頃の〝死〟の捉え方は想像するしかないのだが、やたらに怖がっていた記憶がある、寝る前に布団の中で死について考えてしまい、泣きながら親の布団に行ったような気がする。人はきっと初めて〝死〟と向き合うとき、冒険をするのだろう。保吉も〝死〟を教えられ、父の後姿にその答えを見出すまで様々な思考の冒険を繰り広げている。

現在の私は人並み〝死〟を理解しているつもりだが、授業で先生がおっしゃった言葉が強く印象に残っている。

人は死んでしまったら何も残らない。その人の記憶を持つ人もいつかはみんな死んでしまう。その人間が生きていたことすら、誰もわからなくなってしまう。

自分が死ぬことを改めて考えてしまった。もちろん、もう泣いて親の布団に潜り込んだりはしない。しかし恐怖心が湧いてくるのを抑えることはできない。

だけど、こうして本にすることで、本の中でずっと生き続けることができる。いつか、早稲田あたりの本屋の隅で、誰かが手にとって、思いをはせてくれる……

静子さんはこれからも本の中で生き続けるのですね。先生の静子さんへの強い思いが伝わってきてとても感動しました。

第四章「海」には、まさに子供の澄んだ視界と、そうでない大人の視界の違いが描かれている。

保吉は見た色そのままに、海を代謝色に塗った。目前に、代謝色の海を見たのである。しかし大人の認識では海は青であり、もはやそれは自明の事実、常識であって、代謝色の海は受け入れることができないのである。実際は、青い海も代謝色の海もあるわけで、この海の色自体は問題にならないが、このような認識の違いは誰もが経験したことがあるであろう。

「少年」によって思い出す風景は人それぞれである。しかし、その風景はみな少し切なくほろ苦く、懐かしい。

30 『少年』（志村彩子さん、日本文学二年）

（前略）全てを通して言えることは、何気ない日常から見えてくる子どもと大人との認識の壁、その認識による束縛、そして認識の不可思議さである。このような人間に深く関わる心理を、前面に出さず描く芥川に尊敬するとともに、その芥川を研究している著者本人から、直に講義を聴けるこの授業は贅沢であると思った。自分で読んでいたのだとしたら絶対気付かないであろう、文学観を与えていただけたことに深く感謝している。

31 『少年』（宮澤裕子さん、日本文学三年）

（前略）最後になりましたが、佐々木先生、一年間本当にどうもありがとうございました。

先生のご家庭の事情をお聞きするたび、私などがそのようなことを知って良いのか、どぎまぎしましたが、先生の「いつか時を経て、古本屋で著作を見つけた無縁の人が、このような人生もあったのだ、ということを感じてくれればいい」というお考えにうたれました。先生のご家族は幸せですね。また、本当に、良い授業を受けることができ、文学部に来て良かったです。毎週4階まで上がってこられることを思うと、内心とても心配でした。来年は、どうか低層階での授業となりますことを。お体を大切になさって下さい。これからは、私の後輩をどうぞよろしくお願いします。

32 『家』（澤野真由子さん、文芸四年）

昨年の三月、父が四十七歳の若さでこの世を去った。一年三か月の闘病生活の中で、ある程度の覚悟はしていた積りでも、その後私たち家族を襲った衝撃は想像以上に大きくて厳しかった。殊に母の受けた心の傷の深さは計り知れないものがあったと思う。ここまでの約一年間、時折どうしようもなく私たちを苦しめる悲しい思い出の数々と、今までの父の人生、そして母の姿を反芻し続けて、先生の授業で学んだ幾つかの事柄が頭に甦るようになった。

父は大手商社のエリートビジネスマンで、日常の大半を信じられないような激務の中で過ごしてきた。父の死後、母はしきりに「なまじ仕事が出来たばかりに」とか「結局会社にとっては使い捨てなのよ」「仕事以外の人生だったらもっと長生きできたかもしれない」などとこぼすことが多くなった。そういう母の姿は私の中でどこか「家」のお種の姿に重なってしまうのだ。

「神々の掟」と「人間の掟」という言葉が忘れられない。単なる形だけの定義づけではなく、普遍の真理であると最近とみに思う。以前「家」を完読したとき、女でありながら「お種」の所行がどうにも不可解で、彼女の存在はすぐに頭から忘れ去られた。最近また手にしたところ、授業で得た新しい観点のせいか、自分の環境の変化（年齢を重ねたという意味も含めて）のせいか、「お種」の存在にしみじみと迫ってくるものがあって驚いた。「お種」は正に「神々の掟」そのものであり、そして「家」そのものだった。「達雄」を慕い続けながら、彼の「病気」に常に脅え、また家から出奔を繰り返す彼をどうにも理解できず、自分は「達雄」の「病気」の結果に身体をむしばまれながら、ただひたすら「家」に根を下ろそうとする。愚かだとは思えなかった。私の母もまた「お種」であり、そして自分自身もまた確実に「お種」に近付きつつあることに気付く。

何度作品に目を通しても、「復た橋本家の病気が起った」と繰り返す「お種」の言葉が印象に残る。諦念の気持から発した力のない呟きではなく、彼女の言葉は確信に満ちた、法の裁きを下すが如く厳然たる響きを持っている。それが彼女の揺るぎない人生の哲学であり、本能的に信じて疑うところがない。そこに「女」の強さがあり、弱さが凝集しているように思えるのだ。「男」は時として「女」の奥にある「神々の掟」に畏怖の念を抱く。本質として絶対なるものの存在を前にするからだ。そうやって「男」たちは自分の中の「人間の掟」に翻弄されながらも「女」を天秤の一端に常に意識している。ところが「女」はそうはいかない。自分の中の「神々の掟」は絶対不可侵のものであり、それを無視しようとする「男」たちは直ちに絶対悪になる。私は女だから理解出来る。衝動としか言いようがない、身内に一瞬にしてたぎる、あのどうしようもない感情の存在を。「お種」にとって、「達雄」の出奔も、女遊びも、「お仙」の病気も「正太」の背徳も、全て理解の糸を少しも手繰り寄せないまま、彼女のもつ丈夫な一本の糸で縛り上げて、一つの輪の中に囲い込めてしまうものなのだ。そしてその結果残るのは、「神々の掟」を踏みにじった者たちへの怨嗟の念のみとなる。私の母は父の死の原因を理解しがたかった。癌、という絶対の事実を前にしてもなお理解は難しかった。そして思考はまた一つに振り戻される。「あんなにきつい仕事をしていたから」「きついなあ、と時々漏らしていたのに」「辞めさせてあげれば良かった」。父は確かにだれよりも厳しいスケジュールを二十数年間に渡ってこなしてきた。そのことで溜め息を漏らすのを聞いたこともある。しかしその一方で、個人の力で数か月に何千億という数値を動かす充実感があったのも事実だと思うのだ。辞めてどうなるものでもなかった。父はすぐに家族を養うという責任感と、やはり「人間の掟」に突き動かされてまた社会に舞い戻っていただろう。それでも母には、そして私にも、仕事にもう一つの世界を見出せる父の姿を想像することは出来なかった。「家」は全ての安住の地だった。父はそこに居る限り死ぬことはない筈だった。やはり父から生命を奪ったものは「家」の外にあるものだった。経済的不安がない以上、新たに職を求める必要もない母は、「父」という唯一の社会への窓口を失い、ますます「家」の外にあるものを理解する手立てを失った。私にとって誇張でもなく、母は本当に「家」そのものに見えるときがある。自己完結した世界の中でもう一つの生を見出そうとするその母の姿は、女の強さの象徴だった。そして確かに私の中にもその強さはあった。そのことを実感するとき、私は「女」というものを愛おしく思う。

時代の変化の中で、制度的な「家」の存在がなくなった分、女の弱さが招く悲劇は大きな傷跡を残さなくなったように見える。「女」の「掟」は確かに強さだが、その一方で「人間の掟」と真っ向から立ち向かったとき、弱さにもなる。天秤の両端に二つのものを抱えながら、一方の重みの魅力に身悶える「男」たちは、どこかで「女」たちの理解と抱擁を期待している。しかし「女」の中の絶対の「掟」の前には何もないのだ。「達雄」がそれを自覚したとき、はっきりと「お種」に対し恐怖と失意の念を覚えたと思う。「達雄」には「家」を捨てること以外どうしようもなかった。それが「人間の掟」の「女」に対する訣別であり、ささやかな反逆であったに違いない。無論、「お種」には「病気」の再発としか映らないのだろうが。「家」そのものの没落という大問題に発展するから、「お種」の懊悩も激しかったが、現在でも規模は小さくなれど悲劇は繰り返されている。「女の自立」という巧妙な謳い文句を隠れ蓑にしているけれど、離婚は確実に「家」の失敗そのものだ。離婚の増加という新聞の見出しを目にする度、「神々の掟」と「人間の掟」との戦いは飽くことなく続いて行くのだろうなと改めて思う。

何度読んでも「お種」に共感を覚えるのは、男と女の境界がなくなってきたと言われる昨今でも、やはり「男」と「女」の本質は全く変わっていない証拠だろう。そして私も確かに、その「女」の一人なのだと認識する度、心の隅で複雑な思いに駆られてしまうのだ。

——金曜五時間目では、早い時期から島崎藤村の「家」を論じていた。テキストとしては『島崎藤村——「春」——』を用いたが、多くプリントを配った。なおたまたまこのレポートには平成十年一月十三日提出と記されている。

33　『家』（斎藤潤一君、日本文学三年）

「我儕は何処に行つても、皆な旧い家を背負つて歩いてるんじやありませんか」――「家」において、ほとんど主題のように何度となく繰り返し語られる、旧家の人間たちに繋がり続く〈放埒な血の呪い〉、そしてそれによって没落を免れ得ない旧家の有り様とは、まさにお種がそう信じて疑わないような〈共同体の内部に、閉鎖的な伝承関係を編んだ家系の宿命〉としての〈性的頽廃〉である――こうした従来の「家」論しか知らなかったとしたら…おそらく、島崎家、高瀬家という、実在した両家の顛末に基づいた藤村の半自伝的作品として読む以上の感動を持って読み込むことはできなかったかもしれない。

〈人間の掟〉と〈神々の掟〉――神話の時代から〈家〉という共同体の内で連綿と再生産を繰り返してきた、男女の抗えざる〈掟〉――男はその〈遺伝性の野心〉によって家族を犠牲にし、外なる戦いへと赴く。女は家に残り、生命を育み、死者を弔う。しかし女は〈人間の掟〉の暴虐に憤怒し、男を呪い、復讐を誓い、男は〈神々の掟〉に我儘と不従順を見、終には両者の対立は〈家〉を崩壊させざるを得ない。

この神話的視座から眺めることによって、「家」は、人間が〈男〉と〈女〉である限り、如何なる時代、如何なる〈家〉にでも起こり得る、家族の、男女のそして人間の根源的な葛藤を問いかけてみせ、作品として普遍性を獲得するのだろう。

三吉をして「何故そんなに遊ぶと責めるよりか、何故もつと儲けないと責めた方が可い」とお種の〈思想〉を批判してみせた場面から、確かに、藤村も〈放縦な血の呪い〉が〈性的頽廃〉であるとは意図していないのだろう。

また、藤村自ら『家』を書いた時に、私は文章で建築でもするやうにあの長い小説を作ることを心掛けた。それには屋外で起こった事を一切ぬきにして、全てを屋内の光景にのみ限らうとした。台所から書き、玄関から書き、夜から書きして見た。川の音の聞こえる部屋まで行つて、はじめてその川のことを書いて見た。」と語っているように、家の内の様子については、その情景をありありと再現するがごとく事細かに描いている一方で、家の外に関しては一切が断片的であり、ぼんやりとしか分らない。

特に、男達が種々の事件や事業に奔走している仕事ぶりは、激動の明治という時代背景を伝える重要な要素であると思われるが、何一つ判然としない。しかし、そうやって事の仔細を省き、抽象化して見せることで、家を守る女達〈神々の掟〉と、その家を崩壊させ、公の正義の為に身を捧げる男達〈人間の掟〉との対立と相克をより印象的に描き出しているように感じられた。

34 『家』（内田奈緒さん、日本文学二年）

その人は毎月、花を買うのだと笑っていた。とある知人の話である。聞くところによれば、数年前、不慮の事故でかけがえのない人を亡くした彼女は、毎月欠かさず、月命日には花を購入するのだという。花の種類も数も問わない。少し気取って赤いバラを買うこともあれば、なんてことはない、チューリップとかすみ草のこともある。菊は自分が嫌いから滅多に買わない。花束にすることもあれば、一輪だけのこともある。格式ばって墓前に手向けることもあまりない。ただ何となしに底の深いコップに活けて、ほんのりと部屋を彩る日もあれば、少し洒落っ気を出してドライフラワーにしてみたりする。何だっていいのだと彼女は言った。憶えてさえいればいいのだと、そう言って笑っていた。

死、というものは、日常の中に密やかに息づいているのだろう。「家」の中で、三吉とその妻、お雪は、お房・お菊・お繁、三人の娘たちを相次いで亡くしている。奇しくも、三吉が内に潜む、押さえきれない野心と共に、生命をかけての「事業」を成功させた最中の出来事であった。当然、この死が続く季節の中で、三吉とお雪は、同じように苦しんでいる。しかし、その苦しみ、耐えようとする様は二人の間ですかりその本質を異としていると言わざるをえないだろう。

お雪は「毎日のように」、「子どもの墓の方へ出掛ける」。娘たちの死に、深い悲しみを抱きながらも、それでも、大地の下に眠る娘たちに語りかけることを忘れない。在りし日の娘たちの姿を語り、懐かしみ、「繁ちゃんの肉体は最早腐つて了つたんでしょうね」と、娘の生命が無機質な大地にかえることを、まるでその目で見ているかのように口にし、それを当然のことと受け入れている。しかし、三吉は、墓参りをすることに耐えられない、「幾度か彼の足は小さな墓の方へ向」きはするけれども、「三つ並んだ小さな墓を見るに堪へ」ず、無理にでも足を進めようとするば、「頭脳がクワツと逆上せて、急に倒れかゝりさうな眩暈を感じ」て、結局途中で引き返している。それに対してお雪は言う。「父さんは薄情だ。子供の墓へ御参りもしないで……」と。さらに三吉は、娘たちのことを語り、娘たちに語りかけるお雪のそれにも耐え切れないでいる。子供の話が出ると、必ずしまいには「オイ、何か他の話にしようぢやないか」と、こう切り出す。「死んだ娘の声を探すやうな眼付して」、菫の唱歌を歌うお雪の姿も、おそらくは直視できまい。三吉は、死を恐れ、受け入れることができないでいるのだろう。

このように三吉、お雪の二人の耐えようは、ひどく対蹠的である。それはやはり、ヘーゲルの言うところの〈人間の掟〉、〈神々の掟〉の対立によるものなのであろう。人間は、二つの「掟」のいずれかに帰属して生きているとされる。「一つの極（〈人間の掟〉）には、男、強さ、共同体（国家）、つまり日の明るみの中で妥当する地上の権利、そして〈意識されたもの〉等の規定が属し、もう一つの極（〈神々の掟〉）には、女、弱さ、家族、とは光を厭う暗々の地下の権利、そして〈意識されざるもの〉等の規定が属す」（樫山欽四郎『ヘーゲル精神現象学の研究』より）つまり、男とは本質的に、抑えられぬ野心と衝動のまま外に出て行こうとするものであり、女とは家に残り、そして死者を弔うものなのである。両者は〈美しい調和と均衡〉を初め得ているように思うが、それは互いの揺るぎ無い〈自意識〉を媒介として対立、相克する。男は男の〈掟〉を、女は女の〈掟〉だけを正義として認識し、その結果、女は〈人間の掟〉のなかに、ただただ暴虐を見、男は〈神々の掟〉のなかに、〈我儘と不従順〉を見てしまい、仕舞には相容れぬまま両者は〈没落〉していくのである。

三吉、お雪の両者にも、この掟は例外なく当てはまる。幾度も娘たちの墓に足を向け、地下の娘たちに語りかけるお雪の姿は、生と死を司る、〈神々の掟〉のうちの、〈聖なる日課〉であるだろう。そしてその母、つまり、女の正義からすると、父、すなわち男の正義はただ冷酷非情なものに映る。「父さんは薄情だ。子供の墓へ御参りもしないで……」と三吉を責めるそれは、まさに、男と女の〈自意識〉を媒介とした対立と言えるだろう。男にも当然理屈はある。三吉は言う。「叔母さん達のやうに、彼様して子供の側に附いて居られると可いけど——叔父さんは、お前、お金の心配もしなけりや成らん」。男には外に出て、全体を支えるべく戦う必要があるのだ、と。だがこの男の正義を語る言葉は、下手な言い訳のように空しく響いている印象がぬぐえない。結局のところ、娘の死から逃れたいだけなのではないかと、そう訝しんでしまう。

男は死を恐れているように思う。まるで死によって復讐されているように。そして女もまた、死によって復讐をしているかのようである。「自分の行けるところまで行つて見よう」、その意思と共に自らの栄達を望み、外へ外へと出て行く男への、生死の循環を受け入れる女による、救いようのない復讐。それであったのかも知れない。〈掟〉からは誰も逃れることができず、男と女が存在する限り、この凄絶な相克は繰り返されるのであろう。

思えば、あの人の行為は、埋葬そのものだ。彼女はいつも、繰り返される月日の中でも忘れずに、決まった日に花を買う。憶えていたいのだ、と朗らかに。それは密かに静かに繰り返される、彼女なりの花葬なのである。すべてを生み、すべてを返す、そんな血の循環を司る母、すなわち女の原理である。あの〈神々の掟〉に従ったお雪のように、彼女は今も弔い続ける。そこには確かに、逃れられない〈神々の掟〉を見たような気がした。

35 『家』（藤崎朋美さん、日本文学三年）

人は誰もがみな「家」の中にいる。「家」で人はどのように生きているのか。また、「家」において生きるとはどういうことなのか。そういったことが、この島崎藤村の「家」に書かれている。一見、この時代の普通の生活が書かれているような描写もあり、ごく「普通」の家族のことが書かれているように見える。しかし、ごく「普通」に見える「家」も、実際は様々な問題を抱えていることが多い。それは藤村の時代だけでなく、今の時代でも同じことである。

一、「お種」について

私が一番心に残った人物は、やはり「お種」である。私自身女なので、どうしても女の視点から作品や登場人物をみてしまう。お種は、女は常に家にいて、家を守るものである、と考えている。お種にとって、「家」は「女そのもの」、つまり「家」は「女の生命」なのである。私はこのお種に共感もするが、同情もする。お種は達雄を支えることや正太を正しい道に進ませることをのみ考えて生きているのに、達雄も正太も「家」を出て行く。確かに、お種は達雄や正太を束縛しているのかもしれない。しかしそれこそがお種の役割であって、それが「家」なのである。まず「家」という基盤があるからこそ勝手な放蕩行為も出来るのである。「家」がなければ。勝手な行動もできない。「家」がないと困るだろうに、その「家」に束縛されると逃げてしまう。男とは自分勝手なものだと思った。ただ、お種の、「橋本の家の病気」といって何でもひとくくりにしているところは、共感できない。なかばお種の諦めとしての結論が「橋本の家の病気」なのかもしれないが、勝手にひとくくりされたら、男たちは反発するだろう。特に正太は、自分自身の考えで生きているのではなく、半洗脳的に生きている気がする。お種に半分洗脳され、半分反抗している気がする。そうすると、私はお種を「かわいそうな人」だと思っていたが、正太も「かわいそうな人」だったんだと思った。

二、身近な「お種」

私の母方の祖母は、この「お種」に近い生き方をしているように思う。私はずっとこの祖母と一緒に暮らして来て、祖母の「お種っぷり」を見てきた。私の「家」は、祖父、祖母、母、私の四人で構成されている。夫を支え、子どもを間違いのないようにそだてる。「家」を生きがいに生きる。そして夫や子供がなにか過ちをすれば、「先祖代々の血」のせいにする。これらが祖母のお種に近い部分だと思う。夫、つまり私の祖父が、昔浮気をしたそうだが、それも私の曾祖父にあたる人も女癖が悪かったんだ、と話していた。また祖父が酒を飲んで暴力を振るおうとすると、祖父の兄弟もみな酒癖が悪いんだ、と話していた。でもこれはある意味、祖父本人のせいにしたくないための発言だったのだろうか。祖父本人ではなく、血のせいだから仕方がない。「お種」のように諦めとしての結論なのか、果して祖父本人のせいだと思いたくないという「愛」なのか……。私にはよくわからないが、私の身近な「お種」は最近でも変わらず「先祖代々の血」のせいだとする発言を続けている。しかし、本の「お種」は「かわいそうな人」だと思うが、祖母は「かわいそうな人」だとは思わない。「家」のように、夫や子供に放蕩癖はなく、今でも私たちの「家」を守ってくれているからだ。また、お種は「家を出ないもの」が「女というもの」と考えていたが、わたしの祖母は、買い物や旅行に出かける。祖母は「中途半端なお種」なのかもしれないが、この中途半端さが、「家」をずっと平穏に保って居られるのであろう。祖母に感謝である。

三、授業の感想

私はこの授業を通して、島崎藤村の「家」について考えると同時に、自分自身の「家」についても改めてかんがえることができた。私の両親は私が幼いときに離婚していて、祖父と祖母と母と私、という四人の「家」であるが、「父」という存在がいないため、ずっと安定した「家」だったわけではない。それでもいろいろ乗り越えて、平穏な「家」が保たれている。どの「家」も、お種の「家」のように一見、普通の「家」のようで、問題を抱えている。私の「家」もそうである。しかし私にとっては自分の「家」が一番居心地の良いものであり、「家」を作っている祖父、祖母、母に感謝したい。

また、授業中に先生が何度かお話された、先生の奥様について、先生がいかに奥様を愛していたかが、ひしひしと伝わってきた。奥様は先生に愛されて本当に幸せだったと思う。旦那さんにこんなにも愛されて、羨ましいと思った。とても温かい授業だった。一年間、ありがとうございました。

36　『家』（十川元史君、日本文学四年）

「家」はそのタイトル通り、すべての人間の生きる舞台である「家」をテーマとし、生と死、没落と復興を描き出した壮大な小説であるが、ここでは授業でも中心として扱ってきた叔父と姪との関係について、という話題に話を絞って少し書きたいと思う。

まず、藤村（叔父）とこま子（姪）の関係について、先生が言われた「生物学上は問題ないが、社会学上に問題がある」という言葉がとても印象に残っている。確かに法律上のことを考えてみても三親等内の婚姻は認められていないが、傍系血族である甥・姪との婚姻は、優生学上の問題ではなく、倫理観念の問題として禁止されているようだ。愛は年齢も、性別すらも越えられると当然ように言われる昨今、もっとも高く越え難い壁は血の繋がりのようである。

先生の言葉が印象に残っていると述べたのにはもう一つ個人的な理由がある。それは私が以前に従妹から告白を受けたことがあるからだ。当時私は高校二年で、従妹は中学二年だった。藤村の関係とは大きく年齢も違えば、私の場合は社会学上からも認められ得た間柄であり、また肉体関係が先行したわけでもなかったが、藤村とこま子のやり取りを読んでいる際に、どうしても私たちの関係と照らし合わせてしまうことが多々あった。

私は従妹を嫌ってはいなかったし、むしろどちらかと言えば好いていた（これは一人の親類としてなのか、一人の女性としてなのか、今となっては当時の感情が判然としないが）。感情面では告白を断る理由は無かった。しかし私はそれを断った。告白を受けて真っ先に浮かんだのは互いの両親や親類の反応である。兄妹のようだと言っていた両親はどんな顔をするだろうか。あるいはやっぱりと言われるだろうか。また私の兄は、従妹の弟はどんな目で私たちを見るようになるだろうか。将来別れることになれば、その先はどんな関係を続ければいいのだろうか……。そんなことばかり考えた。この告白を受ければ、異質な世界に足を踏み入れてしまうような、周りの全てが敵に変わってしまいそうな、そんな気がした。そしてなにより、従妹とそんな関係になった自分を想像して「気持ち悪い」と思ってしまった。結局、私の朧気な好意では周囲の目、繋がりという壁を越えられなかった。従妹はこの壁を越えられる程の好意を私に持ってくれていたのかと思うと、率直に嬉しくもあり、申し訳なくもあり、微かに恐ろしい心持もした。

そこへ藤村の場合は姪との関係である。従妹よりも直接に血のつながりを感じてしまう間柄なのだから、自分のしたことについて、周囲を気にする気持ちというのは並大抵ではなかっただろう。また私の話になるが、私にも一歳になる姪がいる。当然まだまだ女性として見られる対象ではないのだが、年齢如何ではなくて、この子と関係を持つなど到底考えられない。女性である前に兄の子だ。正直に言ってしまって、私としてはそんなことを考えることすら人間としてどうかと思ってしまう程度の問題である。

しかし、と言っておこう。一字一句は覚えていないが、先生はこんなことも言われたのをおぼえている。「男は性欲の生き物だ」というようなことを。これは悲しいかな、全く賛成である。正直、従妹に欲情したことが全く無いといえば嘘になる。理性の箍が外れていれば飛び掛かっていたような状況は何度もあった。私の姪がいつかとても魅力的な女性になって、積極的に迫られでもしたらどうなるか、その時に気持ち悪いなどと言って撥ね除けられるかはなんとも言えない。これを書きながらも男の性というやつには我ながら悲しくなる思いだ。「近親相姦」「姦通」「禁断の愛」。そんな単語が飛び交う講義であったが、その度に私は内心どきりとしていたことを告白しておこう。

話を戻す。従妹は告白を断ってからも、言葉にはしないが、少なからず私にまだ好意を持ってくれているようだ。そのことに悪い気はしなかったが、やはり断って以来はどこか居心地の悪い気分で接せずにはいられなかった。そして私は大学進学を機に故郷を出て東京にやって来た。ここでも藤村の行動に感情移入してしまう。もちろん私は明確に逃げようと思って故郷を出たわけではなかったが、こちらに来て幾分気を楽に生活できるようになった。

そんな私も一年後にはおそらく地元に戻ることになる。従妹は地元の大学に通っていて、今もたまに連絡を取り合っている。彼女は未だに彼氏も作らず、私に早く帰って来いなどと冗談めかして笑う。地元に戻ったとき、私は一体彼女とどんなふうに接すればいいのだろう。何はともあれ救いなのは、私には妻も彼女もおらず、さらには彼女が私の姪ではなく従妹であるということだ。

37 『家』（太田剛君、日本文学二年）

まずは、一年間ありがとうございました。毎週楽しみに受講させていただきました。何が楽しかったかといえば、授業内容もそうなのですが、先生のお話している雰囲気がとても楽しそう、嬉しそうで、こちらまで何かうきうきしてくる感じを持ちました。こんな事を言うのもどうかと思うのですが、どちらかと言えば、「家」についてよりも時々雑談ぽく話される内容、特に他の本の話に興味をひかれました。谷崎潤一郎の「細雪」を改めて読み返した、とか、村上春樹をたくさん生協で買ってみました、というのを聞いて、自分も「細雪」をよみましたし、村上春樹も「ノルウェイの森」だけ読んでみました。また授業に名前の出てくる本、例えばヘーゲルの「精神現象学」や、トルストイの「クロイツェル・ソナタ」にも興味を持ち、「精神現象学」は未だ読めていませんが、「クロイツェル・ソナタ」はいい意味での「先入観」を持って読んでみました。それらの感想はまた後日として、この授業はそういった楽しみ方をさせていただきました。

ところで、この授業を受けた事により今まで「破戒」以外読んだ事のなかった島崎藤村に触れる機会を得ることができました。「家」はもちろん、「春」「桜の実の熟する時」「千曲川のステッチ」を読んでみました。せっかくなので、テキスト『島崎藤村―「春」前後―』を使って、「春」と「桜の実の熟する時」の授業を受けたいです。（後略）

38　『家』（桜井昌人君、日本文学三年）

「島崎藤村の『家』は、ドストエフスキーの作品にも劣らない傑作である」と、佐々木先生が仰ったときの、心持を今でも時々思い出すことがある。自分は、ドストエフスキーの「カラマーゾフの兄弟」がこの世で一番の名作だとして曲げたことはなかったのであるが、これまで読もうとも思ったことのない、「家」がそれに匹敵する作品だと聞かされ少々憤慨したものである。勿論その憤慨は、己の無学さへの反省と、作品の大いなる賞賛に取って代わられるわけであるが。

自然主義文学の先駆者として世に知られる藤村は、「家」に関しても「封建的な家の問題を正面から取り上げ、新しい家を築いていく苦悩を描いた作品」という理解のされ方が一般的である。この作品が、藤村の身辺をモデルにして書かれたということは言うまでもないが、かといってこの小説が、文学の時代を区分けする一作品に過ぎないものであろうか。「家」という言葉には、人間だれしも抱える言いようのない重みが備わっている。家とは、父、母、姉妹兄弟、その他様々な人間関係のうえでしか成立しないものである。我々がここに生きていること、それは、生を受けたその瞬間から、「家」というコミュニティに必然的に属することと相応になるのだ。男と女によって命が生み出され続ける限り、この法則が崩れることはまずない。「家」を描く行為は、人間そのものを描く行為に他ならないことをまずここに提示しておきたい。その意味において、藤村は人間への独自の眼差しを持った人物であることは想像に難くない。

物語において、人は事件の中で語られることがままある。時代の変動、恋愛感情における感情の激しい揺れ動きなどに我々読者は心を奪われる。しかし、この藤村の「家」はどうか。「外」で語られるべきはずの物語が、終始一貫して「内」の語りに終わっている。そこにはあっけにとられるような大事件も、めくるめく色恋沙汰も存在しない。登場人物から発せられる発言内容は、各々の感情を包み隠さず、無感情に突きつけてくるものが多い。

例えば、正太が相場師になりたての頃の、三吉との会話にこのような一節がある。「……子どもが死んでから、僕は研究なんてことにもそう重きを置かなく成った……」。この言葉から窺えるのは、三吉の個人的追求の諦めである。家庭をもつに至り、様々な束縛と義務に耐え忍ぶ三吉は、既に家の一部と化してしまった。雪子との夫婦関係にも、「夫は夫、妻は妻、夫が妻をどうすることも出来ないし、妻も夫をどうすることも出来ない。」また、「お雪は彼（三吉）の奴隷で、彼はお雪の奴隷であった」との一節もある。

小説に流れる、このどこかしら脱力した諦めの感情は、三吉、雪子以外の発言以外にも、至る所に見られるものである。では、藤村は、「家」に生きる人間への絶望のみを描きたかったのであろうか。そんなことは決してないはずである。

三吉が、実兄の実の娘、お俊に対して湧き上がった情欲は、頭から非難すべきものなのかもしれない、醜い骨と皮だけの身体をさらけ出したお種の一生は、かなしむべきことなのかもしれない。しかしながら、藤村はそこに本当の人間を見出したはずだ。「どうしたというんだ、一体俺は……」と自分の妬みを嘆く三吉も、「俺はこういうものに成ったよ……」と、苦しみを抱えて生きてきた結果としての、自分の体を憐れむお種も、「家」の中に生きる人間である。すべての物事、人間の感情、男女の関係が、「家」に収束される。

藤村の文体は、その「家」の人々を冷静な視線で見つめる。男女関係を営み、家族を築き生活をしていくこと、そしてその中で苦痛を味わうこと、その一見当たり前のように受け入れてしまったり、露呈してしまったりするものこそ、人間本来の姿があるのかもしれない。

まことに私的なことで申し訳ありませんが、自分は先生のなくなった奥様についてのお話が大好きでした。遺書の話や、ダンスシューズをゴミ箱に投げつけた話など、今でも印象深く残っております。奥様の思い出について一冊の本にしてしまう先生の心意気に感服し、男は先生のようにあるべきだとおもっています。ありがとうございました。

39 『家』（小林亮介君、東洋哲学二年）

文学部に在籍しているにもかかわらず、まことに恥ずかしいことではあるが、今回、佐々木先生の日本文学研究5Aの授業で、初めて島崎藤村の「家」を通読する機会を得た。島崎藤村に関しては、いずれも未だに読んだことはないのだが、「若菜集」「破戒」「夜明け前」という作品と、藤村自身の文学史的な事件についていくらか知っているに過ぎなかった。

そんな中で読んだ「家」という作品が、非常に鮮烈な印象を私に与えたことをはっきりと覚えている。また、それが藤村自身をモデルにした自叙小説であったことがさらに驚きを与えた。小説に与えられた、創造性と脚色性の両者がそれぞれ創造でも脚色でもなかったからである。日本自然主義文学史上の到達点と称されるこの「家」であるが、この最高の自然主義文学を通じて様々なことを想起せずにはいられなかった。もちろん、この「家」に描かれているような、明治期の家族制度が残る当時の〝家〟に関することもそうであるが、それと対比した現在の我々が生活している新時代の〝家〟について、また、家庭内での出生の秘密や、近親での密接な関係なども、豊富に考える材料を提供してくれているだろう。拡大家族の減少に伴う核家族化や家庭内別居、更には水面下での家庭崩壊が著しい、現在の日本であるからこそだからかもしれないが。そう、「家」では徐々に衰退していく旧家の様子が描写されているが、現代の家庭においては突如として崩壊してしまうという、その相違ひとつをとってみても非常に興味深い。

この小説を読み始め、藤村に関して何も知らなかった前期のころには、姪と非倫理的な関係を結び、その後数回に及ぶ逃避、結果としてその姪を廃人にしてしまった藤村に対して、単純な嫌悪と一般論的な批評しか持つことがなかった。基本的な部分での大きな変化はなかったにしても、やはり、講義が進み色々と読み込むにつれて、その自然主義文学としての魅力や美しさが思われるようになった。不謹慎に思われるかもしれないが、小説の中でそっけなくも美しく描かれている、近親の男女が体を求め合う様子が、不思議と人間として当然のあるべき姿であるように思われてならなかった。結果として三吉は姪の娘を廃人にさせてしまうことになるが、それまでの姪は女としてどれだけ美しく、そして著しく偏ってはいたかもしれないが、女としてどれだけの幸せを感じていたのだろうか。想像し得ない。

女の幸せということに関して、ともすると、まったく見当はずれの見解かも知れないが、講義の中でしばしば佐々木先生が話されたり、配られたレジュメの中に登場されていた、奥様の静子さんにも多くを感じた。ほとんどその行動以外、心理や感情に関する表現や描写がなかった静子さんの幸せがとても強く思われてならなかった。もちろん、なんの根拠もない憶測に過ぎないのだが。不躾を承知で言及するならば、パリへの移住や、史跡を訪れる際にいつもその亭主の傍らにいる女の気持ちというものは幸せ以外の何物でもないであろう。その行動や発言に関して、なんの描写が無かったとしても、夫の傍らに寄り添って歩いているというだけで、その幸福に関してあまりに多くのことを物語っているように感じる。あまりにも卑近な例を持ち出してしまい恐縮ではあるが、自分の両親や、恋人との様子を鑑みれば、そのようにしか思われないのだ。もちろん、単純に同一視することはできないが、唐突ではあるが、三吉の姪が味わった幸せと絶望は、彼女を廃人にするには十分だったに違いない。

非常に散文的になってしまったが、今年度、佐々木先生の日本文学研究5A・Bの講義を通じては、多くのことを学んだように思う。ここでも不躾を省みずに、正直に述べるならば、前期の授業内容の退屈なのには閉口したが、講義が展開してゆくに従い、自分がまったく気づいていなかった、小説の中の細かい描写の解釈や、考え方、人間の愛憎をギリシア神話などを引用し明示するなど、徐々に興味深い内容になっていったように思う。そのように、今、改めて思う。特に講義の終盤になって先生が語られた、パリに滞在されていた当時の話と、先述した、たびたび登場する奥様についての話が非常に興味深かった。その内容の良し悪しや、賛同するか否かは別として、今年度、島崎藤村の「家」という文学作品を通じて、これまでに考えることがあまりなかった範疇に関して、非常に多くの考える材料を見つけることができたことが一番大きな収穫だった。そしてこれからも考えて続けて行きたい。人間は考える葦であるから。

——なおこのレポートに関し、拙著『鷗外白描』の「抽斎私記」の二十八章、森枳園が祖母、母、妻の三代の女と子を引きつれて、湘南の地を流浪する箇所にも引用させてもらった。

40　『家』（三重野さや香さん、日本文学三年）

一、はじめに

恥ずかしながら今まで島崎藤村の世界に触れたことがなかった私には、講義の内容すべてが新鮮であった。

島崎藤村といえば「若菜集」「破戒」「夜明け前」、「自然主義」といった高校の文学史で覚えた浅い知識しかなかったため、この「家」という作品を通し島崎藤村と自然主義というものを、ここで身を持って体験した気持ちだ。目の前にあるものをありのまま見つめ書き出しているだけ、といった体裁を取ることでそこから読者に読み取らせる奥深さ。一人称の主人公を置かず、つまり特定の一人の目線に入り込み過ぎず、心情描写や説明をあまり深くしないことは、返って凄みやリアリティーのある世界を生み出しているようだ。旧き日本の家制度に生きる人々、男というもの女というもの、病、お金の問題など、生きるということの泥臭さやリアルな姿を感じ、「家」という題名を持つだけの作品であると思わされた。

今回、レポート作成に当たり、自分が講義や参考文献を通して「家」について考えたことや、講義の内容の中でいくつか特に印象に残ったものを取り上げ述べて行きたい。

二、「家」におけるお種という人物

講義を通し、三吉の姉・お種は、崩れ行く〈家〉の中でそれを宿命的に守ろうと生きる女の代表として描かれていると感じた。

お種は、夫達雄の女遊びのせいで病気をうつされ、おまけに結局は達雄に家を出て行かれてしまった女性だ。

「〈家〉とは〈女〉そのものであり、〈女〉の〈生命〉である。（テキストより引用）」

それゆえ彼女は家を守ることを自分の勤めとし、夫が自分と子を捨てて行った後も、心のうちで夫をただ追い求め、最後には橋本の家で死なせたいと考えていた。

ここに関し、テキストでは「お種は徹頭徹尾、男を追い詰め、取り戻し、あまつさえ母なる大地の懐へ男を葬らん（「埋葬」）とし、かくして非道なる男への峻厳なる復讐を企てているのである」

と見ている。

　これはヘーゲルの言うギリシア悲劇アイスキュロス「オレステス」三部曲に当てはめ、妻による夫への「復讐」だといっているのだが、ほんとうにそうであろうか。

　同じ女性の目線から見れば、不器用に、しかしただただ夫を愛し必死に家族を家を守り、そうして生きようとする懸命な女性の姿に映った。

　確かに「橋本家の病気だから仕方ない」「放縦の血が流れている」といった。夫の女遊びを遺伝的なものになすりつけ、何度も言うさまは恨みがましくも聞こえる。しかし、どうこうすれば治るような簡単なものではない。「遺伝」という抗えないもの、本人の意思とは関係なしに受け継ぐものによるのだ、とすることで、もやもやとしたお種自身の心を納得させているように思えた。そうしないことにはやっていられなかっただろう。

　つまり、三吉に（三吉を通し読者に）何度も何度もそう訴えかけることで、仕方ないのだ、誰が悪いというのではない、何しろそれは先祖代々の放縦の血によるのだから……と自分に言い聞かせてもいたのだろう。

　そう見てくると、家という制度は、男たちの外へ外へと向かう野心を抑え込むだけではなく、女たちを押し込める牢獄のようなものに見える。家を守ることを宿命とされ育てられ、他に行き場がない女たち、それとは反対に欲望のままに出て行く男たち。男たちのそうした欲望は遺伝的なものだから仕方がないとすることで、これ以上自分たちを犠牲者たらしめまいと自己防衛していたのかもしれない。

　弟である三吉に、自分の老いた体をみせたり、思い通りにならない夫や息子の話をしたりすることは、この〈家〉という牢獄で生きている証拠を、血を分けた弟に知らせ残したいとする気持ちによるところではと感じた。

三、神話的解釈

　前述もしたが神話に当てはめた「家」の解釈というものを、講義の中で何度も学び、その度にはっとさせられた。

　夫アガメノンである達雄、夫に復讐する妻クリュタイメストラのお種、母殺しを引き受けなければならなくなった息子オレステスの正太。

　お種の行動は復讐ではない様に思うと述べてきたが、一度家を捨てた夫を甲斐甲斐しく受け入れ、自分自身の命かつ牢獄のような家に今後は何としても押しとどめたいと願う点では、外に出ようとする男から見ると、ある意味自分が殺されるという恐るべき復讐に取れるのかもしれない。それは男と女の在り方や視点の違いから、異なった受け取り方ができるだろう。

　また、ソホクレス「アンティゴネー」における兄妹愛や、兄妹についてのヘーゲルの理論についても印象深かった。

　「アンティゴネー」では、妹アンティゴネーが、埋葬を禁じられた兄を深く思う気持ちから、自らの死を賭して禁令を犯し兄を葬った。彼女曰く「夫ならば誰でもいい、子ならまた産めばいい、でも兄弟はとり返しがつかない」のだ。

ヘーゲルは、夫と妻、両親と子供の関係は保証がなく、兄妹の関係こそが保証できる真の愛だとする。それは、男女ゆえに惹かれ合うが、血縁という禁忌により、情欲を持たない、安定し均衡を得た関係なのだという。また女性にして見れば夫も子供も、夫一般、子一般の感覚に過ぎないのだと述べている。

兄と弟に挟まれた私ではあるが兄弟への愛が一番強いという感情は自覚していない。おそらく数十年後、両親が世を去ったときには、残された唯一の家族としてまた違った感情を抱くだろう。それこそ兄弟がいてよかったと深く思うだろう。一人では両親のいない悲しみに耐えられるか分からない。今「子供」という存在である私にとっては、両親からの子への愛こそが一番強く何事にも代えがたいもののように思う。私自身も両親への愛、感謝は強い。

そして将来の自分は妻として夫と子があるだろうが、ヘーゲルの言うように夫一般子一般の感情を例え無意識にも持つのだろうか。自分の母の子供への愛情を見ると、そんな割り切れるものではないと感じる。母は父（夫）に対しても、長年連れ添ったパートナーとして愛情があるように思う。このように、ヘーゲルの理論が正しいかどうかは人それぞれ考えがあると思うが、今回この理論を知ったことで、今後自分の人生をより客観的に見つめる手立てとなると感じた。

予談となるが、「アンティゴネー」の兄弟愛について学んだときに聞いたオイディプス神話に関し、丁度その時期に読んでいた本に共通した部分を見つけはっとした。その本は村上春樹の『海辺のカフカ』である。現代文学演習の授業で『海辺のカフカ』はカフカ少年の予言の回避（現実の父を夢の中で殺す、罪の代行者ナカタという人物、想像の母と夢の中で交わる）などの点から「オイディプス神話をことごとく裏切り、神話を借りながら別なものを作り出したといえる」とされた。しかしながら、ギリシア神話というのは過去現在関わらず文学者の中に深く根付いているのだと考えさせられた。

四、おわりに

前期後期を通したこの講義において、島崎藤村の人生を知ることや「家」の読解だけではなく、様々なことを学んだ。友人と共にうんうんとうなずきあい、また、ときに衝撃を受けながら聞かせていただいたが、「男は女の優しさで生きている」「男は先のことしか考えない」「結婚は当てにならないもので楽しいのは最初の百日」「男の子は母親を犠牲にして生きて行く」「男は女に甘い」など、女性が「男は……」というのとは違い男性である先生が仰る事ゆえに説得力があり、人生の達観という言葉が浮かんだ。そして「文学の基本は、どう愛するか、憎むかということ」というものに感服した。それはつまり生きることそのものであり、文学の奥深さを知った。

「旧家に生まれたものでなければ無いやうな頽廃の気」をもつ、家制度に生きた男と女——夫婦、兄妹、親子——。自然主義作家の描き出す世界から、「男と女が生きるということ」を見せつけられ、圧倒された。今後も、島崎藤村の世界を覗いていきたい。そして、より客観的視点を持ち、自分自身が一人の女性として生きていくことに関して深く考えて行きたいと思う。

41　『家』（中曽根明子さん、日本文学三年）

——男にとって、「自然の暴力」ほど怖いものはありません……。男が今まで築き上げて来た全てのものを壊してしまう、女性の「生命の復讐」が何より恐ろしいのです——

一番印象に残ったのはこの言葉だった。「自然の暴力」「生命の復讐」——、何て神秘的な響きだろう。女性には男性がどう抗っても勝つことのできない力強さ、逞しさがある。それは昔の人が「原妣」「原母」と呼んだ、新たな生命を生みだし、それを育み、宇宙の無限の命を再生する力、そして、この「新たな生命を生み出す能力」こそが正しく女の自我の根拠、女の自然的自我それ自体なのだ。

「原妣」「原母」は本来、自らが生んだ生命を守護し、慈しむものであるから、男を柔らかい愛情で包み、愛しむ優しさは充分に持っている。しかし、社会的意識によって己の自立を獲得するという男の自我、そしてその象徴でもある「家制度」によって、女によって生まれたことを否定され、踏みつけられてしまえば、「原妣」「原母」は、その裏切りへの怨念を晴らす恐ろしい相に変貌することを厭わない。女性にとって、男たちが大地を切り開き、歴史と文化の生成に挑戦することは、女の自我を蹂躙することを意味するのだ。

では、男性に恨みを持つ女性には、どのような復讐が可能だろう。男性は、自分が人間社会、ひいては国家を守り支えなければならないという使命に燃えている。すべては世間のため、公共のため、つまり究極的には、明治国家共同体の編成と永続、その統治の為に男達はその身を捧げ尽くさんとするのだ。男達は常に「外に向かって」朝な夕なに奔走する。しかし、忘れてはならない。「家」という小さな共同体なくして、「国家」は成り立たないのだ。男が「外」へ出ている間、女達はその留守を守る。その意味では、いかに「家」が男性によって創られたと言っても、女性の方が直接な繋がりを持っていると言える。「国家」といった人間社会の根幹を成している「家」という最も小さくて、最も根源的な共同体――。女性が男性に対して復讐するのであれば、この「家」を利用するのが一番効果的なのかも知れない。

この「家」を念頭に入れた「女の復讐」で、真っ先に私の脳裏に浮かんできたのは、円地文子氏の「女面」という作品だった。この物語の中で、主人公の栂尾三重子は、夫への仕返しとして、若い男と姦通して栂尾とは全く無関係の双生児（秋生と春女）を生み、秋生に家を相続させる。そして兄の秋生が死んでしまうと、今度は嫁の泰子と謀って、灯りの消された密会の部屋で、知恵遅れの春女を泰子の替え玉に仕立てて伊吹に抱かせ、春女の体内から秋生そっくりの孫を取り出し、育てて行く。作品の中にこんな記述がある。

夫を持った女が夫以外の男と交わることに罪の名を負わせたのは、男系の血統を混じりなく継がせようととする男のエゴイズムの結果のように言うけれども、そのタブーはむしろ男の一番弱い部分から生まれているのだ。自分の子供を自分の血筋と知ることが出来るのは母親だけで、父親には妻を信じること以外に正確に自分の子供を見分ける能力は与えられていない。その意味で女の男にする一番残忍な復讐は妻が夫以外のおとこをあいすることなのだ……（「朱を奪うもの」）

これは妻のある男が他の女を愛することとは明らかに性質の違う、血に絡む執こい愛憎に根付いている。男が自分と血の繋がりのない子供を我が子と信じて抱く時、父系の血筋は途絶え、男主体の「家」の神話が崩壊してしまうからだ。そしてこれは、因縁であった父系の「家」を、事実上母系が乗っ取ったことを意味する。いくら男性が「外」で頑張った所で、社会の根幹を成す「家」が女性に乗っ取られては、元も子もない。「家」や夫の権威など女性の秘密の造反によっていくらでも失墜させることが出来るのだ。

また、春女にも注目したい。彼女は精神薄弱であり、そういった意味では、母親から自意識や倫理に妨げられない。女の「生む」能力だけを受け継いだ無垢な大地の蘇りのような存在であり、男の文明性、人工性に分節化される以前の女性の自然性を表すシンボルと言うべき存在である。命を再生産する以外に何の能力もなく、いわば一切の行動を制約された、完全に受動的、被支配者的存在でありながら、それを前提としなければどんな文明もあり得ない大地母神の巫女的存在、それが春女なのである。大地母神さながらに生命を生み出す女の性そのものとしてだけ生き、種馬としての伊吹と交わって自然の命を生み出しては死んで行く。特定の男を愛して苦しむなどという精神作用とは無関係に、女だけに備わった生む能力を顕在化させ、誰でもいい男を欲望する多情多産な大地母神の巫女としての倫理を、春女は、男が自分本位に作り運用する結婚制度や家制度と対決させて行くのである。少なくとも大地の手のひらの上で、「女の胎は所詮借り物」とうそぶき、身勝手なルールやモラルで女達を縛り付ける男達を春女は震撼させずにはおかない。もし、女が一方的に課せられた抑圧に怒って理性をかなぐり捨てたなら、生む性本来の多情で奔放な欲望と生理を剥き出しにしたならば、……春女は、女が罪の意識なしに、姦通、不倫を日常茶飯事に行うようになった時の恐ろしさを男に啓示する存在なのだ。

「生命の犠牲」と引き換えに、身勝手なルールで社会的な成功を手に入れる男達は、必ず生命から復讐される（三吉の三人の娘達が次々と病死することを指す）――とは先生の言葉だった。確かにそうだと思う。しかし、以上述べてきたような、新しい生命を生み出す女性本来の能力、「原妣」「原母」の力強さに拠る男性への復讐も、「子を失う」のと同じ位残酷な、「自然の暴力」「生命の復讐」だと言える。新しい生命を生み出す能力が備わっている限り、いかに男性が「人間の論理」で抑えつけようとも、女性は屈しきることはない。「原妣」「原母」は恐ろしく逞しいのだ。そして男性は、その逞しさを無意識に感じ取り、心の何処かで怖れているのに違いない。

――このレポートには「女に可能な復讐とは――円地文子『女面』より」という副題がある。「家」をもっぱらに論じたものではないが、このいわば達者な叙述に惹かれてここに掲げた。

42 『家』（渡井香織さん、中国文学二年）

「家」は多くの人によって藤村の最高傑作であるとされている。「家」を舞台として描かれる、没落してゆく二つの家の人々の深い心理描写、人間関係が重厚な作品だ。

さて、一年間この授業で「家」について学んできて、最も印象に残ったものをあげるとするならば、それはお種と達雄の相克に表される男と女の論理の対比である。男と女、その対比は「家」において実に鮮やかに描かれている。お種が象徴する女の論理と達雄が象徴する男の論理は決して交わらない。真逆の方向へ向かうそれぞれの論理ゆえの相克は、非常に印象深い。

お種は三吉に言う。「私も橋本に来てから斯の歳に成るまで、町へ出たことが無いと言つても可い位……真実に家の中にばかり引込みきりなんですよ。」と。そして彼女は「私は家を出ないものとして居ますよ……女というものは、お前さん、斯うしたものですからね」と続ける。そう、お種は家の内に確と座し、家を守ることを自らの、つまりは女の勤めであると認識し、疑わない。女とは生命を生み育て、慈しむ性だ。「お種」という名そのものにも、その意は表されている。そしてお種の言葉に象徴されるように、生命を生み育てる女に取って家は生活のすべて、ひいては人生のすべてなのである。女の人生は家の内にある、いや、家自体が女の人生であるとさえ言えるだろう。ここに表される女の論理とは、家の内奥に存する論理なのである。

その反対に達雄は、ただ家に束縛されて家の内でのみ生きるを潔しとしない。彼の関心は専ら家の外にある。「行け、戦へ、身を立てよ」とばかりに野心を秘めた彼は大義を持ち、立身出世を求めて社会へ進もうとする。男の意識は女とは反対に、家の外へ外へと向かう。「家」に登場する男たちは多くは、そうした志に燃え、家を出て行った。男たちは、野心を持たずにはいられない。自負心を以って、外へ向かわずにはいられない、これが男の論理なのである。

しかしそうした男の論理のために、家の内に生きる者、すなわち女は犠牲となる。お種はかつて、達雄の放埒によって人にはいわれぬ病を得、体と精神を深く損なわれた。男にとって正当性を持った論理である外への衝動は、女たちにとっては単なる身勝手な行動としか感じられない。

達雄の勝手な行動、論理によって犠牲となるお種、しかしこれを単に明治の女の悲劇と捉えることはできないと思われる。確かにお種は外へと向かう男の論理、「放縦の血」と表される達雄の放埒によって心身を深く傷つけられた。しかしお種はその「放縦の血」に、男の論理の本質である大義を持って身を立てようとする男の野心を見出してはいない。お種はただそれを外、他の女へ向かう好色の意識としかとらえられないのだ。それはお種が男の論理を、自らの女の論理を以ってしかはかれないからである。お種はただ「女のこと」として、己を損なうそれを憎み、恨み、呪う。男の論理ゆえの行動は女を損なったが、女は女で男の真意を理解していないのである。

そしてまた、お種はお種で女の論理をもって達雄に報いてもいる。お種は達雄を深く愛し、達雄から受けた苦しみに耐えるその一方で夫への恨みを募らせた。その恨みとはどのような形で晴らされるのか――、それは達雄が再び家に帰ってきた場面に表れている。お種は達雄を家に迎え入れ、かいがいしく達雄を盛り立てる。夫を賛美し、喜びをもって接するお種。しかしその心の底にあるのは、自分を損ない、家から、すなわち自分から逃れた達雄を再び家にからめとろうとする報復の念であり、家に生きる女の論理である。女は女で、男を家の内、ひいては自らの内にひきこもうとする。男の論理を理解しないまま、自らの論理に男をからめとろうとするのである。こう考えると、そこには女の愛や悲しみがこめられているものの、やはり一概に明治の女の悲劇ととらえることはできないのである。お種に象徴される女の論理、達雄に象徴される男の論理は、交わらない故にお互いを損ねるものであったという他あるまい。非があるというならどちらにもあるし、ないといえばどちらにもない。各々の持つ論理が真逆だったということなのだ。しかし、もう少しお互いに歩みより、助けあう道があったのではとも思わずにはいられないのだが。

一年間の講義を振り返って思うのは、藤村の描く人物の生々しさ、人間関係の濃密さである。佐々木先生は授業中に夏目漱石の書く人物はやはり「頭の中で作られた人格」だという感じがする、と仰っていたが、確かに漱石の書く人物と比較しても、藤村の描く人物は現実味があり、人間の奥深い感情を描き出しているように思われる。「人の心理について知りたいなら、何よりも文学を読むべきだ」と先生は仰ったが、それは真実だと、一年振り返って思う。「家」という作品、そして先生のお考えに触れられて、とても興味深い一年だった。

43　『家』（萩原直子さん、日本文学三年）

〈家〉とは〈女〉そのものであり、〈女〉の〈生命〉である。

印象に残っている言葉の一つだ。〈家〉が〈女〉そのもので、まして〈女〉の〈命〉であるとは。今まで思いもせず、考えもしない事だった。以前の私なら、反抗的な考えを持ち、反論したかもしれない。何故、女が家に束縛されてしまうような文章を書くのだ、と。しかし、不思議と今の私には、この文章がジワジワと体に染み込むのだ。ゆっくり、ゆっくり、細胞の一つ一つに流れ込むのである。人は家がなければ生きてゆけない。家に生まれ育ち、やがて巣立ち、また新しい家を築く。そのくり返しでのみ人は生きられるのだろう。

何故、今はこの言葉を受け止めることができるのか。私自身もよく分らない。年を重ねたからだと言われたらそれまでだが、全てを年齢のせいにするのは違う。少々、思い当たる理由としては、男と女の役割について気付かされた点と、自分の母の姿を改めて見つめ直したという点がある。これでも説明は足りていないのだが。しかし、〝〈家〉とは〈女〉そのもの〟という文章に反発する人間は少なくないだろう。特に近年、女性の社会進出が活発になり、女性が家から飛び出す風潮が強まっている。女を家に縛るなど古く、とんでもないとされているからだ。確かに、女性が社会へ出て行く事は大切であり、否定はできない。だが、やはり家を守るのは女ではないだろうか。

〈家〉に〈女〉が居るからこそ、いや〈女〉そのものであるからこそ、男は外で戦えるのだろう。家は女が守る。男は外で戦う。こんな事を言うと、古いと笑われてしまうだろうか。けれども今の私はこう思う。やはり女の役割は家を守り続けること（それは自分自身であり、命だからだ）そして男は外で戦い続ける（家のために、自分のために収入を得たりする）この男と女の役割は、どのような時が流れても、明日またどのような陽が昇ろうとも不変で守らなければならないだろう。加えて、女いや母が家を守り、帰る場所があるからこそ、子供も安心できるのだ。そして家を新しく作り上げ、命のリレーは続く。昔は家から出て、外で男性同様に働きたいと思っていた。男性に負けずに仕事をし、一人でも強く生活する事が素晴らしいと思っていた。今では家を守る方が素晴らしいと思っている。

私の母は「女が家を守らなければならない決まりはない」と考えていると思っていた。外にも出て父と対等に向き合い、それでも普段はのんびりしている陽気な人だと思っていた。しかし、そんな母も父の仕事が絡んでくると顔つきが変化する。動きがシャープになり、父が必要とする物を先回りして用意する。父が不在の時などは、全体が引き締まって見える。父も母には感謝の言葉を言わないので、当然だと思っているのだろう、と予測していたら、父は母に家庭を任せ、外で不安なく戦えているのだろう、と気が付いた。それは父の言動を注意深く観察してやっと分った事であるが。父は母に信頼をおいている。母がしっかりと家を守っているのを知っているのだ。そして母はその信頼に答え、父を送り出していた。この関係に目を向けずにいた私は家、そして母の役割に遅れながらも感嘆した。

父と母と家の関係に気付いた時、私は冒頭に出した文章と向き合った。それは良いタイミングだった。私自身も、女の幸せとは、役割とは何か、考えに変化が出始めていた時であったので余計に身に染みたのだろう。そして、出会えて本当に嬉しく思う。

家とはなにか。その答えは明確なようで実はぼんやりとしたものなのかもしれない。私が理解したのは、女が命がけで守るものだ、という事だ。しかし、この答えも他者から見たら間違っているかもしれない。「家」の本文最後、夜は明けぬままで幕を閉じている。ここはとても印象深い。夜は明けないで良かったと思う。うっすらと明るくなった空でも構わないのだが、この本は最後は暗黒で終わらなければならないと思うのだ。それこそ、この「家」という本にふさわしいと思う。(後略)

——このレポートの後半は、既出「知友、師友、その他からの便り」32の萩原直子さんのものである。

44　『家』(鮫島有輝子さん、日本文学三年)

島崎藤村の「家」は、私にとって本授業で初めて出会った作品であった。旧家の没落と崩壊の歴史という、どこか馴染みにくさや隔たりを感じさせるテーマを持った小説というのが、正直なところ、この作品の最初の印象だった。

藤村自身が、「家」を書くにあたって、「『家』を書いた時に、私は文章で建築でもするかのようにあの長い小説を作ることを心掛けた。それには屋外で起こった事を一切ぬきにして、全てを屋内の光景にのみ限らうとした。」と語っているように、「家」は、ただひたすら家において営まれる人々の生活を細かに描いた小説である。決して実際には見る事の出来ない、人々の家庭における姿。何か他人の生活を覗き見しているかのような不思議な感覚に陥る。家というものはこんな身近なようでいて、我々は自分の家しか知らないのだ。そして自分の家は、あまりにも自分に密着しすぎていて、客観的に眺めることは不可能である。この「家」という小説を通して、私自身、初めて家というものに正面から向かい合ったような思いがする。

この作品は、橋本・小泉両家の様々な人物を登場させ、三吉を中心とはしていながら、誰が主人公ということもなく、それぞれの暮らしが交り合いながら描かれている。この中でまず注目してみたいのが、「家」という作品で独特の存在感を放つ、お種という一人の女性である。

このお種という人は、どのような女性で、どのような道を歩んでいったのか。お種は、三吉の姉で、「家」の冒頭から登場してくる。この冒頭の部分では、お種は夫を助けまめまめしく働き、子どもを心配する、良い妻、良い母である。家から出ることはほとんどなく、家を守ることに自分の全てを費やしているかのような、実に女らしい女といえる。そして、お種自身、そんな自分に満足しており、「女というものは、お前さん、こうしたものですからね」と、自分の女としての役割に誇りをもっているようである。しかし、夫の達雄の女性問題にずっと苦しめられてきたという暗い翳りもある。そして、お種はそれを「橋本の病気」として、何よりも苦にし憎んできた。それは、物語が進み、達雄が全てを捨て芸妓と出奔するという、お種にとって最悪の結末として表れる。しかし、夫にそのような仕打ちを受けても、お種はひたすらに夫の帰りを待ち続け、その生涯を過ごす。

お種のこの悲惨な運命は、家を作る男と女、そのどうにも埋めようのない両者の論理の違い、それに引き裂かれた一人の痛ましい女の生涯に他ならない。家に生き、家を守ることにその使命をもつ女と、そこから飛び出し、自分の人生を展開しようとする男、そこには、埋めようのない隔たりが存在するのだ。

「家」の終わりに近い場面で、お種が三吉に向かって、「三吉、そうまあ俺を責めずに、一つこの身体を見てくれよ。俺はこういうものになったよ」と言って、自分の衰えた胸を弟に見せるところがある。お種のいう「こういうもの」とは何だろうか。長年夫のために尽くし、家を守り、家族のためだけに生きてきた自分が、夫に捨てられ、惨めな晩年を送らなければならない悲しさ、悔しさ、恨み、そのようなどこにも向けようのない感情だけで生きている亡霊のような日々、そんな全てが込められた、あまりにも沈痛な姿である。

もう一つ考えておきたいのが、「家」で中心的に書かれる三吉・お雪夫婦である。この夫婦は、お種と達雄のように決定的な崩壊に至っているわけではないが、それでも生活を重ねるにつれ、夫婦の間にはどうにもならない溝が生まれてくる。「一体、お前は奈何いふ積りで俺の家へ嫁いてきた……」という、お雪に向けられた三吉の言葉や、「夫は夫、妻は妻、夫が妻をどうすることも出来ないし、妻も夫をどうすることも出来ない。」という「絶望に近いような」考え。ここには、出口の見えない夫婦の問題が浮かび上がっている。最後には、「お雪は彼の奴隷で、彼はお雪の奴隷であった。」というような、救いのない結論で締めくくられている。

しかし、そんな夫婦の問題を抱えながらも、お雪には次々と子どもが産まれ、家族が増えていく。家が展開していくのである。不運にも、幼い子ども達が続けて三人も亡くなってしまうが、それでも新たな子どもが生まれてきて家は続いてゆく。このように、死と誕生を繰り返す場こそが家なのである。

男と女の交わることのない論理は、常に夫婦の間に亀裂をもたらし、争いを生むが、その争いの歴史こそが、人間の歴史なのである。人間は、家に生まれ、新しい家を作り、家に死んでゆく。どんなに家が煩わしく耐えがたいものであっても、人間はそこから逃れることはできない。男と女は苦しみながらも、家を作るために身を寄せ合うのだ。

「家」の最後が、三吉の甥、正太の死で締めくくられるというのも興味深い。悲惨な結末のようだが、不思議と絶望や暗さといったものは感じられない。死からまた始まってゆくということだろうか。「家」という作品に描かれているのは、ただひたすら人間の生の営みであり、それは必ずしも劇的なものではなく、ある時は単調ですらある。だからこそ、そこに描かれる人間の姿は、生々しく切実である。家に生きる、生きざるを得ない人間の悲しさ、また同時に、そのたくましさ、強さが伝わってくる作品である。

45 『家』（藤崎泰佑君、日本文学四年）

今回テキストを読み、またそれを用いた一年間の授業を受けて最も印象的であったことは、ヘーゲルなどのドイツ哲学、ギリシア神話といった、「家」に書かれた背景である当時の「日本」からすれば外部の視点を用いて、本作を読み解く手法であった。明治時代の旧家と、ギリシア悲劇「オレステイア」とを結びつけるに至る問題意識がどこにあるのかを考えたとき、そもそもこの作品自体が、「家」というシステムに埋没しきって生を全うすることが最早できない、三吉（＝藤村）という外部からの視点によって、相対化して書かれたものであるためではないかと思われた。これは作品が書かれた当時、日本が西欧列強と対峙する中で外側からの視線にさらされ、自らを客観視しないわけにいかなくなったなかで、旧来受け継がれてきた「家」というものも一つの「システム」として見つめなおそうという藤村の意思を意味するのではないだろうか。しかもここには去り行くものへの哀惜の念とともに、情に流されず現実を冷徹に見据える眼差しが確かにある。テキスト（「家」――〈人間の掟と神々の掟〉――）を通してそうした藤村の姿勢に気づかされように思われた。この感想ではその認識を踏まえ、テキストで大きく取り上げられる、「家」における男と女という異なる原理の衝突と、それを支配する〈家〉というシステムについて、考えたことを述べていきたい。

まず、第一章「橋本家の人々」について、達雄をはじめ男達の〈男の原理〉＝〈人間の掟〉と、お種の代表する〈女の原理〉＝〈神々の掟〉の対立を見ていきたい。テキストではヘーゲル哲学を用いて、〈家〉において繰り広げられる構図について、「その止むに止まれぬ外部への衝迫――。そのためには妻や子供達、〈家族〉を犠牲にして、男たちは外部の立場、とは公の正義に従わなければならないのだ。」（以下引用はテキストから）と男の原理が説明され、それに対して女の原理は「だが、女達から見れば、それは男達の身勝手な言い草、暴虐でしかない。男達にいかなる正当な理由があろうとも、それはただ自分と子供達を犠牲にするだけではないか。――なぜ男達の〈正義〉のために、自分が、そして子供達が、生贄にならなければならないのか。それはまさに子を生み、子を育てる女達、とはひたすら〈家〉を守る女達の、心の叫びであるといえよう。」と説明されている。そしてここで達雄たちを〈家〉中にじっとしていられなくする、〈男の原理〉における「公の正義」とは、「すべては世間のため、公共のため、つまり究極的には、明治国家共同体の編成と永続、その〈統治〉のため」に身を捧げることであり、「外部からの響き——、それはある時は〈黒船〉の波を蹴立てる音であったかもしれない。あるいはそれは、それを迎え撃つものの、つまり近代日本国家が自らを守らんとして戦へと進み出てゆく時の、悲痛な雄叫びでもあったのだ。」という、テキストで再三指摘される、当時の世相を反映したものであったのだ。そうした大志を抱き、〈家〉の桎梏から飛び出して行く男たちはしかし、皆結局はやぶれて家に戻らざるを得なくなる。つまり橋本家の男達は〈女の原理〉＝〈神々の掟〉への屈服を余儀なくされるわけで、それは「公共の、陽光のもとにあり（アポロン）、地上の秩序を原理とする男＝父の正義に対し、暗黒の、冥界のもとに在り（エリーニュス）、地下の混沌を原理とする女＝母の正義、さらに言えば、すべてを生み出し、同時にすべてをそこへ帰らせる大地の原理、誕生と死という循環の中に保たれ、汲み尽されることのない自然の正義」の勝利を意味する。しかしこの「母の正義」が勝利するのは、それを抑圧する「父の正義」が頓挫してはじめてのものであり、それまで〈女の原理〉は抑圧に苦しめられずにおかれないという点が、本論の作品を読み解く指摘として興味深く思われる。大地（＝〈家〉）に反逆する〈男の原理〉の、「近代日本国家」に象徴される高邁な大義に対して、「家」においてお種は、懲りずに家を飛び出す男たちを「橋本家の病気」と捉え、相も変わらず、〈「復た病気が起こる――旦那の癖なんですからネ」〉という、彼女固有の哲学でしか解釈することができないのだ」。そして、ひたすら耐え、〈家〉を守る姿勢を堅持することで対抗するお種は、達雄が軍門に降るにあたって寛容さを示すが、これはギリシャ悲劇において「お種のこの夫への恭順の態度、賞賛の言葉は、凱旋したアガメムノンを車から館へ長く敷きつめさせた深紅の絨毯に、恭々しく迎え入れたときのクリュタイメストラのそれとまったく等しいといわなければならない。」行為であり、「それはまさに、夫を殺害するという謀略を隠すための罠であったのである。もとよりお種は一撃にして夫を屠ろうとしたわけではない。ただ恭順と称賛の陰で、彼女が自らの強い意志通り、放埒と横暴を重ねた夫を〈家〉の奥深くに導き、監禁したことは確かといえよう。」という指摘で分かる通り、ひたすらの貫徹により、男達への復讐を果たす。

しかし、ここで指摘されている重要なことは、お種にとっては自分自身のための意思でなく、「〈家〉を守るため」の辛抱だということである。また逃亡を繰り返す男たちもまた、〈自らの中から突き上げてくる衝動をどうすることも出来ない〉とあるように、自らの意志を超えた野心に振り回されずにはいられない。こうして男たちが、しかし戻って来ざるを得ない〈家〉というものは、自然の暴発を防ぐ装置としての共同体ともいうべきものである。そのような、テキストで（また藤村によって）言われているところの〈家〉とは単なる人を活かすための枠組みとは捉えられない。「こうして、ここに〈家〉とは、おそらく単に〈封建的家族制度〉というがごとき〈制度〉に還元しうる問題ではない。いわば〈制度〉以前の直接で濃密な人間関係、男と女が夫となり妻となり、あるいは父であり母であり子であることによって生きる、その人間達一人一人の意識と無意識の関係の総体であるといわなければならない。」という点に、テキストが読み解くところの〈家〉観が集約されているように思われた。

まとめると、今回テキストを読むことで、「家」という作品が、〈家〉の破綻、没落を惜しむ視点に止まるのでなく、その内部に渦巻く人間の生存をめぐる欲望を見据え、男達の欲望の発露とその挫折までも含めて〈家〉というものが成り立つ、その構造を明らかにしているように思われ、感銘を受けた。人間が社会を成り立たせるために作り上げた〈家〉というものを見つめなおした時、「御家第一」というような言葉が暗示する「個々人の都合に対して優先されるシステム」でありながら、実はその成員の「意識と無意識の関係の総体」であるという、なんとも捉えがたい、世の中その物のような代物が立ち現われて来る。その認識が、時代の変動期にあたって、原理的に物事を考えようとした藤村のような作家によって、共同体の一典型を描く作品として昇華されたことが、テキストにおける哲学的、神話的解釈によって明らかにされており、藤村への興味が増し、また小説の表層的でない読み方というものを考えさせられた。

46 『家』（丸野智史君、日本文学三年）

Ⅰ、はじめに

島崎藤村によって執筆された「家」は、明治四十三年、藤村が三十九歳の時に読売新聞に掲載された。「春」ではじめられた自伝的作品であり、多くの人によって藤村の最高傑作、また日本自然主義の記念碑的作品とされている。作中で藤村は自らを三吉とし、自らの生活を含めこの「家」を書いている。

ここでは、三吉（藤村）の姉であるお種と、その夫である達雄の、それぞれの自己意識を、ギリシア悲劇とヘーゲルの「精神現象学」に関連させながらその相克について論じていく。

2、ヘーゲル「精神現象学」による記述

ヘーゲルはまさに家ということについて、「精神現象学」において詳しい洞察を行っている。そこでは、夫と妻相互の敬愛は自然的な関係と感覚を捉えており、それ自身においては自己帰還しない。また、両親と子供相互の敬愛という第二の関係も、それと同じである、とヘーゲルは言う。子どもに対する両親の敬愛は、自分の現実を他者のうちに持っていて、他者のうちに自立存在が生成していくのをみるだけで、それを取り戻しえないという感動に影響されている。

さらに、女性についての記述によれば、母や妻といった関係の場合、これらは個別性を持っているけれども、一方では、これは快楽に帰せられる自然的なものであり、他方では、この関係の中で、自分が消えていくに過ぎないことを認めるような、否定的なものである。それによって、さらに他方では別なものにとって代わられるような、偶然なものでもある。人倫のうちに佇んでいる女性のこれらの関係が根拠をおいているのは、この夫でもこの子どもでもなく、夫一般子ども一般であって感覚ではなく一般者なのである、とヘーゲルは語る。

これらの記述から「家」について深い観察が可能となる。例えば、お種と三吉が二人で寝ている時にお種によって発せられた言葉、「（達雄と正太に対して）代々橋本家の病気だから仕方がない。」は、お種の夫と子どもに対する認識を表している。「橋本家のもの」と他人事のように言っていることから、まさしく女性にとって夫や子供は、この夫でもこの子どもでもなく、夫一般子ども一般であって感覚でなく一般者なのである。

3、ヘーゲルとギリシア悲劇

人間は二つの「掟」のどちらかに帰属して生きる。一つは「人間の掟」。つまり強さ、共同体（国家）、つまり日の明るみの中で妥当する地上の権利である。もう一つは「神々の掟」である、女、弱さ、家族、光を厭う暗々の地下の権利という。ヘーゲルはこれをアガメムノンやクリタイメストラといった人物が登場する、ギリシア悲劇にその表象を得て論じている。

はじめ、男と女の両者は美しい調和と均衡を得て、互いに補償し合い補っているように見える。しかし、やがて調和と均衡は破れ、激しい対立と相克に移り、最後両者の没落に終わる。その両者の対立と相克の無限の媒介となるのが「自己意識」である。男は男の「掟」だけを正義と自覚し、女は女の「掟」だけを正義として自覚する。そして両者はお互い自らの「掟」を主張し合い、互いを排斥し合う。結果、「神々の掟」は「人間の掟」のうちにただ暴虐だけを見る。「人間の掟」は「神々の掟」のうちにただ我儘と不従順を見る。

ギリシア悲劇のなかに見る、家という共同体は、血によって繋がり続く、もっとも直接的で自然的な共同体が、男と女の対立や抗争という形で語られ、そのことによって、やがて崩壊するしかない姿が語られている。しかも、いかなる家も、男と女の結びつきによって新しく造られながら、各々が自らの「掟」にあまりに忠実であることによって、抗争、対立をし、やがて没落してゆくしかない運命が描かれている。

こうして島崎藤村の「家」を見ると、登場する男女たち、それはいずれもギリシア悲劇に登場するアガメムノン・クリュタイメストラ・オレステス・クレオン・アンティゴーネに幾分かは似ているのである。

4、達雄の自己意識

男とは、外部からの響きというものに対してじっとしていられない。男たちは外部からの響きに耳を澄まし、やがてそれに誘われて、家を出ていくという性向にあるのではないか。女はそのことを理不尽なものに見えるかもしれないが、男にすれば止むに止まれぬ男の原理なのである。そのためには、妻や子どもたちそして家族を犠牲にして、男は外部の立場に身を置かなければいけないのである。

父忠寛や三吉といった、「家」における多くの男たちは、外部へと出て行った。達雄もかつて志を持って国を出たのである。そしてこの達雄の止むに止まれぬ激情こそが、一切の発端であることは無視することはできない。

国家のために奔走した、父忠寛のように、男たちはすべて世間のため、公共のため、究極的には明治国家共同体の編成と永続、そのような公の正義に向けて、男たちはその身を捧げ尽くさんとした。

達雄もまたそのうちの一人であった。いかに彼の歴史に少々の影がつきまとおうとも、達雄はただでたらめに家を飛び出したのではないのだ。明治国家共同体の覇権という大義に連ならんとすることこそが、達雄を外部へと誘いだしたのだ。また、そこに一種の達雄の権力欲のようなものがあったと思われる。

外部からの響きに体が自然に呼応してしまうという、男の性がもちろん達雄にもあったのである。

5、お種の自己意識

男の自己意識、それは男が止むに止まれぬ形で己が原理を守り、自らの掟に従わんとすることである。だが、それに対して、女はどれだけの犠牲を払わなければならなかったのか。彼女たちは長い留守を強いられ、さらに命さえ削っていく。

お種の長い留守を強いられ、時を送るという点では、男たちが遠征から帰還するのをひたすら待つ女のような、ギリシア悲劇のクリュタイメストラの面も幾分かは似ている。

日ごとに彼女たちは嘆きを深め恨みを募らせてゆく。達雄が家を出て、放蕩をした結果、お種は病気になり、身体を深く傷つけられた。また、娘であるお仙にたいする気心も影響する。そしてここには、なぜ自分が、娘がこうした口惜しさを味わわなければいけないのか、という女の叫びがあった。それは女だけが感じ、耐えねばならない苦痛であり、それとともに、一人身のまま一生を荒廃させてゆく娘を心配しなければならない、お種の男に対する怒りがあった。夫アガメムノンへの復讐を誓ったクリュタイメストラのように、「復讐」への思いがそこにはあったのかもしれない。

では、どうやってお種はその「復讐」をとげるのか。

達雄が再び「斯の山の中へ帰って来」た時から、お種が彼をほとんど凱旋の将のごとく迎えていることは注目すべきである。彼女は一切の仕打ちを忘れたように、夫を立てる。そして弟の三吉にまで夫の自慢をする。

しかし、お種のこの夫への恭順の態度や称賛の言葉は、凱旋したアガメムノンを恭しく迎え入れたときのクリュタイメストラのそれとまったく同じなのである。夫を殺害するというところまではいかないが、その恭順と称賛の陰には、放埒と横暴を重ねた夫を「家」の奥深くに導き、捕獲し、監禁したことはたしかである。そればかりか、夫を「家」の奥深くに埋め埋葬せんとすらする。つまり夫を死者の列へと送り届けようとしているようである。

また、お種は「家」という話全編にわたり、登場してくる場面を通じて、彼女は生命の主宰者のごとく草木を愛し、子供をかわいがる。お種は、まさしくその名の通り、生命の聖性の原初の立場に立っているといえる。

再び、夫が出奔して一年以上の月日が過ぎ、お種もまた、家から追われるように、伊東、東京と流浪して、ようやく弟の三吉の家で日々を送ることになる。

「旦那もネ、橋本の家で生まれた人ですから、何卒して私は……あの家で死なして遣りたくてサ。」

このセリフはその場面で発せられたものであるが、お種の思いがただ一つこのことだったことは、感慨深いものがある。つまりお種は、一貫して自らの、「女の掟」「神々の掟」において、死者の埋葬に固執しているといえる。

6、お種による達雄の自己意識への影響

達雄は、お種の強い意志をほとんど無意識的に恐れている。それは自らが、一度でも大地の母（お種）に背き、生命の根源を無視してしまったことへの負い目に発しているといえる。そしてアガメムノンのように、達雄も再び「家」の王座に座ることをためらわざるを得ないのである。だからこそ、お種は、クリュタイメストラのごとく恭順と称賛によって、達雄を「家」の中心へと誘い入れる。

例えば、息子である正太の縁談話の席において、達雄は終始消極的であった。正太の目の前では厳格な家長を演じて黙っていて、権威を誇示しているようにみえるが、「家」の奥座敷ではつねにうわの空である。このことから、彼の権威は形骸化しているといっていい。

ではなぜ息子にさえ、硬直しぎこちなくなってしまうのか。それはおそらく、お種の強い視線によるものである。お種に負い目を持つ達雄はその真の家長たれと強いる「女」の意思を恐れ、それに従わざるを得ないのである。

しかし、このことが、お種にとって裏目にも出ることになる。つまり、お種の祝福によって再び家長という座に立つ達雄だが、同時にまた「男の掟」「人間の掟」への忠誠をその心に持ってしまうのだ。お種に対する負い目が無意識であるかぎり、良心の呵責は本源的ではないのだ。達雄の野心は燃え続けることになってしまうのである。

7、おわりに

この「家」という作品を全体から見ると、本当に様々な家庭が登場する。そこでは、それぞれ共通して家族の浮き沈みが存在することに気付く。これは、やはりヘーゲルの言っていた男女の性向がそれぞれ違うことから生じるのだろうか。

同じ人間でも、同じ家族でもそれぞれはやはり男女で分けられ、個々の人間として分けられる。「家」におけるそれぞれの浮き沈みは、その個々の性格からおきるのではないかと感じた。

47　『武蔵野』（鴨沼祐介君、哲学三年）

独歩が武蔵野の自然を描くにあたって、ツルゲーネフ「猟人日記」を二葉亭四迷が翻訳した「あひゞき」に大いに教えられたと記している。「猟人日記」の表現は、人間の中に包みこむことによって、自然の中にわれわれを没入させ、自然を感情化するものだった。そこには「汎神論的な気分」、東洋の詩境に近い自然観照の態度があった。

この〈汎神論的な気分〉、いわゆる〈天地一体の感〉は、終始一貫して独歩の思想的主題だった。自然と人間の〈冥合〉〈一致〉〈融化〉は、外界が眼前に直接たち現れるまさにそのことに純粋に〈驚異する〉ことである。つまり、なんの媒介もなく直に見、聞く、いまここの直接所与の知覚経験に他ならない。だからこそ、具体的・個別的な視覚以上に、普遍的・一般的な視覚的光景が繰り広げられている。

しかし「武蔵野」において繰り広げられているのは、視覚にしろ聴覚にしろ、いまここの直接所与としての知覚経験では決してない。一切の事後において、作者が記述する〈言語表現〉が介在している。それゆえここには、いまここの知覚経験の個別性・具体性が欠けている。その時その場での一回きりの知覚経験は無く、あるのは普遍的・抽象的な〈言葉〉であり、つまりは〈概念〉、あるいは〈言語覚〉とでもいうべきものなのである。だからこそ、繰り広げられる種々の微細な〈音〉は武蔵野の〈時雨の音〉といういわば全域的なものへと広がり、〈音〉そのものから〈幽寂〉さなるものに転ずる。〈風の音は人の思いを遠くへ誘ふ〉が、そうした空間的無限ばかりか、〈遠い昔からの武蔵野の生活〉という時間的無限へと〈人の思〉を運ぶだろう。おそらくそこには〈天地一体の感〉、森羅万象と人間の交感の記憶が、鮮やかに裏打ちされているのではないか。

しかしその記憶がいかに鮮やかに紡がれるとしても、記憶されるにはたとえ幾ばくかでも時間の経過がなければならない。だからそれはその場その時の直接経験から少しずつ遅れ、後から〈想起〉されたもの、つまり事後的に〈言葉〉へと整序された〈物語〉といえよう。

「武蔵野」第二章から第五章が〈二十九年の秋の初から春の初めまで〉の日記をもとに、第六章が〈今より三年前の夏〉の記憶をもとに書かれていることは、それぞれ冒頭の記述にある通りである。これらすべては〈過去〉の〈思い出〉、その〈想起〉である。従って本来すべて過去形の叙述になるはずのものだが、出だしを除けばほとんど現在形の叙述に終始している。この点には、独歩固有の、いまここの〈眼前〉の〈事実〉にまるで不意打ちを食らうように〈驚きたい〉という信念が介在していると言える。だが、その信念は願望に終わっていると言わざるを得ない。その場その時の知覚経験がそのまま言葉に置き直されたとしても、それは〈過去〉の〈思い出〉、その〈想起〉であり、〈言葉〉において語られるしかないのである。しかも〈知覚〉つまり色や形や音や味としてではなく、〈過去〉の言語的な構成であり、確認なのだ。だから、〈想起〉とは〈過去〉の〈経験〉を〈現在〉において〈思ひ出〉すことだとしても、その場その時の〈知覚〉がそのまま再生されることでは決してないのである。過去の色や音つまり身体的知覚・感覚は、いかに微細かつ克明に記述されたとしても、実際に色や音が蘇ってくるわけではない。〈そういうことがあった〉〈そういうことであった〉という〈言葉〉＝〈概念〉として、つまり〈意味〉において語られたということなのである。

「武蔵野」は、おそらく単に眼前の武蔵野の〈自然〉、その〈知覚〉的風景が描かれているのではない。むしろその場に、その一瞬一時の感動に留まり、それと一体化したいという永遠の憧憬こそが描かれている。

——私の定年退職が近づいたころ、学部の再編があり、時間割の変更があった。それで新たに上梓した『獨歩と漱石』や、ようやく纏まってきた鷗外論（のち『鷗外白描』として上梓した）などのものを取り交ぜて講義した。以下はそれへのレポートである。

48 『阿部一族』（戸井田奈穂さん、心理学二年）

「阿部一族」の原拠「阿部茶事談」における「重層的構造」とは、家臣たちが殉死をするにあたって抱く感情の構造のことである。家臣たちが殉死するにあたって抱く感情は、二種類の相反する感情が重なり合っている。

家臣たちが殉死にあたって抱く二種類の感情とは、主君への純粋な献身のために殉死しようと思うことと、その反面、自分の遺族たちの生活が権力と体制によって完全に保証されると信じて、家門が長く栄えてゆくように願うこと、である。前者は「死」を願う感情であり、後者は「生」を願う感情であることから、両者は全く逆の感情であると言える。これら二つの感情が、重層的構造をなしているである。

阿部一族、ことに事件を決定的にした阿部兄弟が、その経済的自立を主君より約束されていながら、愚かな失態を演じた長兄一人のために躊躇なく全員族滅をかけて戦った理由も、重層的構造である。彼ら一人一人が、狂おしいまでに家＝一族の永世を思えばこそ、全員族滅かけて戦ったのだと考えられている。彼らにとって、、その一族の永世への思いを主張する手段が、共同体の掟であり、〈侍の作法〉である殉死だったのである。また、そうした分裂と矛盾は、家系において受け継がれていったのである。

「阿部一族」は、おおもとの史料である「阿部茶事談」に片言隻句もつけ加えることなく、そのまま引きうつしたものであることが知られており、それは剽窃とさえ言えるほどである。「阿部一族」は、ただ「阿部茶事談」の増補の趨向をそっくりそのまま、もう一度自らの手で繰り返したものだったのである。

鷗外は、終始一貫、史料に追随し、史料を受容している。史料に〈帰納〉したり〈追随〉したり、つまり分析したり説明したりして言葉を置き換えることしかしていない。それ以上に新たに何かをつけ加えたり、別に何かを嵌めこんだりして何かを創り出そうというような態度は少しも見られない。まさしく鷗外はあえて〈無私〉に徹している。鷗外がこのような方法と態度で「阿部一族」を執筆した理由は、先に述べた、「阿部茶事談」における殉死者たちに感情の重層的構造に深い感銘を受けたためではないかと考えられる。その、感銘を受けた思いを伝えるために、おおもとの史料である「阿部茶事談」を再現するという、ある種極端とも言える方法を最適なものとして用いたのであろう。

しかし、史料に忠実に引きうつしたものであるにもかかわらず、「阿部一族」は鷗外の独創を信じさせるに足る格調と重量を誇って存在している。また、「阿部茶事談」には存在しなかった、迫力を持った傑作であるともいえる。これは、再現の結果である「阿部一族」が、単なる「阿部茶事談」の剽窃作品ではなく、鷗外の手によって「阿部茶事談」が息を吹き返した作品となったためであろう。

「阿部茶事談」における重層的構造とは、秩序と規範に死ぬか、自己内面の激情に生きるか、という人間存在の根源的な二律背反であったといえる。人々は、現に、一族長久を念ずればこそ、まさに不可抗的に自らを共同体の掟へと吸収させなければならなかった。

この二律背反から、家に連なる人々の〈いのちの呼吸〉がうかがえる。生き、子をなし、死ぬという、ただそれだけの、人間のあてどない生死の反復重畳がうかがえる。そして、まさにこの〈いのちの呼吸〉こそが、鷗外が強く共感した点であり、「阿部茶事談」を再現した「阿部一族」において、読み手に伝えたいと願った思いであったのである。

「静子との日々」を読んで

先生の本、「静子との日々」を読ませていただきました。読み終わり、本を閉じたときに、この本全体に流れているあたたかな空気にふわっと包まれた感じがして、とても穏やかな気持ちになりました。

特に、先生と静子さんが、結婚前の不安な気持ちにとらわれながらも、お互いを信じて思いやろうとする姿に心を動かされました。出会った頃の「恋」が、次第に落ち着いた深い「愛」になってゆくのを、この本を通じて見せていただいたように感じました。また、現代の恋愛からは忘れ去られているけれど、先生と静子さんの恋愛にはいっぱいに溢れている、純粋な思いやりや優しさを、そっとわけていただいたように感じました。

私は、この本を読んでいる途中、静子さんはまだ生きているように感じていました。そう感じたのは、先生と静子さんが過ごした日々が、どれだけの時が経っても、いまも輝きを持ち続けているからだと思います。そして、先生が今も静子さんを大切に思っていることが強く伝わってくるからだと思います。私も、忘れることなく覚えていようと思います。そして、いつか私にも大切な人ができたとき、先生と静子さんのような優しくて深い関係を築きたいです。

49 『阿部一族』（尾沼雄大君、一年）

はじめに
「阿部茶事談」とは、森鷗外の歴史小説「阿部一族」の原拠と言われている作品（史実）である。本稿では、その「阿部茶事談」が内包する二つの「重層的構造」について言及し、その問題点について考察を試みる。まず一つ目に考えられる「重層的構造」は、藍本と増補箇所との構成的差異であろう。そして二つ目に考えられるのが、殉死に際する人々の心の「重層的構造」である。
「阿部茶事談」のあらすじ
阿部弥一右衛門通信は、主君忠利の死に際して、殉死を願い出るも何故か認められず、一旦は生きながらえんと決意するが、やがて家中等の心無い評に堪えかねて、最後には我が子の眼前で割腹して果てる。しかし、弥一右衛門が殉死を許されていない身で腹を切ったため、あとに残った阿部一族は冷遇を受けてしまう。その後、忠利の一周忌にて阿部家の嫡子権兵衛は、感極まったのか髻を切って亡君の位牌に添えるが、それも上を恐れぬ所業とされ縛り首にされる。残された阿部一族は屋敷に立て篭もり、討手に対抗するが、凄惨な最期を迎える事となる。

藍本と増補箇所との差異

「阿部茶事談」の作者は、一連の事件を「茶事談」と銘打っているものの、阿部一族に対して暗に賛辞の言葉を送り、また失策続きの主君を批判的に見ている節もある。が、それとは反対に、後世（江戸）の増補者は、阿部一族に対し「非難的」意志をもって、当時模範的とされた武士の話などを付けたしている。その根底には、江戸時代において「謀反」「反乱」はあってはならない、とする考えがあるからである。戦国の世とは違い、江戸幕府という絶対権力が構築された社会においては、「謀反」や「反乱」といった思惟は不穏分子に他ならないからだろう。このように、まず考えられる「重層的構造」は、これら「価値基準」の差異である。江戸時代の侍は、「主君の命令は絶対順守」として、秩序を乱してはいけないことが絶対であったが、それに対し、戦国時代の侍は、全体を守る為なら主君に反することも選択肢として在りえたのである。また更には、事件に連なった人々の経歴、それらの家伝や家譜が書き加えられている点も注目すべき事柄に違いない。少しオーバーな表現かもしれないが、人は誰しも、自分が確かにこの世界に存在したという証（それが有形無形に関わらず）を求めているように思われる。それは、人々の記憶であったり、本という文字列であったり、直接の子孫であったりするだろう。増補者が「阿部茶事談」に家伝や家譜を書き綴ったのも、そういった心理が働いたからではないだろうか。個人の一生を一区切りとして見た場合、それら家伝・家譜も「重層的構造」をなしていると言える。

殉死に直面した人々の心理とは

当時の封建主義社会において、殉死に対する意識を大まかに区分すれば、以下のようになるだろう。まず一つ目が「義腹」である。主君が逝った際に、まことの思慕の情でもって後を追うことである。この意識は個人にとって最も幸福なものに違いない。自らの思念通り行動することが出来るからである。二つ目に考えられるのが「論腹」である。本当は死にたくは無いのに世間体を気にして腹を切るのである。まさに面目、プライドの為に死ぬと言えるだろう。「論腹」は言うなれば個人の意志が周辺状況によって曲げられてしまうことに他ならない。後に述べるが「義腹」と「論腹」は対極に存在する意識であると考えられる。三つ目は、後に約束される財産や地位の為、つまり子孫繁栄の為に腹を切る、「商腹」である。殉死という問題に直面した際に、当時の武士達は、この三つの思惟の内に置かれ、決断を迫られたのであろう。特に相反する意識「義腹」「論腹」が個人に内在した際の苦悩は計り知れない。「阿部茶事談」においては弥一右衛門の心情がこれによく当てはまる。勿論、これら3つの思惟のどれか一つが単純に個人の行動に強い影響を及ぼしたこともあっただろうし、他にも3つないしは2つが綯い交ぜになっているという複雑な状況も多々あったにちがいない。「阿部茶事談」は、矛盾する二つの意識「義腹」「論腹」が引き起こした悲劇であろう。また心理的葛藤に関して言えば、権兵衛の髻を切るという行為も興味深い。一連の事件で厭世的になり、それこそ出家を果たして俗世の柵から逃れたかったのかもしれない。

まとめ—「阿部茶事談」の「自然」

人々の心を、唯一の事柄が（その強弱はあるにせよ）支配しているということはまず有り得ない。社会状況（論腹）、個人状況、家庭状況（商腹）によって綯い交ぜになっているのが「自然」なのである。複雑な関係性の中にあるからこそ、自身の考えを貫き通せない場面も多々出てくるのである。更に、構成においても、藍本と増補された時代との価値基準の差異、自らの存在を後世に残したいという本能的で自然的な思惟が垣間見られるのも、また「重層的構造」であろう。前述したように、殉死に直面し「義腹」「論腹」「商腹」の間に揺れる人間の心理もまた「重層的構造」を成しているといえるだろう。少し脱線するが、鷗外は「阿部茶事談」が内包する、これら「重層的構造」から、根源的な人の姿を見出したのではなかろうか。鷗外の歴史小説は「歴史其儘」と言われ、なかには「剽窃」と評される向きもあった。しかし、鷗外が手を加えなかったのは、くどいようだが、その史実にこそ、人の「自然」が映し出されていたからではないだろうか。事実関係を取捨し、物語として再構築することは、まさに当時の人々の生を否定してしまうことになる。「阿部茶事談」、その「重層的構造」は、「人間存在の自然」を表しているものと思われる。

追記「静子との日々」感想

始めに。誠にご愁傷様でございました。私は一学生に過ぎませんけれど、心からお悔やみ申しあげます。

私はまだ結婚を意識するような女性と巡り合ったこともなく、また女性経験も少ない方ですが、著書を拝見して「佐々木先生と奥様は、幸福なカップルであったのだなあ」と感じました。当時の時代背景などは、おぼろげに想像していましたが、先生と奥様の遣り取りに関しては、まさに生きた人間の恋模様であると感じ、私の心にダイレクトに届いてきました。授業に関連して、少し鷗外の話に戻りますが、鷗外は「阿部一族」の切腹場面など、女性を介在させないことが多く、「個の完全性」に捉われていた観もあったと思うのですが、後の「渋江抽斎」や「安井夫人」においてそれを否定しているように思われます。妻子や先祖、子孫……結婚して子を生み育てる、この一連の生の営みに、人の「自然」を見出したものと思います。月並みな表現ですが、人は一人では生きていけないのです。互いの不完全さを認め合い、おぎなうことが必要なのでしょう。それが出来る最小の単位かつ最も堅固な関係が「夫婦」なのです。冒頭にも述べましたが、先生と奥様は、その中で、まさに一心同体の関係だったのでしょう。それ故、奥様を亡くされた際の悲しみは筆舌に尽くしがたいものがあったと思います。まさに「半身」を失ったようなものですから……。多くの方々が評されていますが「静子との日々」は、佐々木先生の、奥様に対する追悼、備忘録的面を持つと同時に、お二人の生の軌跡そのものであると思います。先生も言及されていますが、少なくとも私(読者)が生き続ける限りは、お二人の存在を忘れることはないでしょう。

最後に、静子様のご冥福を心よりお祈りいたします。

50『阿部一族』（小川美樹さん、文化構想二年）

「阿部茶事談」は各条の見出しのもとに展開される本文部分と、「茶事談」「又曰」に始まる付記の部分との二層から形成された重層的構造からなっている。本レポートでは「阿部茶事談」における重層的構造、殉死のもつ「義腹・論腹・商腹」的重層性について述べていこうと思う。

まず、「阿部茶事談」では「権力=体制」の絶対と永遠を願いつつ、しかし自らの意地をかけ死んでいく武士たち、そしてそのために滅んでいった阿部一族をのめりこむかの様に描いており、内藤長十郎や津崎五助のような典型的な己の一身一命を主君に捧げて、全くの私意もない武士の姿が阿部一族の自らの意地に生きる姿と対比されるように描かれている。しかしながら、長十郎たちは本当に主君への純粋な奉公の気持ちから殉死していったのだろうか。例えば内藤長十郎の母の「切腹延引せば臆したりなんと悪口にあはんも如何」という一言からも分るように、主君への絶対的な帰服と献身をのみ意味するはずの殉死（義腹）がいつしか自らの意地を貫くべき殉死（論腹）へと移行してきたことが分かる。なぜ、このような論腹が生まれたのだろうか。武士には敵との戦いで一身一命を捨てることがそのまま主君への奉公になった時代があった。しかし、太平の世となり、戦うべき敵が身近から消え、武士は一身一命を捨てることが出来る具体的な場所を失ってしまったのだ。そのため、主君に対して一身一命を捧げるということは、生きて己の一身一命を果てまで用立て尽くすこと、つまり主君に付き従い生きながらえることが、主君への奉公となったのである。

しかしながら、敵との戦いで一身一命を捨てることが本来、武士のありかたであったため、武士はその存在意義を失い、武士たちの心の中に矛盾と己の意地つまり自我が芽生え始めたのではないだろうか。

次に増補において、事件の主筋云々に関わりなく、事件にかかわった人物の武功、およびその子孫の経歴まで綴られている。これは武士たちが、家＝一族という関係性に帰着して生きていたということを指し示しているように思える。家門の長久を内面に願う武士――。しかし、その願いも権力体制の中に包括されていたのだ。そして、権力体制の中で家門の長久の願いを実現するために、武士たちは権力＝体制へ帰化しなければならなかったのだろう。例えば18人の殉死者たち。主君への純粋なる献身において切腹したことに間違いはないが、彼らがその死に家門の長久への願いを託していたのではないだろうか。そして家門の長久を念ずればこそ、阿部弥一右衛門もまた、権力＝体制にあえてその命を捧げたのである。ここに、主君への絶対的な帰服と献身をのみ意味するはずの殉死（義腹）が家門の長久を願う殉死（商腹）へ転化していったことが分かる。

このようにして、「阿部茶事談」の増補は人間が生き、子孫を作り、死んで行くというサイクルを描きながら、その重層的構成によって人間の複雑な内面心理の分裂と現実との矛盾を見事に描き出していると思う。

また、最後に本題材とは関係がなくなってしまうかもしれませんが、「静子との日々」を読み、僭越ながら、感想を先生に伝えたく、ここに書いていこうと思います。「静子との日々」を授業で聞いたとき、私は胸が熱く、そして苦しくなりました。なぜなら私も今年の4月に身内を末期の癌で亡くしているからです。昨年の暮れに気づいたときにはときすでに遅く、手遅れでした。それから一日一日を大切に、相手を思いやって過ごすようになりました。どうして人は失うときになって初めてその大切さに気づくのでしょうね。もっとこうしておけば……と後悔の念だけが浮かんできます。先生は授業中の森鷗外の解説で「無意味でも書きたい、誰かに伝えたい」とおっしゃっていましたね。なんだかそれは先生ご自身のことを述べているようにも感じられました。「静子との日々」につづられている思い出は、必ず読んだ人の心に残り、生きています。私も伯母との思い出を大切にしていこうと思います。

51 『阿部一族』（細井亮佑君、中国文学二年）

ここでは、佐々木先生の〝「阿倍一族」論―剽窃の系譜―〟において論じられた「重層的構造」についてその要旨を述べる。

「重層的構造」とは何かということを説明するためには、まず「阿部茶事談」における増補の傾向性を示さなければならない。第一次増補に見られる傾向性は、内藤長十郎や津崎五助のように、権力＝体制のために殉じた武士の姿が、逆に権力＝体制に背いて滅んでいった阿部一族の姿と対比されて、鮮やかに描き出されていることをはじめ、権力＝体制の絶対と永遠性が強調されていることである。そして、第二次増補以降に繰り返し見られる傾向性は、事件に連なる人々の先祖や子孫の名が家伝や家譜に綴られて、執拗なまでに辿られていることである。「阿部茶事談」の増補に見られるこの二つの傾向性は、増補者たちの直面した武士＝人間の存在意義の問題と大きく関わっている。

江戸時代以前の武士の存在する理由は、主君の馬前での〈死に狂ひ〉にこそあった。しかし戦国時代が終わり、太平の世になってからは、武士は〈死に狂ひ〉する具体的な場所を失い、むしろ、奉公するためには生きながらえなければならない時代となった。このように武士の内面には矛盾と分裂が根付いていたのである。そこで彼らは、第一次増補において、権力と体制に殉じた内藤長十郎ら理想的な武士をクローズアップすることによって、再び自分たちの存在意義を見出し、同時に、権力と体制の絶対性を鼓吹することにより、原本の逆心と無法の世界への変貌を阻止したのである。

だが、増補者たちは図らずもここに更なる矛盾と分裂をさらけ出すことになった。というのは、例えば内藤長十郎は、彼自身は純粋に主君への忠義のために追い腹を切ったのであるが、その母〈切腹延引せは臆したりなんと悪口にあはんも如何〉という言葉をみると、いつのまにか〈義腹〉が、世間を強く意識した〈論腹〉へと変移していることが分かる。また、第一次増補という過程は、たとえ共同体に殉ずることを意志したとしても、畢竟個人の死はただ一人のもの、共同体とは隔絶したものであり、武士＝人間の死はいかなる意味にも還元しえぬという事実を暴露する。

このような行き詰まりが、第二次増補以降の傾向性を決定した。増補者たちは、家＝一族という関係性においてのみ人間存在の確かさを見出すことができる、つまり、生まれ、子をなし、死ぬという営みの反復のなかにおいてのみ自己の存在意義がある、という認識に帰着し、家記あるいは家譜という視点を強く打ち出していったのである。

「阿部茶事談」における増補の傾向性は上述のように、増補者たちが武士＝人間の存在意義を権力＝体制から、家＝一族へ見出していくなかで生まれたわけであるが、いま一つ考えなければならない問題がある。つまり、家＝一族の永生は権力＝体制の永遠と絶対を基盤にしてこそ実現可能だということである。だからこそ武士は家＝一族の長久のために権力＝体制の普遍性に殉じなければならないのである。例えば、殉死した18人の義腹は、権力と体制が遺族の生活を保証してくれるという確信のもとで行われた点において、商腹でもあったということがその好例である。このように、人間存在の意味は体制とそれが内包する家という、二つの要素の絶対性、永遠性に依存して確立されているという、人間存在の重層性こそが「阿部茶事談」における重層的構造である。


蛇足ではありますが、先生の論文、授業について個人的な考えを述べさせて頂きます。

上に述べたような、自らの家を守るためにこそ例えば国家といった体制を守るという姿勢は、愛国心について考える上で大きなヒントであると思います。例えば、先生も講義中に特攻隊員の話をされたと思いますが、私は、最初の海軍の特攻隊を指揮した関大尉が残した、「僕は天皇陛下とか、日本帝国のためとかで行くんじゃない。最愛のＫＡ（家内）のために行くんだ。」（城山三郎「指揮官たちの特攻」新潮文庫）という言葉を思い出しました。これらの言葉は、或いは特攻隊員達が何とか自分たちの死に意味を求めようとした結果の苦し紛れの解釈であったかもしれませんが、私は、愛国心というものは、国家そのものに対する愛ではなく、家という、国家に依存して成り立っているものに対する愛をその源泉として存在するものと信じています。よって、「人々は、まさしく一門一統の永遠と絶対を心すればこそ、なによりも体制と権力の普遍性へと自らを同致せしめるべく……」という考えには共感の念を禁じえません。先生の論文を読んだ後に「阿部一族」を読み直すと、それが実に家、一族の物語であったということが分りました。講義全体を通して興味深いお話を聞かせていただき有難うございました。

――そう言えば、私は授業で特攻隊員が「お母さん――」と呼んだり、恋人の名を呼んで死んで行っただろうと話した覚えがある。そしてそれが人間というものではないか。

52 『ある心の風景』（佐藤祐未乃さん、文学部一年）

この作品は、結核に罹った青年の生活を描いた小説だ。暗闇や憂鬱という言葉が多く使われ、初めてこの作品を読んだときは暗いイメージを持った。しかし、読み込んでいくうちに、喬の病気を抱えた陰鬱な生活の中にも、彼がその生活からの解放が様々な表現で描かれていると思った。

「四」に「視ること、それはもうなにかなのだ。自分の魂の一部分或いは全部がそれに乗り移ることなのだ」とあるが、これは梶井の見るという行為を典型的に表している部分だと思う。先生の意見を聞いて、私はこう思った。一般的に見ることは、光の反射が瞳にはいりこむことによって脳の中に像を結ぶことである。つまり頭の中に、外界にある風景を再構築する事だ。であるから、その再構築の過程で、見ている主体の心や魂が強く風景に影響を与え、その風景に映し出されるのではないだろうか。ところが、実際の風景は脳の外部にあり、脳はその外にある風景を感受している。人間にとっては脳の中の風景がまさに外部の風景そのものなのだ。であるから、自分の魂が風景に乗り移り、「其処に指呼することが出来る」と考えられる。

この部分が言っているのは、魂の憑依であり、心の解放であると思う。この部分に続いて「その誘惑――病鬱や生活の苦渋が鎮められ、ある距りをおいて眺められるものとなる心の不思議」とあるように、視ることによって生活の苦しみから心が解放され風景に憑依する。視ることが、陰鬱な生活から心を開放するのだ。

喬の心の解放は、死に至ると言われていた病気を患っていた梶井を考えると、彼自身の願いだったように思われる。「五」では、救われる喬の心が「朝鮮の鈴」や「夜更けの道」によって描かれている。「人びとのなかでは聞こえなくなり、夜更けの道で鳴り出すそれは、彼の心の象徴のように思えた。」とあり、喬の心の象徴である「朝鮮の鈴」は昼間の雑踏の中では鳴らない。それは「五」の前半に書かれている夜の町と共通する。「金盥を持って風呂へ出掛けゆく女」や「ローラースケートを持ち出す小店員」などは、「昼間の雑踏のなかに埋もれていたこの人びと」であり、彼らは「この時刻になって存在を現わして来る」。つまり、この町に住む人も喬の象徴である「朝鮮の鈴」も夜の町でこそ、本当の存在が現れる。であるから、夜の町は「窓辺から見る風景のように、歩いている彼に展けてゆくの」だ。そして、夜の町の「夜更けの道」は、喬にとって「生まれてから未だ一度も踏まなかった道」であり「実に親しい思いを起こさせる道」でもある。彼はこの道を歩くと、「自分がとことわの過ぎてゆく者である」のを感じている。つまり、「夜更けの道」が喬を永遠の旅情にいざなうのである。そこは命の時間制限や病気による苦しみから解き放たれた世界だろう。

また、そのとき、「朝鮮の鈴」は、喬に「喬の現身」が失われたように思わせ、またあるときは「朝鮮の鈴」が「病気に汚れた彼の血を、洗い清めてくれる」「身体の内部へ流れ入る澄み透った渓流」のように感じさせる。まさに彼の病気の苦しみを癒す音色なのだ。

この作品は一見、病気の青年の暗い生活が描かれた物語のように思えるが、作品の随所には青年の、苦しみから解放される瞬間がある。しかし最後の場面は暗やみの中で終わる。「六」では、喬は毎夜窓辺からみえる同じ風景の中に「一点の蒼白い光」を見出す。この光は喬の「病んでいる生き物」の象徴である。そしてこの光は、やがて喬が暗闇の中に消えてしまっても「睡らないでひとりおきている」という。つまり、喬自身の肉体が滅びても病気は覚醒し続けるということを表しているのだと思う。結局は病気によって死ぬという運命を暗示し、本人が一番それを知っている。

私はこの最後の部分が好きだ。蒼白い光、なにかの虫、青い燐光、私の病んでいる生き物と、視点があちこちに飛び、それぞれのものを、それこそ青い光線が結び付けていくような感覚を受けた。また、部屋の中で蒼白い光を見つめながら、喬が語る場面は、自分の宿命を悟ったかのような言葉が切なく、また感慨深かった。

梶井基次郎は確かに短命で多くの作品を残すことはできなかったかもしれないが、一つの風景や場所を見る表現力と感受性は凄いと思う。また、死を背中合わせに感じていたからこそ、彼にしか書けない命の形や生活、感情があったのだろう。それが私たちを梶井基次郎の作品に引きつけるのだろうとおもう。


まずもって以上にしておく。まだまだ引用したいものも多いのだが（この二つの授業だけで、聴講生は毎年二、四百名、レポートの数はすべてで凡そ五千通を超えているだろう）、しかし前述したように、ひとえに字数の関係で省かせてもらった。なおここでも実名を記したが、今となってはご本人にお断りする術もない。ただただ御寛恕を乞い、御迷惑の及ばないことを祈る次第である。なお「仮名遣い」等、おおむね原文通りとした。

レポートということで、中にはいささか諂諛の気味がないとはいえないものもあるが、この際そんなことはどうでもよかった。私はこれらを読んで嬉しかったし、学生たちの言葉は私の心に純一に響いたのである。

詩歌撰

私は若い頃から俳句や短歌を多く作っていた。みな自信はないが、愛着はあって、そのうちごく一部をここに掲げる。

急便も送りかねたる氷雨かな

大仏をみて日盛りを帰りけり

梵天のいますや庫裏の風涼し
　超円寺篠原典祐氏に長子凡君生まるるを祝いて

以下パリにて
鯖の尾の反り返りたる朝の市
　この頃、俳号に鯖尾庵あるいは鯖美庵を用いる

マロニエの花踏みしだき足痛め

はるばるとセーヌの流れ下り来てガイマール城址雲雀聞くなり

ルーアンのジャンヌ・ダルクの火炙りの像にそぼ降る春の雨かな

ルーアンのジャンヌ・ダルクの繋がれし塔の階《きざはし》暗く険しき

木漏れ日のパッシーの駅に降り立てば早く逝きにし妻の影見ゆ

　これと同じことを、雑踏するＪＲ巣鴨駅のホームでも経験した。

暗闇にふと目覚むれば亡き妻の忍び泣く夜を思い出だせり

パリに病んで夢はメトロを駆けめぐる

　　芭蕉を模して

年を経てまた佇むと思いきや命なりけりパリの街角
　西行に模して

中庭の葉叢揺るがす鳩の恋
　もういい加減にしなさい

道端の鳩の骸《むくろ》に秋の雨
　仲間の鳩だろうか、二羽の鳩がヨチヨチと寄って来て、首を傾げてそれを見ている。哀れな光景である。そしてこれが生き物の死の光景か。

霖雨部屋暗く薔薇一輪の明りかなそぞろ故国の家ぞ恋しき
　キジチャン、サバ・ビアンですか？　パパとママはもうじき帰りますから、それまで頑張って、お利口にして待っていてください。
　ルーブルの下の売店で、キジチャンそっくり（？）の猫の絵葉書を見つけましたので送ります。出来れば返事をもらいたいのですが、無理でしょうね。
　でもいいです。さようなら、オバー！　（『画文集　パリ土産』より）

夕日淡くカフェへの道は静まりぬ

この度は三人旅ぞ花車

キジ丸は賢き猫よ言葉知り叱らるる事のついぞなかりき
少し褒めすぎ

キジ丸は蚕の親子と夕涼み
縁台にて

バロンおやすみバロンおはようといいて夏ゆけり
雨戸を繰りつつ
夏、平石ひとみ氏よりイベント用の提灯を沢山送られ、短冊に戯句を書いて庭木に吊るす。

腹切りて余命占う夜寒かな

遺著送る包に冬の日差しかな

㐂寿越えて茅の古巣に帰らばや
　七年住みなれし巣鴨に別れて

鶺鴒の前跳ねてゆく砂路かな

桜散り根方に躑躅咲き初むる

富士青く浜路に群れる秋茜《あきあかね》
　台風一過の海辺を歩く

この人のありて八十路の秋を生く

あとがき

昔ラジオを聞いていると、ブラジル放送局のスタッフが来日していて、その中の日本語担当の女性が「木漏れ日」という日本語を知り、「こんな美しい言葉があるのか」と感銘して勉強し、今日に至ったという話をしていた。そのことが忘れられず、ここに本書の表題にした次第である。他意はない。

なお本書は私のというより、半ば知人、学生の本といえる。改めて各位に深甚の謝意と敬意を申し上げる。

最後に、今回も明誠書林細田哲史氏の御世話になった。変わらず真摯にして堅実な御仕事振りに深く感謝申し上げる。

二月一日

佐々木雅發

【著者略歴】

佐々木雅發（ささき　まさのぶ）
昭和15年東京生まれ。早稲田大学文学部卒。
同大学大学院博士課程修了。
昭和46年同大学文学部専任講師。昭和54年教授。
平成22年同大学退職。
現在、早稲田大学名誉教授、博士（文学）。

木《こ》漏《も》れ日《び》の道《みち》　早稲田《わせだ》での半世紀《はんせいき》
2021年2月20日　第1刷発行
定価（本体2,800円＋税）
著　者　佐々木雅發
発行者　細田哲史
発行所　明誠書林合同会社
〒357-0004　埼玉県飯能市新町28-16
電話　042-980-7851
印刷・製本所　藤原印刷

Printed in Japan
ISBN 978-4-909942-10-4

［明誠書林の本］

正宗白鳥考

佐々木雅發　著

定価　本体五、二〇〇円＋税

著者が長年主軸に据えてきた正宗白鳥研究の集大成。